Titres de la Collection: *"Travaux Panofskiens"*

1. Autour du "*point gris*" de Paul Klee, 2019, 212 p. Prologue du philosophe Daniel Payot, Ancien Président de l'Université Marc Bloch de Strasbourg, Ancien Directeur du Centre EA 3402 ACCRA (Approches contemporaines de la création et de la réflexion artistiques) de l'Université de Strasbourg.
2. La question iconographique de *La Vierge* à l'oeuf chez Piero della Francesca, 2019, 150 p.
3. *La mort de Marat* de David: une inflexion vers la création d'un discours national dans le cadre révolutionnaire, 2019, 84 p.
4. De Giotto à Dürer et l'émergence des Renaissances en Europe: le cas paradigmatique de la gravure *Der traum des doktors* (1498) - Une réinterprétation iconologique, 2019, 604 p.
5. *Le Cri* d'Edvard Munch: un cas paradigmatique de mise en scène des codes iconiques propres à une époque, 2019, 116 p.

6. Le parcours de l'humanité dans l'oeuvre de Jérôme Bosch; De l'eschatologie au Péché Originel: L'exemple du *Chariot de Foin*, 2019, 64 p.
7. *La Chute d'Icare* de Brueghel l'Ancien: Une allégorie du Péché Originel?, 2019, 132 p.
8. *La Création d'Adam*: Pic de la Mirandole, le statut de l'homme face à Dieu, et le néoplatonisme de Michel-Ange dans ses fresques pour la Chapelle Sixtine, 2019, 264 p.
9. *4'33"* de John Cage: Une étude sur le Silence, 2019, 388 p.
10. *La calomnie d'Apelle* considérée comme thème iconographique: Vers une rationalisation de l'interprétation de l'*Allégorie des Vices* de Mantegna, 2019, 1302 p.
11. *Le Plaisir - Jeune fille mangeant un oiseau* de René Magritte: Analyse génétique du thème de l'oiseau mort, dans les arts et dans la littérature, de Boccace et Chaucer, à Greuze, Huidobro et Buckowski, 2019, 722 p.
12. *Le Grand Verre* de Marcel Duchamp: Un modèle analytique pour les études sur l'art abstrait, 2019, 1374 p.

13. *L'Espérance* d'Heinrich Vogtherr l'Ancien et l'élaboration du répertoire de la Renaissance: Une interprétation du syncrétisme emblématique dans l'analyse iconographique, 2019, 250 p.
14. *Le Chevalier, la Mort et le Diable* d'Albrecht Dürer: analyse "oliverienne" d'un cas d'école, 2019, 364 p.
15. Le *Cuirassier blessé, quittant le feu* et l'apologie patriotique chez Géricault, 2019, 268 p.
16. "*El sueño de la razón produce monstruos*" de Francisco de Goya: sens et fonction, 2019, 236 p.
17. *Las Meninas* de Diego Velázquez: un exemple de "*pathosformel*", 2019, 330 p.

Le présent ouvrage a été publié
avec le soutien de
l'Académie Nicaraguayenne de la Langue
ANL

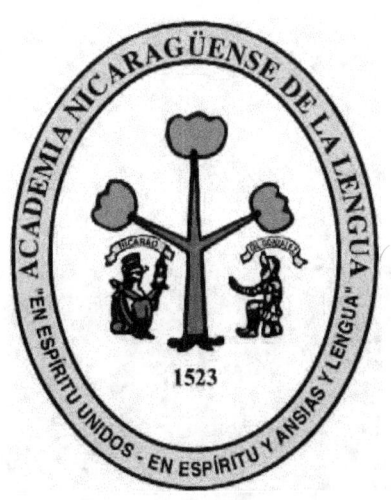

"En espíritu unido, en espíritu y ansias y lengua."

La Collection "*Travaux Panofskiens*" est dédiée à l'étude des oeuvres d'art de la période moderne (XIIème-XVIIIème siècles) et de la période contemporaine (XIXème-XXIème siècles), à partir de plusieurs concepts des études de l'École de Warburg, notamment représentés dans les travaux de son principal représentant Erwin Panofsky. Ces concepts sont les suivants:

La transmission des symboles culturels entre les époques, et la permanence de leur représentation;

L'étude des oeuvres d'art comme matériel pour comprendre leur époque et l'histoire des mentalités qui y est liée, c'est-à-dire, inversement, les idées, les pratiques et les moeurs, que révèlent les oeuvres d'art;

En ce sens, l'interaction entre les cosmos de cultures profane et religieuse, d'une part, et populaire, cultivée et savante, d'autre part.

Le principal apport de la présente Collection, ou son principal projet en tous cas, est d'aborder, non seulement les oeuvres de l'époque moderne, champ d'étude particulier de l'École de Warburg et de Panofsky, mais d'amplifier cedit champ à celui de la contemporanéité, en particulier des avant-gardes, afin, non seulement d'appliquer la méthode panofskienne à l'art contemporain, mais encore pour en expérimenter la pertinence dans le cadre visuel de la non figuration et de l'abstraction (soit-elle, celle-ci, thématique ou formelle).

Dr. N.-B. Barbe

Norbert-Bertrand Barbe
Membre Honoraire de l'Académie Nicaraguayenne de la Langue

"*El sueño de la razón produce monstruos*" de Francisco de Goya: sens et fonction

ISBN: 978-2-35424-226-8

Collection "*Travaux Panofskiens*"

© 2019, Bès Editions

Toute reproduction intégrale ou partielle du présent ouvrage, faite par quelque procédé que ce soit, sans le consentement de l'auteur ou de ses ayants cause, est illicite et constitue une contrefaçon sanctionnée par les articles L.335-2 et suivants du Code de la propriété intellectuelle.

"*– Car vous endormez, continua-t-elle; vous qui avez étudié partout et sur tout, vous avez sans doute étudié la science magnétique avec les endormeurs de notre siècle, avec ces gens qui font du sommeil une trahison et qui lisent leurs secrets dans le sommeil des autres!*"[1]

"*– Madame, dit-il, Votre Majesté aurait tort de contester à ces savants hommes dont vous parlez le plus bel apanage de leur science, ce pouvoir d'endormir non pas des victimes, mais des sujets par le sommeil magnétique : vous auriez tort, surtout, de leur contester le droit qu'ils ont de poursuivre, par tous les moyens possibles, une découverte dont les lois, une fois reconnues et régularisées, sont peut-être appelées à révolutionner le monde.*"[2]

---

[1]Alexandre Dumas, *Ange Pitou*, Paris, Legrand et Crouzet, 1880, Chapitre XXXII "*Le médecin du roi*", p. 256.
[2]*Ibid.*, pp. 256-257.

SOMMAIRE GÉNÉRAL DU VOLUME

1. Une question de fonctions   1
2. Le sens dans l'histoire, l'histoire du sens   2
3. "*El sueño de la razón produce monstruo*"   12
3.1. Une question d'habits   12
3.2. Une complexe question d'opinion politique   17
3.3. Une question de gravures   24
3.4. Une question d'emblèmes   30
4. Conclusion   36
NOTES   41

PLANCHES

1. Une question de fonctions

Nous voulons proposer dans le présent travail une analyse fonctionnelle de la gravure "*El sueño de la razón produce monstruos*" de Francisco de Goya.

Roland Barthes définissait le concept de fonction (sans entrer dans la distinction subséquente entre fonction-charnière ou cardinale et fonction seconde[1]) comme segment narratif créant l'unité au terme d'une corrélation[2], ce sont donc, essentiellement, pour lui, des objets symboliques[3], des "*fonctions-signes*"[4].

C'est ce qu'Éric Buyssen explique lorsqu'il écrit, à propos de l'usage des verbes auxiliaires:

"*Un signe ne doit pas nécessairement avoir un sens, mais il doit avoir une fonction...*"[5]

Étant, ce que Buyssen appelle "*fonction*", ce que Ferdinand de Saussure[6] considérait comme "*valeur*"[7], résultante du groupement associatif ou paradigme verbal (en outre du groupement syntagmatique entre l'auxiliaire et le participe)[8].

Ce sont, chez Vladimir Propp, les deux valeurs distributionnelle[9] ("*Ce pouvoir d'engendrer des récits à partir d'un code, d'une structure bien établis*"[10]) et intégrative des fonctions ("*Cette fonction comprend des indices nécessaires au sens de l'histoire*"[11]).

Or, précisément, nous nous permettrons ici de considérer le rôle fonctionnel de l'élément "*El sueño de la razón produce monstruos"* dans l'ensemble des *Caprichos* (1746–1828[12]) d'un double point de vue: tout d'abord comme un objet inscrit dans son époque, c'est-à-dire dans les codes narratifs que - ce qui nous semble n'a jusqu'à aujourd'hui pas été noté - reprend l'artiste (nous parlons, donc, ici, de l'ordre de l'histoire, dans la division saussurienne: de la langue [le sociolecte] ou synchronique), et, par conséquent, ce qui en découle, comme élément narratif qui, comme nous allons le voir, unit ou fait lien entre des structures du récit des *Caprichos* (l'ordre du récit, dans la division saussurienne: de la parole [l'idiolecte] ou diachronique).

2. Le sens dans l'histoire, l'histoire du sens

Sans développer autour de la séquence des quatre-vingt gravures qui forment la suite des *Caprichos*, ce qui serait par trop long, deux faits importants doivent être noté:

Tout d'abord, l'existence, dès la parution de la suite de gravure, de copies intégrant des explications manuscrites, dont trois sont les plus célèbres, à savoir les manuscrits suivants: le premier ayant appartenu à Adelardo López de Ayala et duquel le Comte de la Viñaza publia une copie, les deux autres, respectivement, conservés au Musée du Prado et par la Bibliothèque Nationale d'Espagne, deux de l'ensemble de ces manuscrits seraient autographes du propre artiste, en particulier celui du Prado[13]. Autographes ou non, ces manuscrits nous offrent de toute manière un témoignage précieux, car contemporain à l'auteur, de la compréhension et de l'interprétation qui en fut faite.

Nous les utiliserons donc à continuation.

En second lieu, on peut trouver, sans entrer dans une analyse profonde, un ordre assez simple, général, à la série des

Caprichos. Il conviendra postérieurement de le développer, notamment en ce qui concerne la partie finale, mais contentons-nous, dès à présent, d'en fournir les grandes lignes:
1. La première gravure est un autoportrait.
2. Si l'on excepte la quatrième gravure "*El de la Rollona*", la seconde à la dixième gravure traitent de la légéreté de femmes, et terminent par l'ironique référence à la mort romantique, de l'aimée, d'abord, puis de l'amant (ce dernier à la mode wertherienne, inaugurée une vingtaine d'années auparavant, par le roman épistolaire court de Goethe, publié en 1774), ensuite (aux neuvième et dixième gravures).
3. Les gravures onze à vingt-huit suivent le même modèle, en l'orientant, dès la onzième vers la représentation des bandits de grand chemin, et les comparant implicitement aux jeux amoureux qu'ils ouvrent: les pères qui marient par intérêt leurs filles de la quatorzième gravure, suivis à leur tour, en parfaite séquence thématique, par les mères complaisantes par intérêt, puis par les filles qui se perdent et vieillissent laidement des quinzième et seizième gravures; le lascif en dix-huitième; les prostituées des dix-septième et vingt-deuxième gravures, pâtures des juges en vingt-et-unième, et oiseaux de proie à leur tour de leurs clients en dix-neuvième et en vingtième; l'entremetteuse punie en vingt-troisième gravure, qui préfigure la femme impudique en vingt-quatrième gravure; les coquettes en vingt-sixième gravure, contreparties du galant et de la pudibonde en vingt-septième gravure. Logiquement, la suite s'ouvre sur la douzième gravure, en reprise et séquence des neuvième et dixième, traitant d'un rituel macabre inspiré de la *Celestina*, paradigme de la

marieuse[14], et la traditionnelle gourmandise des moines, de la, significativement, treizième gravure, antichambre, celle-ci de celles autour de la critique à l'ordre ecclésiastiques postérieures dans la série, et thème commun au discours de la Renaissance, depuis les contes de Chaucer et de Boccace, à l'iconographie, notamment de l'*Acedia*, et ici, on le verra, préfigurant la position de la philosophie des Lumières, dont traitera magistralement Alexandre Dumas dans *Ange Pitou*, contre, encore une fois, le clergé. La seule gravure du groupe un peu hors de propos est celle de l'enfant battu, mais en tant qu'elle évoque la relation parentale et le sacrifice des enfants, elle fait aussi bien écho aux premières de ce second groupe, que nous venons de mentionner (quatorze à seize) - comme les moines pris de *Gula* préfigurent le lascif de la dix-huitième gravure - qu'au groupe des mauvais enseignements et de leurs conséquences, lequel va, pour nous, de la onzième gravure, nous l'avons dit, qui ouvre la série, jusqu'aux vingt-et-unième à vingt-quatrième gravures.

4. De fait, le groupe qui suit, ouvrant sur les ministres en perruque chez le coiffeur[15] dans la gravure vingt-neuf[16], préfiguration, à son tour, du groupe postérieur, de "*El sueño de la razón produce monstruos*", traite des vices, thème commencé, donc, dès les moines de la treizième gravure, et repris ici par le religieux avaricieux, qui tient sur ses genous, comme deux exubérants testicules simiesques, deux bourses qu'il pleure pour ne pas les lâcher, dans la trentième gravure - lien entre les mauvais gouvernants laïques et les mauvais prêtres qui sera, encore une fois, au centre de la partie de "*El sueño de la razón*

produce monstruos" - traite, aux gravures trente-deux et trente-quatre des prostituées emprisonnées, la trente-et-un reprenant le thème des mères et filles de la quinzième, la trente-troisième celui de la noblesse menteuse de la vingt-neuvième. Le motif du mauvais politicien, révisé par celui du charlatan, retrouve son lien avec l'ensemble de cette troisième série par la figure de l'amant à la Samson, coiffé par sa maîtresse de la gravure trente-cinq, laquelle, à son tour, inverse le motif de la gravure vingt-et-un. Pareillement, la gravure trente-et-un reprend l'iconographie et le thème de la dix-septième. Alors que la critique aux nobles fait écho à la quatrième gravure sur leurs enfants, contrepartie des parents vendant leurs enfants par nécessité ou avarice de la seconde série, et, ainsi de même, des nobles et administrateurs charlatanesques de la troisième série. Ainsi, finalement, conclut le présent groupe la trente-sixième gravure, reprenant le motif de la jambe nue ou montrée des gravures dix-sept et trente-et-un, mais aussi de la nudité volontaire et de l'offre impudique de soi de la gravure vingt-six, laquelle, en ce sens, fait lien avec la vingt-septième, de celle non voulue ni offerte de l'enfant puni par sa mère colérique, mauvaise mère en un sens pour l'infant mâle imprudent, comme le sont celles de la seizième pour leur fille adolescente légère et coquette.

5. Il faudra moins de lignes pour évoquer la quatrième série (gravures trente-sept à quarante-deux), en provenance directe, comme les figures monacales pécheresses, de la thématique et de l'iconographie basse-médiévale et renaissante, de l'*homo asinus* (dont nous avons abondamment traité dans notre ouvrage, dans la présente

Collection, sur Andrea Mantegna, auquel nous renvoyons le lecteur pour plus d'information à ce sujet, afin de ne pas faire ici doublon), la quarante-deuxième gravure, qui ferme ce cycle ne pouvant être, visuellement, plus explicite, puisqu'elle reprend l'imagerie la plus répandue du monde à l'envers: celle des humains chevauchés par leur traditionnelle monture.

6. De la manière, donc, la plus logique, cette gravure ouvre sur celle qui est au centre ici de notre attention, et représentant "*El sueño de la razón produce monstruos*".
7. Les gravures quarante-six à quarante-neuf, cinquante-huit, soixante-dix (laquelle reprend le thème, mais ici monacal, de l'abus de mineurs, en séquence avec les soixante-quatrième à soixante-neuvième sur le même thème de la pédophilie, qui renvoie, à son tour, à la seconde série, notamment dans son introduction, du volume de Goya), soixante-dix-huit à quatre-vingt
8. La gravure soixante-cinq traite de la lascivité féminine, thème récurrent des *Caprichos*, voire central, avec la critique à la religion et à l'absolutisme, alors que la soixante-sixième aborde plus directement celui des femmes mûres profitant des jeunes hommes, peut-être à mettre, en cela, en rapport avec la vingt-septième gravure sur la punition maternelle. La soixante-deuxième gravure, qui reprend le thème de la cinquante-neuvième, comme la soixante-sixième reprend le thème de la soixantième, traite de la lascivité incurable, comme déjà la dix-huitième; la soixante-quinzième reprend encore le thème de la promiscuité canine des amants incapables de se retirer l'un de l'autre. Perversion ecclésiale et anale sont le thème de la cinquante-huitième gravure, qui reprend, en

cela, le thème de la cinquante-quatrième. La gravure quarante-cinq aborde le thème de la soumission du petit au plus âgé, et, partant, de la futilité humaine, associant ainsi les thèmes des deux groupes (de la pédophilie, gravures soixante-cinq/soixante-six, et de la mort inévitable même pour les galants et les lascifs, gravures cinquante-cinq, cinquante-neuf et soixante-deux). Ainsi, de même, toujours logiquement, les gravures quarante-six et quarante-sept traitent doublement de la fausseté de la rédemption religieuse et donc de l'imitation qu'elle propose, et du profit que font les religieux de la soumission de leurs disciples pour assouvir leur instinct de luxure. Nous sommes donc, de nouveau, ici, dans un thème directement hérité de Chaucer et Boccace, comme dans la gravure soixante-quatorze, où la fausse pudibonde se retrouve dans les bras du religieux (sous ce rapport encore, l'amour des vieilles pour les jeunes hommes est un thème qui - comme celui des barbons, qui, venant encore de Chaucer et Boccace, trouve son plus grand succès dans le théâtre du XVIIème siècle français -, provenant, cette fois de Juvénal[17], acquiert faveur dans la seconde partie du *Roman de la Rose*[18]). Thème de la luxure des moines que reprend la gravure quarante-huit, iconographiquement similaire à la quarante-troisième. La gravure quarante-neuf, présentant un caractère à oreilles d'âne, renvoie donc au groupe antérieur. En outre, elle fait lien avec la question de la lasciveté (au sens de paresse) des nobles et des employés publics (thème des gravures vingt-neuf, cinquante-et-un, etc.) et de celle de l'ignorance du peuple rendu bête par les religieux[19] (gravures cinquante-deux et cinquante-trois). De fait, la séquence

des suivantes gravures cinquante-et-un (sur les administrateurs voleurs) et cinquante-deux et cinquante-trois, que nous venons de citer, le confirme bien.
9. Le thème de l'élévation vaniteuse des nobles est repris dans les gravures cinquante-cinq (pour la version féminine), cinquante-six (pour la masculine, en très évident lien iconographique avec la trentre-troisième) et soixante-et-un, la cinquante-sept l'associant à l'idée de filiation (en lointain écho à la quatrième gravure de l'ouvrage), contre, implicitement, donc, celle d'élévation personnelle. Thème repris à l'identique pour les religieux dans les cinquante-deuxième et cinquante-troisième gravures (qui l'abordent également, et respectivement, à partir de la bêtise du peuple et de l'ignorance de l'auditoire qui l'écoute). Cette coïncidence éclaire parfaitement l'identité de critique à l'État monarchique et à l'Église dans l'ouvrage, reconnaissable dès le début (à partir de la troisième série, dès la vingt-neuvième gravure, qui l'ouvre, versant laïque de la treizième, sur les religieux), mais évidemment beaucoup plus récurrent dans la dernière, du "*songe de la raison*". Faut-il voir dans la séquence de ces deux gravures une prémisse à celle du sodomite de la cinquante-quatrième (en tant que médiévale association entre bouche et organes du bas[20])? En tous cas, la gravure cinquante-cinq reprend bien le lien évoqué, d'une part, entre l'incurabilité de la folie lascive (des gravures soixante à soixante-six), et de l'autre de l'élévation vaniteuse de l'aristocratie, vantée par ses employées qui la déclare "*divine*"[21], d'où lien avec la critique religieuse des gravures cinquante-deux et cinquante-trois. La cinquante-et-unième gravure, contre

les administrateurs voleurs, reprend le thème de la vingt-neuvième. À son tour, celle-ci fait lien entre les serviteurs publics, la noblesse et le clergé, lien que nous avons pu établir dès la vingt-neuvième gravure, en correspondance, entre autres, en ce sens précis, avec la treizième (lien moral, donc, qui s'établit ici, de nouveau, et vient reconfirmer le lien iconographique déjà dit entre les gravures trente-trois et cinquante-six). Là encore, la fausse supériorité, ici non plus des religieux (comme dans les gravures cinquante-deux et cinquante-trois), ni des nobles (comme dans les gravures cinquante-cinq et cinquante-six), mais des employés publics qui profitent de leur position pour terroriser le peuple et le soumettre, donne, dans la gravure soixante-seize, preuve, encore une fois, de ce trinôme institutionnel maléfique des *Caprichos*, dans ce que, pour cela, nous avons appelé l'inspiration illustrée de Goya: l'État, la noblesse, et l'Église. Il nous semble, ainsi, pouvoir reconnaître, plus que Voltaire et Piron[22], dans la gravure soixante-dix-sept, les figures de ces ordres, notamment par la perruque poudrée de la figure la plus élevée[23], dans cette association de personnages cherchant à se chevaucher mutuellement, ce qui nous renvoie aussi bien au thème, là encore, bas-médiéval, du *Chariot de foin*[24] qu'à celui, visuel, de la gravure quarante-deux, laquelle, de fait, ferme la section antérieure du volume.

10. Les gravures soixante-douze à soixante-quinze, faisant le lien avec le début de la série des *Caprichos*, notamment de la seconde partie, se dédient de nouveau au thème de la frivolité des femmes.

11. Les gravures soixante-et-onze traite des nocturnes facilitateurs de lascivité, préfigurant ainsi les ecclésiastiques de double face, pieux le jour et licencieux la nuit, qui closent l'ouvrage, en quatre-vingtième gravure, laquelle, à son tour, reprend le thème de la quarante-neuvième.

Trois autres éléments que nous devons relever:
La preuve, pour nous sans doute la plus convaincante, de la justesse de notre résumé du recueil, est que la plupart des images, notamment jusqu'à la partie finale du "*songe de la raison*", sont reconnaissables dans leur thématique générale sans avoir besoin de recourir aux interprétations manuscrites. Ce n'est que la partie qui nécessite ce recours, là en réalité souvent indispensable. Sauf dans la reconnaissance, le plus souvent sans problème, des personnages ecclésiastiques, donc du sens profond et orienté politiquement de cette ultime partie de l'ouvrage.

Malgré cependant sa générale unité, cette partie offre certaines divisions et diversions (par exemple le retour sur la frivolité féminine, ou l'insistance sur la critique aux actes sodomites), auxquelles, certes, l'on peut bien trouver un sens (pour la frivolité des femmes la persistance sur un thème original des premières parties de l'ouvrage - si l'on nous permet cette formulation tautologique par insistance -; pour la sodomie la critique au pouvoir du grand - en âge ou en pouvoir, voire, dans le cadre familial, en âge et pouvoir, comme le décrivent assez bien les romans du XVIIIème siècle, par exemple de Restif de la Bretonne, ou les oeuvres figuratives similaires, de fait, dans leurs cycles, aussi bien chez Greuze que chez Hogarth -). Toutefois, si nous la voulons penser comme un tout unitaire, plus que comme des parties mises bout à bout, de la même manière, de fait, que les trois premières sections (gravures deux à trente-six), que nous avons divisées un peu arbitrairement, mais pour en faire mieux sentir au lecteur au fond le fond commun autour de la figure féminine et de sa vente (parentale et/ou par prostitution), c'est, visuellement, ouverte par, précisément, celle de "*El sueño de la razón produce monstruos*", le motif du vol et des figures volantes y montre une énorme récurrence (gravures quarante-trois, quarante-cinq à quarante-six, quarante-huit, cinquante-et-un et cinquante-deux, cinquante-six, soixante-et-un à soixante-douze [inclus la figure d'aigle de la gravure soixante-trois et les corps près au départ nocturne de la soixante-et-onze], soixante-quatorze et soixante-quinze, soixante-dix-sept - soit vingt-deux gravures sur trente-huit, soit le 57,89% -), voire dans les interprétations manuscrites mêmes (gravure cinquante-cinq) ou par la contraire gravité reprise des corps soumises à la loi divine (gravure cinquante-neuf [63,16% si l'on intègre également ces deux gravures au groupe des gravures volantes de cette partie du recueil]).

L'ensemble des correspondances visuelles que nous avons énoncées entre les différentes gravures, que l'on accepte ou pas notre division de l'ouvrage, mais à plus forte raison si on l'accepte, confirme indubitablement l'unité thématique générale de celui-ci.

3. "*El sueño de la razón produce monstruos*"
3.1. Une question d'habits

Si l'on peut douter à bon droit[25] des attributions des manuscrits interprétatifs à des figures par ailleurs peintes par Goya, comme la Duchesse de Alba ou sa première mécène[26] la Duchesse de Osuna, non seulement nous répétons que notre division des gravures, au moins jusqu'à la quarante-troisième, n'offre pas de réelle difficulté de reconnaissance iconographique des thèmes, et d'autre part il faut bien reconnaître une certaine similitude entre, par exemple, la figure féminine de la gravure soixante-et-un (décrite, dans le Manuscrito de la Biblioteca Nacional - le seul à tenter ce genre de rapprochements[27] -, comme "*la Duquesa de Alba*"[28]) et le portrait que fit le peintre de la Duchesse de Alba en 1795[29].

Similairement, très caricaturisé, on retrouve le nez et la forme du visage de la Duchesse de Osuna, comme le laisse encore entendre le même manuscrit[30], peinte par Goya (c.1785)[31] dans la gravure cinquante-cinq. Reconnaissons toutefois qu'aussi bien le caractère pourrait référir, notamment pour sa chevelure, à *La marquise veuve de Villafranca*, qu'il peignit en 1795[32]

De même aussi, les bandits de la onzième gravure reprennent un thème récurrent chez Goya, dans *Asalto a una diligencia* ou *Asalto al coche* (1786-1787[33]) - de fait peint pour la promenade El Capricho de los duques de Osuna[34] -, *Asalto de ladrones* (1793-1794[35]), peintures de petit format sur plaque d'étain, dont la représentation d'une caravane se complète par *Cómicos ambulantes* (1793)[36].

De fait, la reconnaissance par le manuscrit de la Bibliothèque Nationale de la Duchesse de Alba avec Goya, dont le visage ressemble fort à ses autoportraits, dans la gravure vingt-sept a un soutien direct dans l'oeuvre *La Duquesa de Alba y su petimetre o Coloquio Galante* (1793-1797[37]).

Dans cette oeuvre, la figure féminine, en effet, rappelle beaucoup[38] le portrait de la Duchesse de 1797[39] par le même Goya, de nouveau.

Il ne faut peut-être pas considérer directement les allusions aux figures visuelles comme une attaque à celles-ci, bien que les *Caprichos* s'inscrivent de toute évidence dans le genre de la caricature de mode, telle qu'on la trouve à l'époque dans les représentations des Muscadins, Incroyables et Merveilleuses, telles les (un peu tardives pour notre *corpus*) *Monstrosities of 1818* de George Cruikshank[40]. Ainsi, on rapprochera encore la gravure trente-six des *Caprichos* de la gravure satyrique *The graces in a high wind - A scene taken from nature, in Kensington Gardens* (1810) de James Gillray[41], non d'un point de vue génétique - ce serait plutôt Gillray qui aurait pu s'inspirer de Goya, bien que le thème du dénudement de la femme habillée par le vent est tellement commun que Marilyn Monroe le popularisa dans la fameuse scène (pour cela même reprise dans plusieurs versions de l'affiche du film[42]) de *The Seven Year Itch* (1955, Billy Wilder) -, mais pour réaffirmer le contexte de représentation propre de son époque par Goya dans la présente série.

L'on sait aussi la relation très proche qu'entretenait Goya avec la Duchesse de Alba[43], laquelle se faisait représenter en *Maja*[44] *vestida* et *desnuda* (respectivement 1800-1808[45] et 1790-1800[46]). Expliquant ainsi que plusieurs figures des *Caprichos* reproduisent, plus ou moins fidèlement, le visage et l'abondante chevelure de la muse du peintre, dans les gravures cinq, sept, quatorze, seize, dix-sept, vingt-sept, trente-et-un, cinquante-deux, soixante-et-un, soixante-douze, voire neuf, dix et douze. Au bas mot, sans mettre les autres similaires jeunes femmes au visage ovale un peu rond auréolé d'une avantageuse chevelure noire légérement frisée. La reproduction à l'infini de l'image de la maîtresse chez les peintres est monnaire courante, de Greuze (nous l'avons étudié dans notre ouvrage de la présente Collection sur *Le Plaisir* de René Magritte) à Édouard Manet avec Victorine Meurent.

Peu doit nous suprendre la représentation nue de la beauté féminine, vénusienne, donc divine, puisqu'elle est un *leitmotiv* commun dans l'art moderne[47] dans les portraits de femmes nobles au seins nus d'Agnès Sorel à Diane de Poitiers[48], Marie Tudor, Henriette-Marie de France, Frances Carr Comtesse de Somerset, Anne Scott, Duchesse de Monmouth et Buccleuch, Hortense Mansini Duchesse Mazarin, Nell Gwyn Maîtresse de Charles II d'Angleterre, ou Marie Thérèse Louise de Savoie Princesse de Lamballe[49].

La première gravure de la série des *Caprichos*, portrait de Goya le montre en costume[50] à l'anglaise[51], popularisé par la France[52], et le Directoire[53], pour sa sobriété[54] néoclassique[55], et partant son symbolisme, implicitement, libertaire[56].

De fait, non seulement c'est l'habit[57] dans lequel David, au sortir de son emprisonnement pour avoir soutenu la cause de Robespierre, peint le *Portrait de Pierre Sériziat* (1795), son hôte et beau-frère, avocat, dans la demeure de Favières (Seine-et-Marne) de celui-ci[58] (notamment en ce qui concerne l'original chapeau de feutre noir à calotte haute et à bourdaloue[59]), mais c'est dans ce "*costume parisien*"[60] que Goya se peint dans son atelier dans le célèbre *Autorretrato ante el caballete*, également connu comme *Autorretrato en el taller* (1790-1795[61]).

Il est, ainsi, à noter qu'à différence de Velázquez, dans *Las Meninas* (1656[62]), oeuvre qu'il fut le premier à graver[63] (c.1778-1785[64]), à l'intérieur d'ailleurs d'une série de treize[65] gravures reproduisant les oeuvres de Velázquez[66] dans les Collections des Palais Royaux[67] (1778-1799[68]), Goya, dans son portrait de groupe de *La familia de Carlos IV* (1800[69]), à la différence de son modèle, se peint au second plan, dans l'ombre, à gauche pour le spectateur, derrière le groupe (ce qui représente une seconde modification par rapport à l'antérieur *La familia del infante don Luis de Borbón*, 1784[70], où il se peint, déjà en opposition, de dos, mais, comme Velázquez quand même - et la tradition des portraits de Cour et du genre de *L'artiste à son atelier*[71], au premier plan encore), et affiche ledit "*traje a la francesa*" dans lequel, d'une manière ou d'une autre, il s'est toujours peint dans ses *Autoportraits*, sans arborer, à la différence de Velázquez dans *Las Meninas*, aucun signe distinctif d'honneur comme peintre de cour ou ordre nobiliaire[72], lesquels seraient, d'ailleurs, inutiles, car invisibles, pour la composition où Goya choisit de se déporter dans le fond et dans l'ombre, par opposition à Velázquez, posant au premier plan, aux côtés de l'infante.

Il est évident que les toiles *El Aquelarre, El Conjuro o Escena de brujas, Vuelo de Brujas, El hechizado por fuerza o La lámpara del Diablo*, et *La cocina de las brujas* (toutes de 1797-1798[73]) préfigurent respectivement les gravures soixante (*El Aquelarre*), dix-neuf et quarante-cinq à quarante-sept (*El Conjuro o Escena de brujas*), soixante et soixante-deux (*Vuelo de Brujas*), quarante-huit (*El hechizado por fuerza o La lámpara del Diablo*), et, pour la dernière (*La cocina de las brujas*), soixante-trois (pour la figure canine regardant s'envoler la caprine, c'est-à-dire pour l'accumulation et démultiplication des figures bestiales dans une même scène [comme aussi dans la gravure cinquante-sept par l'animalisation de la figure féminine du premier plan]) et soixante-sept (pour le vol de la chèvre) à soixante-neuf des *Caprichos*.

De la même manière, si Goya n'a jamais arrêté de peindre de portraits, notamment de Cour, ceux-ci, nombreux entre 1783 et 1790, se ralentissent notablement au profit de portraits plutôt de bourgeois - et surtout de toreros (et du cycle cité des bandits de grand chemin) -, à partir du *Retrato de Sebastián Martínez* (1792)[74], "*distinguido ilustrado*"[75], et les vêtements changent de ceux brillants de l'avant-Révolution à ceux plus austères, de style français du Directoire[76].

On trouve cependant à partir de 1793 des portraits militaires, et une insistance, à partir de 1795, sur les portraits des Ducs de Alba, notamment de la Duchesse.

Ainsi trouve-t'on à cette époque un *Retrato de Ferdinand Guillemardet* (1798), portrait de l'Ambassadeur et Conventionnaire[77].

C'est encore dans cette période qu'apparaissent, à côté des peintures religieuses, nombreuses dès les premières peintures de Goya, celles de genre, sur la sorcellerie, sur les bandits de grand chemin, nous l'avons dit, et sur la tauromachie.

Ce n'est qu'en redevenant peintre de Cour qu'en 1799 réapparaissent les portraits nobiliaires dans leurs costumes très spécifiques[78].

C'est avec le portrait avec dédicace sur les genoux de "*Mi amigo Martín Zapater. Con el mayor trabajo te ha hecho el Retrato, Goya, 1790*"[79], dont il fera un second portrait en 1797[80], bourgeois de l'Illustration et ami du peintre durant toute sa vie[81], que Goya opère, parallèlement, son précédemment cité *Autorretrato ante su caballete* en ce que nous reconnaissons comme un "*habit parisien*", notamment pour son chapeau ("*de forme haute et garnis de bords qui ne s'arrêtèrent jamais à de justes proportions*"[82]).

3.2. Une complexe question d'opinion politique

De fait, l'Histoire de l'Art confirme, dans ses grandes lignes, en outre de son originelle et abondante activité comme créateur de cartons de tapisseries[83], notre division chronologique des oeuvres telle que nous venons de la donner pour la période qui nous intéresse, d'abord comme auteur d'un également grand nombre de peintures religieuses[84], d'abord comme peintre de Cour, là aussi, selon sa coutume, d'intense activité[85], notamment appuyé par le mécénat des Duc de Osuna[86], puis de désintérêt et d'éloignement relatif et temporaire entre 1790 et 1792 où il développera, en petits formats souvent, des peintures de genre[87], puis un retour dès 1794 aux portraits, de Cour, mais aussi d'autres personnages, dans un style moins pompeux et officialiste, et plus psychologique, d'inspiration anglaise, évitant d'y adjoindre les symboles reconnaissables de classe, rang ou pouvoir[88]. Période cette dernière marquée pour la forte proximité avec la belle Duchesse Cayetana de Alba[89].

Nous obtenons donc, au bout du parcours précédent, ce que nous pourrions nommer un indice effectif pour comprendre l'ordre - ou la logique - des *Caprichos*, à savoir une certaine proximité du peintre avec les thèses de l'Illustration, indice, pourtant, en opposition avec les indications, celles-ci, biographique de sa vie.

Cette opposition entre las biographie du peintre et son style et ses thématiques (tel, en particulier, contrairement à son modèle, important, velazquien[90], dès sa jeunesse - nous l'avons dit pour *Les Ménines* par rapport au portrait de *La familia de Carlos IV* -, l'abandon des signes distinctifs de noblesse et pouvoir) créera à beaucoup une inquiétude.

Nous avons abordé et approfondi le sujet à propos des réflexions soulevées par Bruno Chenique quant à l'éphémère engagement de Théodore Géricault dans les Mousquetaires du Roi, dans la Préface - précisément dédiée à ce problème - de notre ouvrage, dans la présente Collection, sur *Le Cuirassier blessé*.

Nous ne nous y attarderons donc plus, pensant que la démonstration en a, par nous, été faite.

Résumons la pensée que nous y développons: de Sénèque à Aristote, de David aux Vernet, en passant, donc, par Géricault, Dumas, Paul Féval ou Émile Gaboriau, voire le plus triste et pervers Dostoïevski, et les exemples pourraient se multiplier à l'infini[91], seule la paresse fait tomber ici notre main[92], ont toujours côtoyé les cercles du pouvoir, et mal leur en est allé en général. Mais ils sont hommes, et malheureusement - car sinon ils pourraient diriger la Cité, de manière plus pertinente peut-être que les chiens, qui ne sont autres que leurs propres maîtres, qui le font -, ils s'abandonnent facilement aux sirènes de la gloire, de l'apothéose idéologique, de la parole donnée et écoutée, du public les applaudissant, des cadeaux royaux ou impériaux, quitte après, pour sauver leur peau, à les rendre, dans un lamentable et ridicule effort pour ne pas être broyés par leurs anciens émules, disciples, ou mécènes.

Dans ce cadre, nous l'avons dit, et en particulier développé, encore une fois, dans notre ouvrage cité sur *Le Cuirassier*, les revirements des artistes et des écrivains, brusques, soudains, là encore ridicules et lamentables, ont à voir avec les mouvements du pouvoir, leurs flux et leurs reflux, au gré desquels les créateurs s'accomodent, pour continuer de pouvoir être présentés dans et par leurs oeuvres, comme nous le citons, en particulier, par l'équivoque et en cela comique Salon de 1814 dans le même ouvrage.

À notre sens, c'est sans aucun doute Dumas qui, pris dans ses propres contingences historiques (comme nous l'évoquons également à ce même sujet dans notre ouvrage sur *Le Cuirassier*), explique le mieux les incohérences et les complexités de cette périodes de la dernières décennies du XVIIIème siècle, portant la Révolution française, dans son cycle des *Mémoires d'un Médecin* (1846-1849).

Ces mêmes contradictions, accomodements et incohérences sont celles qui marquent encore aujourd'hui, en Espagne comme en France, la complexité relative à la compréhension de l'esprit de l'Illustration, et de sa position par rapport à la royauté et à ses institutions[93].

Une thèse ne se réfute que par la mise en application de sa véracité. Ou, si l'on veut, de ses possibilités d'existence.

L'ont parfaitement démontré Descartes, Kant ou Marx.

Nous avons dit que les premières séries, selon notre lecture de l'ensemble des *Caprichos*, de cette suite sont iconographiquement lisibles, sans avoir recours aux manuscrits explicatifs.

René Andioc (1984) revient avec méfiance sur les interprétations faite par les manuscrits des figures comme étant celles de prostituées, de prostituées en prison, ou de religieux[94].

Il nous semble, pourtant, et ne prétendant pas revenir sur nos propres pas, nous prions le lecteur d'en être son propre juge, que les soupiraux des gravures trente-deux et trente-quatre - il suffit de les rapprocher des à peine antérieurs *Carceri d'Invenzione* (1750[95]) de Piranesi, dont à peu près chaque Planche porte la représentation d'une ouverture similairement rectangulaire ou arquée, grillagée, pour s'en convaincre iconographiquement - ne laissent pas de lieu au doute.

Pas plus que les bures des moines ou les coquetteries des jeune femmes, celles-ci notamment dans les premières séries telles que nous les avons définies du volume, accompagnées ou pas de proxénètes ou *Celestinas*, fussent-ils, ceux-ci, parents (comme le dit explicitement certaine légende de la suite) ou non.

Tout aussi clair, surtout par la comparaison avec les peintures de Goya (nous avons cité le *Coloquio Galante*) sont les représentations à la Watteau des jeux amoureux dans le volume.

La seule partie, si l'on excepte la représentation, plus qu'évidente, là aussi autant iconographiquement que par comparaison, nous l'avons vu, avec les cycles de peintures de Goya, des moines, et des sabbats, qui peut être complexe d'interprétation, sinon individuellement gravure par gravure, du moins généralement (nous voulons dire que, si bien pour les parties antérieures une analyse profonde image par image pourrait être moins simple, le survol général que nous en avons donné et la reconnaissance thématique que nous en avons faite ne pose à notre sens aucun problème majeur, nous venons encore de le démontrer en quelques lignes, par l'utilisation du sens commun), est la partie que nous avons dite ultime de l'ouvrage, du "*Sueño*".

Toutefois, là encore, l'Histoire de l'Art reconnaît, à la fois, dans cette série une position anticléricale très nette, due, évidemment, à la présence non problématique, visuellement, et, donc, de thèses politiques propres de l'Illustration, précisément, là encore, par une circonstance historique particulière, dans laquelle s'inscrit le peintre, à savoir l'arrivée au pouvoir d'un grand nombre d'"*ilustrados*" dès 1797[96].

Plus généralement, la révision de l'histoire espagnole de la période qui nous concerne (1792-1800), moment du règne de Carlos IV, d'abord marqué par une fermerture des frontières face à la peur de l'expansion libertaire révolutionnaire, sous le mandat du Comte de Floridablanca[97], fut rapidement transformé, par l'intérêt de maintenir malgré tout les pactes de famille bourbonique, notamment contre l'Angleterre, changé en une complaisance avec le nouveau gouvernement français, dès la substitution de Floridablanda par le Comte de Aranda (1792), reçue avec enthousiasme par Condorcet[98].

Puis, malgré la Guerre de la Convention (1792-1795) initiée par le successeur de Aranda - contre l'avis de celui-ci -, Manuel Godoy, pourtant de petite noblesse[99], guerre dont les effets furent en réalité en faveur de la République française, par l'apparition, favorisée par celle-ci, des indépendantismes basques et catalans[100], et la réaction d'un fort courant de libéraux espagnols contre[101] la campagne réactionnaire qui, afin de développer le sentiment nationaliste contre le nouveau gouvernement français, en avait voulu faire le produit, selon la thèse développée en France par l'abbé Augustin Barruel et reprise en Espagne par Fray Diego José de Cádiz, d'une "*conspiration*" universelle de "*trois sectes*" (philosophique, janséniste et maçonique) contre "*la pureté du christianisme et le bon gouvernement*"[102], cette Guerre déboucha finalement, pour l'Espagne, sur la Paix du Traité de Bâle (22 Juillet 1795)[103], et l'alliance avec la France révolutionnaire contre l'Angleterre, dans la première guerre contre celle-ci (1796-1802)[104], et ceci grâce à la signature enthousiaste par l'Espagne du Pacte de San Ildefonso du 19 Août 1796 dans ce nouveau "*pacte de famille sans famille*" comme l'ont signalé les historiens Rosa María Capel et José Cepeda[105], guerre celle-ci et association qui coûtèrent, cependant, à l'Espagne plus cher que celle antérieure de la Convention, puisqu'elle y perdit, contre l'Angleterre, beaucoup de ses colonies, aux Antilles et dans les îles Canaries, ce qui ne fit que mettre le dernier clou à la décadence espagnole comme puissance coloniale[106], avec le cadeau postérieur de la Louisiane à Napoléon (1802)[107], et les antérieures pertes, dès lors que l'Espagne ne put plus avoir recours à la France dans le cadre du pacte de famille pour protéger ses intérêts d'outre-mer en 1789, face à l'Angleterre, dans le cas de l'île de Nutka (actuelle Colombie britannique du Canada), et dans la préservation de son accès aux Indes[108].

    Paradoxalement, face à ces contrecoups, qui eurent un impact économique direct sur le pays, Godoy fit entré à son gouvernement de nombreux illustrés[109], ce qui ne résolut absolument rien, mais la crise économique et militaire poussa la substitution de Godoy par Francisco de Saavedra, mais, malade celui-ci, ce fut réellement le jeune Mariano Luis de Urquijo, "*primer Secretario de Estado y del Despacho*", qui assuma le pouvoir (1798-1800)[110].

À son tour, Urquijo développa une politique de plus en plus anticléricale, notamment pour des raisons économiques, pouvoir prendre au clergé ses propriétés afin d'en retirer des fonds pour l'État, et pour cela encore il coupa les fonds de l'Inquisition[111].

Il doubla cette politique d'une continuation de l'appui complaisant au Directoire, mais, poussé par la Coalition anti-française, il s'opposa à Bonaparte, qui venait de donner son coup d'État le 18 Brumaire 1799, en particulier sur le cas portugais, et à la nomination de Lucien Bonaparte comme plénipotentiaire en Espagne, raisons pour lesquelles sur l'avis de Napoléon, et pensant par là aussi résoudre le "*schisme*" avec l'Église, Carlos IV démit Urquijo de ses fonctions, pour le remplacer, à nouveau, par Godoy[112].

Pour sa part, Godoy (1800-1802) prit part active, comme le désirait Bonaparte, à la guerre contre le Portugal, connue comme Guerre des Oranges, et signa le 21 Mars 1801 le Traité d'Aranjuez[113], qui augmentait le Traité de San Ildefonso (1800) signé par Urquijo l'année précédente[114].

On le voit donc, pas besoin particulièrement pour Goya pour graver les *Caprichos* d'être un homme hors de son temps.

Il lui suffit de suivre l'air des politiques de la Cour de Carlos IV imposées dans la dernières décennie du XVIIIème siècle, aussi bien pour le libéralisme d'inspiration française que pour l'anticléricalisme qui, par hasard, tombait en plein dans les intérêts du gouvernement d'Urquijo.

De fait, pense-t'on jamais que Chaucer, Boccace et les auteurs, entre autres, du *Roman de la Rose*, ou bien Jérôme Bosch, Albrecht Dürer, et l'ensemble des peintres de la Renaissance, voire des sculpteurs des cathédrales gothiques, lorsqu'ils représentent, les seconds, les moines joufflues et ventrus, endormis à une table d'orgie culinaire ou d'ivrognerie, ou, pour les premiers, stigmatisaient à répépition le modèle littéraire qui devint le pendant de l'iconographique que nous venons de citer, à savoir les vendeurs d'indulgences, qu'ils s'opposaient au discours dominant de l'Église et à ses propres combats et débats?

Ainsi, dans ce contexte historique propice au développement de la personnalité de notre artiste, sans qu'il soit besoin, pour nous, de confesser ni, comme l'on voudra, psychanalyser ses pensées les plus profondes - contentons-nous d'assumer qu'il ne fut ni plus libertaire que les politiciens dont il fit, à son tour, complaisamment, les portraits -, on voudra bien noter que Goya fit les portraits, comme peintre de Cour, de l'ensemble des ministres ci-dessus référencés: Floridablanda (deux fois en 1783[115]), de Saavedra en 1798[116], d'Urquijo (c.1798-1799)[117], de Godoy en 1801[118].

C'est-à-dire, chaque fois, lors de l'accès au pouvoir (le second dans le cas de Godoy) de ces différents politiciens[119].

3.3. Une question de gravures

Les va-et-vient idéologiques de Goya, combinés à l'unité et la reprise iconographique, se notent plus précisément dès lors que l'on compare ses séries de gravures.

Mises à part les gravures individuelles de *La Fuite en Égypte* (1771) et *El Agarrotado* (1778-1780), après la série originale, déjà mentionnée, de reproductions de Velázquez, Goya réalisa, au cours des années, les séries suivantes[120], consécutivement aux *Caprichos* (1799): *Los Desastres de la Guerra* (1810-1815[121]), *La Tauromaquia* (1816[122]), série de quarante[123] gravures complétée par les quatre de *Los toros de Burdeos* (1824-1825[124]), et *Los Disparates o Los Proverbios* (1815-1816 et 1824[125]).

El Agarrotado préfigure la gravure trente-quatre des *Desastres*, laquelle s'intègre à un groupe plus ample, dans la même série, avec les gravures première, et trente-et-un à trente-neuf.

Cette gravure isolée et celles en relation des *Desastres* ne laissent pas de rappeler la forme visuelle (notamment pour l'isolement des suppliciés) de *La Flagellation du Christ* (1444-1478[126]) de Piero della Francesca.

En ce sens, on relèvera que, comme les *Caprichos* reprennent la série de peintures sur le sabbat, les *Desastres*, dans leur deuxième gravure reprennent la structure centrale du *El tres de Mayo de 1808 en Madrid o Los fusilamientos en la montaña del Príncipe Pío o Los fusilamientos del 3 de mayo* (1813-1814[127]), laquelle peinture met au centre de sa composition le personnage les bras en croix, illuminé (comme la jeune femme des dernières gravures des *Desastres*), avec, dans l'ombre, le peloton sans visage pointant sur l'ennemi sans défense (thème de la deuxième gravure, en cela paradigmatique de cette représentation, notamment au travers des tortures perverses et injustifiées, dans les *Desastres*), et au fond le clocher de l'Église, surmontant le toits dans la nuit.

Le symbolisme christique est donc parfaitement clair dans *El tres de Mayo*, comme l'est le renversement des rôles des femmes et des prêtres (non plus, respectivement, prostituées et maléfique,, mais patriotiques et martyres).

Toutefois, cette absence de permanence idéologique - qui confirme notre thèse de la momentanéité vouée aux intérêts du moment, du peintre et/ou de ses commenditaires (nous l'avons dit, il serait hautement erroné, par une sorte de déduction visuelle, disons néo-kantienne, *a priori*, de considérer, à partir de ses peintures aux figures affolées représentant de manière crue et violente les péchés, et, entre ceux qui y succombent, souvent des moines et des nonnesses, que Bosch était un impie, un athée et/ou un asocial, quand, au contraire, il était un riche bourgeois dont les toiles étaient commandées par et pour l'Église, afin d'en représenter les préceptes moraux et éducatifs[128], les variantes de positions idéologiques entre les séries de Goya proposent un phénomène similaire de complexité logique pour l'historien) - est doublée, inversement, d'une permanence notable des formes de représentation entre les différentes séries, qui correspond, en outre, nous venons de le rappeler à nouveau, à une reprise par le peintre des thèmes et des motifs entre ses peintures et ses gravures, aussi bien en ce qui concerne les *Caprichos* que les *Desastres*, donc.

  La gravure huit des *Caprichos* préfigure les neuf, onze et treize des *Desastres* traitant du viol; les amoncellements des soixante-cinq et soixante-et-onze la trente des *Desastres*; les femmes dans le vent de la trente-six celles des quarante-cinq et soixante-cinq des *Desastres*; l'horreur à laquelle s'affronte le prêtre de la quarante-huit celle du prêtre gisant en attitude de prière de la quarante-sept des *Desastres*; la morte de la neuf celle de la cinquante-deux des *Desastres*, comme le mort de la dix pleuré par sa maîtresse celui de la cinquante-cinq des *Desastres*, dont s'écarte moralement abattue la veuve de dos dans les *Desastres*; le croque-mitaine de la trois et les femmes voilées de la vingt-deux des *Caprichos* celles soutenant les malades de la cinquante-sept et celle au milieu des morts recouverts de linceuls de la soixante-deux des *Desastres*; les prisonnières de la trente-quatre les souffrantes de la cinquante-neuf des *Desastres*; les ânes des trente-sept à quarante-deux des *Caprichos* celui de la soixante-six des *Desastres*; les ailes de chauve-souris du scribe de la soixante-et-onze des *Desastres* reprenant la récurrence de ce motif lié aux mauvais ecclésiastiques dans la partie du "*Sueño*" des *Caprichos*; le même motif, associé à la monstruosité polymorphe dans la soixante-douze et aux formes félines dans celle-ci comme dans les soixante-treize, soixante-quinze et soixante-seize rappelant celles-ci dans la soixante-trois des *Caprichos*, comme la prière à la forme monstrueuse impie par le prêtre dans la soixante-treize des *Desastres* reprend ce même thème dans la cinquante-trois des *Caprichos*; thème de l'animalité, représenté ici par un loup (les vautours des soixante-quinze et soixante-seize, rappelant, comme le on l'a dit, celui de la soixante-trois des *Caprichos*), gouvernant les hommes et en tenant les livres de la soixante-quatorze qui reprend le motif des gravures aux ânes, notamment la trente-neuf, mais aussi des quarante-six, quarante-sept, et cinquante-sept, présidant à "*La filiation*" dans les *Caprichos*; la chimère carnivore de la soixante-douze des *Desastres* reprend le hibou de la soixante-quinze des *Caprichos*; le prêtre volant de la soixante-dix-sept des *Desastres* rappelle le tronc vêtu de la cinquante-deux et le moine gnome volant de la soixante-quatorze des *Caprichos*; le cheval se défendant de la soixante-dix-huit des *Desastres* les ânes vainqueurs de la quarante-deux des *Caprichos*; la figure féminine auréolée dans la mort des soixante-dix-neuf à quatre-vingt-trois des *Desastres* celle de la défunte de la neuf des *Caprichos*; l'élévation mystique de la quatre-vingt-trois des *Desastres* étant le pendant inverse de l'élévation maléfique des mauvais ecclésiastiques des soixante-et-onze et quatre-vingt des

Caprichos, dans les deux cas ces images ferment chacun des deux volumes (similairement l'élévation de la quatre-vingt-trois des *Desastres* est la contrepartie de celle sexuelle de la soixante-douze dans les *Caprichos*).

Certains concepts verbaux comme "*no hai remedio*" resurgissent entre les *Caprichos* (vingt-quatre) et les *Desastres* (quinze).

De même, dans les deux séries, les légendes sont ironiques, commentatives et coloquiales.

Le rôle des femmes s'y inverse, coquettes et frivoles, offrant leur vertu impudiquement, notamment au débt des *Caprichos*, elles deviennent, au début des *Desastres*, le symbole de la résistance nationale.

Similairement, le religieux villipendés pour leurs moeurs lâches et dépravées à la fin des *Caprichos* deviennent les martyrs de l'ennemi, sauf à la toute fin où les gravures abandonnent la représentation vécue journalistique des évènements et reprennent un symbolisme ésotérique comme dans les *Caprichos*, à partir de la soixante-et-onzième, et où le religieux volant sur la corde raide de la soixante-dix-septième évoque les accomodements du clergé à ses propres intérêts.

La figure féminine, au contraire, qui clôt le volume, alors que c'étaient les moines dans les *Caprichos*, reste symbole de rédemption mariale et patriotique jusqu'à la fin dans les *Desastres*.

Les *Disparates*, à leur tour, reprennent le ton onirique des gravures des *Caprichos*.

La seconde des *Disparates* reprend à nouveau la figure de la cinquante-deux des *Caprichos*.

Une certaine similitude unit également les figures fantasmatiques de la quatrième des *Disparates* et de la cinquante-sixième des *Caprichos*.

L'hybride volant de la cinquième des *Disparates*, que reprendra le cheval carnivore de la dixième, rappelle celle s'envolant par la cheminée de *La cocina de las brujas*, également de dos au spectateur, pour provoquer l'idée de mouvement et de départ.

Les prisonniers au pic se battant de la sixième des *Disparates* rappellent la cinquante-huitième des *Caprichos*.

La forme hybride matrimoniale de la septième des *Disparates* rappelle la soixante-quinze des *Caprichos*.

Les femmes pauvres de la onzième des *Disparates* rappellent celles du début des *Caprichos*.

De nouveau réapparaît le vol de chauve-souris rappelant la quarante-troisième des *Caprichos* dans la, significativement (Goya réutilise cette position stratégiquement comme il l'avait déjà fait, nous l'avions noté à cette occasion, dans les *Caprichos*), troizième des *Disparates*.

Les jeux frivoles, et les rejets mignons des *Caprichos* trouvent un écho, notamment dans les gravures soixante-douze à soixante-quatorze, avec une correspondance iconographique beaucoup plus nette avec cette dernière pour l'opposition entre la figure féminine se rejetant en arrière et le moine laid, dans la seizième des *Disparates*. L'épouvante ici de la femme face au mari blessé, tête bandée sur laquelle il presse sa main, rappelle la cinquante-huitième des *Caprichos*.

Les figures grotesques de la dix-septième des *Disparates* rappellent celles de la fin des *Caprichos*, notamment des gravures quarante-cinq à quarante-neuf.

Quant au final macabre de la dix--huitième des *Disparates*, elle rappelle les soixante-sixième et soixante-septième, cette fois, des *Desastres*.

Le final ou départ macabre unit d'ailleurs les trois volumes.

Les *Desastres* comptent quatre-vingt-deux planches, quatre-vingt pour les *Caprichos*. On pense traditionnellement que la série des *Disparates* est restée inachevée[129].

3.4. Une question d'emblèmes

Permanence et approfondissements visuels, techniques et des motifs, variations idéologiques et incertitudes politiques, sont donc les éléments que nous offrent les cycles de gravures de Goya (lesquels, en outre, conservent une certaine unité numérique du nombre de gravures les composant), lorsqu'on les compare entre eux.

D'autre part, nous l'avons dit, les disons deux grandes sections, qui divisent les *Caprichos*, avant et après la gravure quarante-trois, sont, la première, sans particulière difficulté de compréhension et reconnaissance iconographiques, ni dans les situations de *flirt* galant, ni dans celles de prostitution à chaperons, ou de scènes de prisons à grillage, contrairement aux assertions d'Andioc, et la seconde également sans problème quant aux scènes de sabbat, et à la présence récurrente en elles de figures monastiques.

En outre, les thèmes, repris de la tradition, y sont très lisibles, comme par exemple de la femme au miroir comme allégorie propre de l'iconographie médiévale et moderne du péché d'Orgueil dans la gravure cinquante-cinq, la reprise du motif des Trois Pârques dans la gravure quarante-quatre, ou celle des figures de l'emblématique, en particulier chez Otto van Veen, des jeux galants, d'une part, et de l'iconographie et la littérature basses-médiévales de l'autre, des moines défroqués, comme, particulièrement, dans les gravures de la fin de l'ouvrage, notamment soixante-quatorze et soiixante-dix-neuf.

Similairement sont propres de l'emblématique, en particulier espagnole, les représentations des mauvais nobles et serviteurs de l'État; on pense aux nombreux recueils, historiquement dérivés de *El conde Lucanor* (1331-1335) de Don Juan Manuel Prince de Villena et petit-fils du roi Fernando III de Castille[130], tels le fondateur *Empresas espirituales y morales* (Baeça, Fernando Díaz de Montoya, 1613) de Juan Francisco de Villava, et ses multiples reprises, du point de vue du thème, les *Empresas de los reyes de Castilla y León* (terminées vers 1632) de Francisco Gómez de la Reguera, l'*Idea de un príncipe político christiano representada en cien empresas* (Milán, [s.n.], 1642) de Diego de Saavedra Fajardo, l'*Emblemata regio politica in centuriam vnam redacta et laboriosis atque vtilibus commentarijs illustrata* (Matriti, in typographia Domin. Garciae Morras, 1653) de Juan de Solórzano Pereira, le *Gobierno general, moral y político, hallado en las aves más generosas y nobles, sacado de sus naturales virtudes y propiedades* (Madrid, Melchor Alegre, 1670) de Fray Andrés de Ferrer de Valdecebro, le *David pecador, enpresas* (sic) *morales, político cristianas* (Madrid, Francisco Sanz, 1674) d'Antonio de Lorea, *Príncipe perfecto y ministros aiustados: documentos políticos y morales en emblemas* (Lyon, a costa de Horacio Boissat y George Remeus, 1662) d'Andrés Mendo, dont la contrepartie pour la formation du clergé sont l'*Idea de el buen pastor copiada por los SS. Doctores representada en empresas sacras* (Lyon, a costa de Anisson, Posuel, y Rigaud, 1688) de

Francisco Núñez de Cepeda, et le diptyque *Memoria, entendimiento, y voluntad* (Sevilla, Juan Francisco de Blas, 1677) et *Ver, oir, oler, gustar, tocar* (Lyon, imprenta de Anisson, Posuel y Rigaud, 1687) de Lorenzo Ortiz.

Cette nombreuse production, aussi marquée par un courant italien important (on pense au *Prince* [1513, première publication en 1532] de Machiavel, et au *Livre du Courtisan*, 1528, de Baldassarre Castiglione, ainsi qu'en arts, au cycle de fresques de l'*Allégorie et effets du Bon et du Mauvais Gouvernement*[131] [*Allegoria ed Effetti del Buono e Cattivo Governo*], 1338-1339[132], d'Ambrogio Lorenzetti pour la Sala dei Nove ou Salle des Neuf, aussi appelée Sala della Pace ou Salle de la Paix, du Palazzo Pubblico de Sienne), le seul équivalent français de sur l'éducation morale des princes étant peut-être, par opposition, les *Emblesmes Royales a Louis le Grand* (Paris, Chez Claude Barbin, 1673) de Jean Martinet.

Nous avon déjà noté l'origine basse médiévale de la représentation du monde à l'envers et de l'*homo asinus* des gravures trente-huit à quarante-deux, liées à la relation maître-disciple (trente-sept [dont la configuration préfigure de peu celle des "*Musiciens de Brême*", publié par les Frères Grimm en 1819[133]] et trente-huit) - thème qui sera aussi celui des gravures quarante-six et quarante-sept -, à la plaisanterie à la Molière sur les offices (le médecin en quarante, le peintre en quarante-et-un [cas intéressant si l'on considère que la gravure quarante-trois serait une représentation du peintre par lui-même, comme le laisse entendre la légende du dessin préparatoire connu comme "*Ydioma universal*"[134]]).

L'interprétation politique de la gravure quarante-deux des manuscrits Alaya et de la Bibliothèque Nationale sont à soupeser par celle plus générale, et, par là, traditionaliste, du manuscrit du Prado [135]du monde à l'envers, alors que celles des trois manuscrits quant à la folie généalogique[136] de la trente-neuf (de fait confirmée par le titre "*Hasta su abuelo*" et l'image de l'âne en costume regardant un livre rempli de figures de son espèce mises en file) préfigure le thème de "*La filiación*", également animalisante, de la cinquante-sept.

De nouveau, les thèses de l'Illustration, promulguées par les gouvernements successifs et le "*pacte de famille sans famille*" dans la dernière décennie du XVIIIème siècle en Espagne, et l'anticléricalisme du gouvernement d'Urquijo (1798-800) sont autant de conditions propices à l'élaboration et à l'orientation générale, visible, dans les *Caprichos*, presque, pourrait-on dire, sans nécessité d'idéologie propre du peintre (ce qui, en tous cas, résoudrait les doutes souvent posés sur l'incohérence entre le statut de peintre royal de Goya par opposition à ses oeuvres).

De là que nous pouvons, finalement, au bout de ce parcours idéologique de l'époque et iconographique des gravures, nous poser face à celle qui coupe en deux les *Caprichos*: à savoir "*El sueño de la razón produce monstruos*", dont les interprétations jusqu'ici apportées, faute d'en avoir reconnu la source exacte, et d'avoir su la comprendre, assument que la raison endormie produit des images libérées de celle-ci, puisque *"La fantasía abandonada de la razón produce monstruos, y unida a ella, es madre de las artes y origen de las maravillas"* comme le soutient le manuscrit du Prado et semble l'appuyer la publicité de vente pour la série parue dans le *Diario de Madrid* du 6 Février 1799 lorsqu'elle dit se proposer d'"*exponer a los ojos formas y actitudes que solo han existido hasta ahora en la mente humana, oscurecida y confusa por la falta de ilustración o acalorada por el desenfreno de las pasiones*"[137], ce qui serait ce "*Langage universel*" du dessin préparatoire[138], et que l'on pourrait rapprocher de l'iconographie de l'inachevé[139] *Dickens' Dream* (1875[140]) de Robert William Buss (qui illustra également *The Pickwick Papers*[141]).

Toutefois, encore faudrait-il lire correctement aussi bien la publicité de vente que la légende de l'"*Ydioma universal*", lorsque celle-ci dit explicitement:

"*El Autor soñando.*
Su yntento solo es desterrar bulgaridades perjudiciales, y perpetuar con esta obra de caprichos, el testimonio solido de la verdad."

De même, si l'on lit d'un peu plus près la publicité de vente[142], l'on voit clairement qu'elle se divise en deux parties: l'une d'insistante affirmation, hégélienne, que l'oeuvre est ce que ressent l'artiste, plus que la représentation fidèle du monde, l'autre de justification de cet éloignement grotesque de la réalité, avec une fin morale. Dès lors, on se rend compte que cet avertissement est typique de l'esprit baroque du siècle antérieur, qui se défit des monstres, comme l'a montré Gilbert Lascault dans le chapitre qu'il dédie au sujet de son ouvrage sur *Le monstre dans l'art occidental* (1973), comme, donc, à plus forte raison encore, l'Illustration de laquelle se revendique implicitement, par déduction, Goya.

Les monstres qu'il nous présente auront donc pour excuse, comme ceux de Charles Perrault, un rôle moral.

C'est ce que nous dit l'"*Ydioma universal*".

Ainsi mieux lu, nous pouvons nous retourner vers la génétique de l'image.

On la trouve, en référence à l'*Épître* I, 18, "*À Lollius*" d'Horace[143] sur les excès des hommes[144], notamment, comme dans les *Caprichos*, la luxure et l'ivresse, dans l'Emblème 13[145] "*Philosophia vitæ magistra. L'etude de la Vertu eft la fin de l'Homme*" de la Première Partie des *Quinti Horatii Flacci emblemata* (1607[146]) d'Otto van Veen[147], régulièrement reproduit tout au long des XVIIème et XVIIIème siècles, entre autres dans l'édition de Gomberville[148].

On y trouve bien les formes démoniaques à ailes de chauve-souris, le personnage assis (bien qu'éveillé et débattant) à table, mais y sont ajoutés, par opposition, les philosophes, selon un modèle, laïcisé, tiré de celui de l'*Ars moriendi*.

Le *motto* de l'Emblème reprend bien l'idée que donne Goya dans l'"*Ydioma universal*":

"*Dégagez vos efprits de crainte & d'Efperance,
Souffrez que la Vertu vous rende la raifon:
L'efclave est infenfé qui craint sa délivrance,
Et le malade eft fou qui hait fa guerifon.*"[149]

Et, comme les *Caprichos*, notamment les gravures précédant celle du "*Sueño*" (concrètement les trente-septième et trente-huitième), l'explication insiste sur la question de la relation entre le disciple et le maître, ici, en contrepoint des *Caprichos*, la sagesse divine, et celle humaine des philosophes, la sagesse éloignant les démons tentateurs de l'âme qui sait écouter et apprendre[150].

On voit donc comment, plus que du postérieur *Dickens' Dream*, il faut rapprocher le "*Sueño*" du *Songe du Docteur* (c.1498[151]) de Dürer[152], et, au XIXème siècle, du "*Corbeau*" (29 Janvier 1845, *New York Evening Mirror*[153]) d'Edgar Allan Poe, et de ses illustrations par John Tenniel (1858[154]) et Gustave Doré (1884[155]), voire, dans le même ordre d'idées, de démons nocturnes surgissant, des différentes versions de l'à peine antérieur *Cauchemar* (1781[156]) de Füssli, de nombreuses fois reproduit par l'auteur[157] et copié en gravures[158].

4. Conclusion

Dit autrement, l'image ne présente pas les limites de la raison, mais, au contraire, son empire général sur le monde (ce serait, de fait, très mal comprendre le règne de l'Esprit chez Hegel - repris par Goya, on l'a dit, dans ses arguments de vente pour les *Caprichos* - que de lui attribuer un sens qui ne proviendrait pas de la Philosophie et de l'Idée[159]), nécessaire et bien faisant.

Ainsi, le texte, curieusement inversé par la compréhension contemporaine, pourtant à à peine plus de deux siècles, qu'en eurent les analystes, doit-il être lu littéralement, et non, comme cela a été fait, métaphoriquement.

La métaphore nous parlerait des limites de la raison, que le songe ouvrirait, dans une perspective surréaliste, qui n'apparaitra, en arts, malgré Füssli et, postérieurement, les symbolistes, qu'un siècle plus tard, avec la lecture systématique que feront les représentants de ce mouvement des textesc freudiens, notamment de l'ouvrage sur les rêves[160].

Le sens littéral (plusieurs fois exprimé par l'époque et le monde géographique de Goya avant lui[161] [dès Calderón de la Barca[162]], notamment, de manière, pour nous, la plus évidente, en correspondance avec la gravure ici analysée de l'artiste, dans l'édition madrilène de 1786 de l'ouvrage de *La Belle Éducation*, d'un siècle antérieur[163], par l'abbé français Laurent Bordelon[164],

"*Puesto*" - en ce qui concerne notre opinion de l'entrée de l'Illustration dans les cercles officialistes de l'époque - "*en Castellano Por Don Ramon Sacristán y Martin, Abogado de los Reales Consejos, del Ilustre Colegio de esta Corte, y uno de los Jubilados de la Real Academia de Derecho Patrio y Público*", et dont le *motto*, également de page de titre - comme l'indication du traducteur -, assez proche, selon nous, de la légende de notre gravure et du discours de la publicité de vente des *Caprichos*, est: "*La Razon es del hombre la riqueza segura/ No hay que temer escollos siguiendo su luz pura.*") nous dit, comme le titre, que lorsque la raison s'endort, apparaissent des monstres antiques, comme cela arrive au personnage cité de Poe.

Charles Albert Desmoutiers n'écrit-il pas, dans l'"*Avertissement*" de l'édition définitive (ou "*Dernière Édition*") de 1801 de ses *Lettres à Émilie sur la mythologie*:

"*Dans cette nouvelle carrière, je prie les critiques judicieux de m'aider sévèrement de leurs conseils. Ils me sont d'autant plus nécessaires, que j'écris tout naturellement comme je sens, et que bientôt le sentiment nous égare, s'il n'est éclairé par la raison.*"[165]

On notera, ainsi, en ce sens, pour preuve de la véracité et de la correction de notre lecture par rapport à la gravure, que l'oiseau qui se présente, au dos du dormeur, en avant des autres créatures nyctalopes qui la suivent, est la chouette d'Athéna et des philosophes.

De fait, Goya reprend les éléments iconographiques, dans les *Caprichos*, des gravures anonymes françaises des années 1780 contre le mesmérisme de la Cour, avec Mesmer en âne, ou sur un balai de sorcière, accompagné d'une chouette[166], sans doute ici, déjà, dans la double acception que nous lui attribuons dans le "*Sueño*" (équivalent de la transe[167] mesmérique).

Mais, de nouveau, cette différence, fondamentale, de lecture implique, obligatoirement, pour les exégètes, une connaissance intelligente de l'Histoire de leur discipline, c'est-à-dire un rapprochement entre *corpus* et époque. Cela implique, comme nous l'avons postulé dès le début du présent Ouvrage, de bien comprendre les références sous-jacentes, d'ailleurs souvent probablement involontaires, de Goya, dans les *Caprichos*, aux thèmes consacrés de l'iconographie moderne, ceci se devant, peut-être, dans l'art du peintre, à sa première orientation, de peintre religieux.

Ainsi, "*El sueño de la razón produce monstruos*" ne découle pas du surréalisme, langage qui lui est de beaucoup postérieur, et ne peut donc logiquement exister avant d'avoir été inventé, c'est la question des possibilités d'existence que nous posions dans le cadre de la réflexion politique sur l'orientation de la série, mais de l'iconographie de l'*Acedia*-Hérésie (que nous avons étudiée pour *Le Songe du Docteur*).

Génétiquement, et fonctionnellement, dans l'ordre organisatif du récit des *Caprichos*, ou, si l'on préfère, de sa séquence narrative, comme pour Van Veen, où, après avoir élaboré une série d'Emblèmes sur la persécution de la Vertu par les Vices[168], l'Emblème sur "*Philosophia vitæ magistra*", reprenant en substance l'*Épître* horatienne, propose au lecteur d'entrer dans une seconde partie ("*Nous en avons un exemple en ce Tableau, où cette fage Conduftrice, après nous avoir marqué les bornes dans lesquelles nos Paffions doivent être renfermées, & fait voir que c'eft de leur feul déreglement que les Vices tirent leur naiffance, nous remet entre les mains du Tems, & lui commande, qu'en fon abfence, il contribue, en tout ce qui dépendra de lui, à la Conduite de notre vie.*"), correspondant à l'élaboration d'un *modus vivendi* propre au chrétien vertueux[169], qui aborde d'ailleurs au passage une question directement politique[170], dans les *Caprichos*, la gravure quarante-trois divise la thématique de la série entre, antérieurement, la question, triste certes socialement mais comique des jeunes filles données en pâture aux barbons, des prostituées dévorant, financièrement, leurs clients, des proxénètes, souvent familiaux, dévorant, à leur tour, leurs enfants (le Saturne que reproduira ailleurs encore Goya), et, postérieurement, la critique, plus frontale, mais cependant plus absconse visuellement, certainement volontairement, pour éviter d'être présenté devant l'Inquisition, de l'hérédité nobiliaire et du clergé, groupe de la seconde partie des *Caprichos* où, reprenant une longue tradition, de Boccace à Bosch, de critique aux moines défroqués, et propiciant un discours qui allait bien dans le cadre de celui du premier gouvernement d'Urquijo, Goya insiste beaucoup plus sur la représentation de la communauté ecclésiale qu'aristocratique.

Le motif des sabbats y des sorcières, repris de son propre cycle contemporain de peintures, permettant la mise en scène des gravures depuis la référence implicite à la tradition, qui l'éloigne donc d'une trop vive inscription dans la contemporanéité vécue, et donc de représailles, l'abstraction visuelle supplémentaire dans cette seconde et dernière partie des *Caprichos* (comme le titre[171]) servant au même effet.

On peut donc dire que, charnière entre les deux parties des *Caprichos*, et par son titre, paradigmatique de la pensée de l'Illustration, qui propose de représenter les monstruosités de l'Ancien Régime (la noblesse héréditaire, comme le montrent on ne peut plus clairement les gravures trente-neuf et cinquante-sept et leurs titres respectifs; le clergé et les ministres d'État corrompus) - ce qu'implicitement nous invitent à découvrir les arguments de vente pour les *Caprichos* dans le *Diario de Madrid*, dès son premier paragraphe, d'ouverture:

" *Persuadido el autor de que la censura de los errores y vicios humanos (aunque parezca peculiar de la elocuencia y la poesía) pueda ser también objeto de la pintura, ha escogido como asuntos proporcionados para su obra, entre la multitud de extravagancias y desaciertos que son comunes en toda sociedad civil y entre las preocupaciones y embustes vulgares, autorizados por la costumbre, la ignorancia o el interés, aquellos que ha creído más aptos a suministrar material para el ridículo y excitar al mismo tiempo la fantasía del artífice.*" -

La gravure quarante-trois "*El sueño de la razón produce monstruos*" des *Caprichos* de Goya symbolise l'esprit d'une époque: l'Illustration, tout en s'intégrant aux débats de celle-ci en Espagne, dont l'entrée fut favorisée par le "*pacte de famille sans famille*", et les politiques de la monarchie de l'isthme des dix dernières années du XVIIIème siècle, mais encore celles d'appui à l'Empire, comme le montrent les deux gouvernements d'Urquijo (1798-1800, puis 1808-1813[172]), notamment, en ce qui nous concerne, le premier, volontairement anticlérical, certes pour raisons essentiellement financières, comme l'indique finalement, à son tour, la substitution d'Urquijo par Carlos IV.

¹Roland Barthes, "*Introduction à l'analyse structurale des récits*", Communications, 8 *Recherches sémiologiques: l'analyse structurale du récit*, 1966, p. 9.
²"*Tout système étant la combinaison d'unités dont les classes sont connues, il faut d'abord découper le récit et déterminer les segments du discours narratif que l'on puisse distribuer dans un petit nombre de classes; en un mot, il faut définir les plus petites unités narratives.*
Selon la perspective intégrative qui a été définie ici, l'analyse ne peut se contenter d'une définition purement distributionnelle des unités: il faut que le sens soit dès l'abord le critère de l'unité: c'est le caractère fonctionnel de certains segments de l'histoire qui en fait des unités: d'où le nom de «fonctions» que l'on a tout de suite donné à ces premières unités. Depuis les Formalistes russes, on constitue en unité tout segment de l'histoire qui se présente comme le terme d'une corrélation. L'âme de toute fonction, c'est, si l'on peut dire, son germe, ce qui lui permet d'ensemencer le récit d'un élément qui mûrira plus tard, sur le même niveau, ou ailleurs, sur un autre niveau: si, dans Un cœur simple, Flaubert nous apprend à un certain moment, apparemment sans y insister, que les filles du sous-préfet de Pont-l'Evêque possédaient un perroquet, c'est parce que ce perroquet va avoir ensuite une grande importance dans la vie de Félicité: l'énoncé de ce détail (quelle qu'en soit la forme linguistique) constitue donc une fonction, ou unité narrative." (*Ibid.*, pp. 6-7)
³Barthes, "*Éléments de sémiologie*", Communications, 4 *Recherches sémiologiques*, 1964, I.2.1, p. 98.
⁴*Ibid.*, II.1.4, p. 106.
⁵Robert Godel, "*Questions concernant le syntagme*", Cahiers Ferdinand de Saussure, Vol. 25 *Mélanges de lingüistique offerts à Henri Frei*, Genève, Librairie Droz, 1969, T. I, p. 126.
⁶Sur le débat entre les notions saussurienne et jackobsonienne de fonction (sachant que ces deux sources sont directement à l'origine de la pensée barthésienne):
"*A une linguistique du fonctionnement, telle que celle dont Saussure a jeté les fondements, se substitue chez Jakobson une linguistique de la fonction, impliquant une tout autre vision de la langue: à la langue saussurienne, domaine des articulations (au sens de divisions-combinaisons' — division des deux masses amorphes de la pensée et du son en unités, combinaison de la pensée et du son en un articulus), définie comme un fonctionnement, répond la langue jakobsonienne, donnée dès l'abord dans l'évidence de sa définition comme instrument de communication, et construite ensuite comme structure. C'est ce que l'on essaiera de mettre en évidence ici en envisageant le destin, dans l'oeuvre de Jakobson, des notions saussuriennes corrélatives de valeur, de négativité, de différence, d'opposition et de relativité, notions que Jakobson redéfinit séparément, disjoignant ainsi les éléments constitutifs du concept saussurien de valeur.*
Nous tenterons ainsi de montrer que le terme valeur est employé par Jakobson dans une acception assez lâche, la plupart du temps au sens général d'élément linguistique, parfois aux sens plus précis de fonction, de signification, ou encore de fonctionnement sémiotique, mais que le point commun de ces différents emplois est la positivité qu'ils présupposent, qu'il s'agisse de consistance objectale, ou de sémioticité." (Anne-Gaëlle Toutain, "*La filiation Saussure-Jakobson: un malentendu?*", Congrès Mondial de Linguistique Française, Paris, Institut de Linguistique Française, 2008, p. 1029)
"*On trouve dans le «Retrospect» des Selected Writings I une explication de ce point de vue:*
«L'attribution par Saussure d'une valeur oppositive aux éléments phonologiques est suivie d'une référence à la fonction de cette structure oppositionnelle: "L'opposition se trouve être porteuse d'une différence de sensu". Cette définition est à son tour corroborée par l'argument de Benveniste contre la nature prétendument arbitraire du signe: "Le signe, élément primordial du système linguistique, enferme un signifiant et un signifié dont la liaison doit être reconnue comme nécessaire, ces deux composantes étant consubstantielles l'une à l'autre." Toute entité linguistique,

de la plus large à la plus petite, est la conjonction nécessaire d'un signans et d'un signatum.» (Jakobson, 1973a: 162-163 [Jakobson, 1971a: 656]).
Ce passage nous semble tout à fait significatif, dans la mesure où il témoigne de la disjonction, dans la pensée jakobsonienne, des deux notions d'opposition d'un côté (rapport horizontal entre unités) et de fonction ou valeur de l'autre, qui renvoie à un rapport vertical qui est celui, sinon de la signification, du moins de l'appariement du son et du sens. Or, précisément, chez Saussure, valoir pour implique être opposé à, la langue étant définie comme découpage, et la dualité son/sens reposant sur des «différences sans termes positifs» (Saussure, 1967a: 166). C'est pourquoi, chez Saussure, il ne peut y avoir de couplage entre valeur et fonction, couplage dès lors proprement jakobsonien. On en arrive ici à un autre pan de la positivité de la valeur jakobsonienne, à une autre modalité de la disjonction de la négativité et de la valeur caractéristique de la pensée de Jakobson: la valeur jakobsonienne a une dimension «sémiotique», elle joue un rôle dans l'appariement du son et du sens en tant que donnés d'une part, positivement délimités, fut-ce par et dans la langue, d'autre part. Au contraire, chez Saussure, que la valeur soit purement négative indique que le concept de valeur rend compte de la combinaison du son et du sens en tant que celle-ci est en même temps délimitation d'unités. La langue apparaît ainsi comme un fonctionnement, celui de la délimitation-combinaison, fonctionnement dont son et sens, en tant que linguistiques, ne sont que des effets." (Ibid., pp. 1034-1035)

[7]Sur le même point qu'à la note précédente, cf. encore: "*Cuando uno se acerca a la lengua desde el lado semántico, la naturaleza doble de la lengua aparece en la oposición de la significación y de la valeur (significado y valor), aunque una formulación hecha por Saussure en un manuscrito niegue esta diferencia: «Nous n'établissons aucune différence réelle sérieuse entre les termes valeur, sens, signification, fonction ou emploi d'une forme, ni même avec l'idée» [...] contenue dans une forme; ces termes sont synonymes»* (Saussure 1996: IIIe).
La diferencia de estos términos no se considera como seria en este manuscrito, sino más bien le atribuye mucha importancia en el Curso, donde podemos encontrar la siguiente frase en los apuntes: «*Faisant partie d'un système, il [le signe] est revêtu, non seulement d'une signification, mais aussi et surtout d'une valeur, et c'est tout autre chose*» *(Saussure 1967-68: 261)*." (Gerda Haßler, "*Las diferentes visiones de saussure al centenario de la publicación del Curso de Lingüística General*", Res Diachronicae, Vol. 13, 2015, p. 14)

[8]Godel, p. 126.

[9]Christine Verna, "*L'inconscient collectif dans le récit*", *Aproximaciones diversas al texto literario*, Universidad de Murcia, 1996, p. 402.

[10]*Ibid.*, p. 403.

[11]*Ibid.*

[12]https://www.wdl.org/es/item/10629/

[13]"*Las «explicaciones» manuscritas que corrieron unidas a los primeros ejemplares de los Caprichos demuestran el interés que despertó entre los contemporáneos la colección de las ochenta estampas de Goya, y constituyen el testimonio más antiguo de las reacciones suscitadas por el mensaje de aquella «verdadera comedia de la vida humana». Entre los originales propiamente dichos, cuyo paradero desconocemos, las copias sucesivas que de ellos se sacaron -así por ejemplo los manuscritos del Prado, de Zaragoza o de la Biblioteca Nacional-, las citas fragmentarias y las meras referencias o alusiones, se puede calcular como mínimo en unos veintitantos el número de textos de cuya existencia queda constancia. El fenómeno es lo bastante excepcional como para que, una vez más, se le conceda alguna atención, pues a todas luces no todos los «comentaristas» de los Caprichos coincidieron en la interpretación de su sentido, es decir que en vida del propio artista y, más concretamente, durante los diez o doce años que siguieron a la primera tirada, si bien no se dudó de la carga de actualidad de las «sátiras» goyescas, ya se planteó en cambio para parte de ellas, como se nos sigue planteando todavía, el problema de su alcance e incluso el de su significado; sólo que los primeros aficionados a los*

Caprichos, por estar inmersos, como el autor de ellos, en un mismo contexto histórico, no podían dejar de captar las convicciones expresadas por Goya a través del prisma de las propias, lo cual representa, aproximadamente a dos siglos de distancia, casi tanto un inconveniente como una ventaja, porque a esas «explicaciones» de las estampas se acude todavía, con criterios no siempre bien definidos en los que entra a veces alguna subjetividad, cuando no se alcanza a penetrar en lo que un articulista de la época llamaba «su cierto misterio».

En la medida en que los manuscritos asequibles no son originales sino copias, y probablemente copias de copias, conviene, para poder utilizarlos con mayor seguridad, someterlos a un previo examen crítico destinado a valorar su respectivo grado de fiabilidad no como explicaciones, sino, antes que nada, como documentos, como textos, esto es, como material básico de la investigación. Si nos atenemos a la introducción de Lafuente Ferrari a su edición de los Caprichos, «se han llegado a conocer otras tres explicaciones más, aparte de la del Prado» («P» en el Trasmundo de Goya, de Edith Helman), a las estampas del aragonés: la del manuscrito que perteneció a Adelardo López de Ayala y del que publicó una copia el Conde de la Viñaza («A» en el citado libro de Helman); «la que dio a conocer Lefort en su libro Francisco Goya, París, 1877, análoga en su desenvoltura y alusiones personales a la anterior»; y por último la de la Biblioteca Nacional de Madrid, que publicó como inédita Helman en su Trasmundo de Goya, «también desvergonzada y a veces obscena en sus comentarios» («BN» en Helman).

En primer lugar, Lefort no da a conocer una, sino tres explicaciones, dos de ellas citadas in extenso: una «note manuscrite» redactada en francés e impresa en las páginas 38 a 41, pero en la que solamente se «aclaran» veintitrés Caprichos, y otra que el autor denomina reiteradamente «manuscrit de Goya»; y también un «second manuscrit», asimismo «atribuido a Goya» y redactado en castellano como el anterior, pero cuyo texto no se atreve Lefort a publicar íntegro, pues, escribe, contiene explicaciones que no explican casi nada, no nos informa acerca de los personajes y hechos aludidos por el grabador, y, por encima, está atestado de obscenidades.

Ahora bien, la explicación de Lefort a que se refiere Lafuente Ferrari en su citada enumeración no puede ser sino la llamada por el francés «manuscrit de Goya», pues cada uno de los comentarios que contiene este texto se reproduce en el referido libro después de la descripción personal dada por Lefort del Capricho correspondiente. Además, pese a lo que opina curiosamente el erudito Glendinning en un trabajo de hace algunos años, lo que tuvo a la vista el autor de Francisco Goya fue en este caso un manuscrito redactado en castellano; como es natural, en un libro destinado a ver la luz pública en Francia, el texto del «manuscrito de Goya» tenía que aparecer traducido al idioma de Molière, o cuando menos al de Lefort, lo cual supone infaliblemente algún riesgo de ver comprobada una vez más la conocida afinidad del «traduttore» con el «traditore», máxime en una época en que el concepto de exactitud en la traducción entrañaba cierta elasticidad; prueba de ello es la leyenda más famosa de la serie de los Caprichos, «El sueño de la razón produce monstruos», que en la pluma del autor transpirenaico en: «Le sommeil de la raison enfante parfois des monstres», es decir: «...engendra a veces monstruos», por lo que ya deja de ser sentencia de alcance universal, o mejor dicho general. Así y todo, no cabe duda de que el texto de esta traducción, como ya advertía de pasada Sánchez Cantón en 1949, coincide totalmente con el del manuscrito del Prado, procedente de la colección de Carderera;..." (René Andioc, "Al margen de los Caprichos: las «explicaciones manuscritas»", Nueva Revista de Filología Hispánica, 1984, Vol. 33, No 1, pp. 257-259)

[14]"*En este grabado se representa una superstición que prevalecía todavía entre el pueblo: una joven está arrancando un diente al cadáver de un ahorcado, el cual piensa emplear para realizar hechizos. En esa dirección van los comentarios de los manuscritos del Prado y de Ayala. Se inspira en el Acto VII de la Tragicomedia de Calixto y Melibea, en la que la Celestina dice de la madre del personaje Pármeno: «Siete dientes quitó a un ahorcado con unas tenacitas de pelar cejas, mientras yo le descalcé los zapatos». Esta escena fue citada y anotada por Moratín en la edición anotada del Auto de fe sobre brujería que la Inquisición celebrado en Logroño en 1610 y del cual*

parece que se sirvió Goya para dibujos y grabados." (https://es.wikipedia.org/wiki/A_caza_de_dientes#Interpretaciones_de_la_estampa)
[15]Qu'ironiquement notre société contemporaine semble avoir reproduit avec le coiffeur de François Hollande. L'histoire se reproduit donc, toujours, bien comme comédie.
[16]Le modèle, si on le rapproche de la prostituée de "*Le descañona*" de la trente-cinq, nous semble venir de la description des parents du *Buscón* (1626) de Francisco de Quevedo (Lib. I Cap. I):
"*Hubo fama que reedificaba doncellas, resuscitaba cabellos encubriendo canas, empreñaba piernas con pantorrillas postizas. Y con no tratarla nadie que se le cubriese pelo, solas las calvas se la cubría, porque hacía cabelleras; poblaba quijadas con dientes; al fin vivía de adornar hombres y era remendona de cuerpos. Unos la llamaban zurcidora de gustos, otros, algebrista de voluntades desconcertadas; otros, juntona; cuál la llamaba enflautadora de miembros y cuál tejedora de carnes y por mal nombre alcahueta. Para unos era tercera, primera para otros y flux para los dineros de todos. Ver, pues, con la cara de risa que ella oía esto de todos era para dar mil gracias a Dios.*
Hubo grandes diferencias entre mis padres sobre a quién había de imitar en el oficio, mas yo, que siempre tuve pensamientos de caballero desde chiquito, nunca me apliqué a uno ni a otro. Decíame mi padre:
-Hijo, esto de ser ladrón no es arte mecánica sino liberal.
Y de allí a un rato, habiendo suspirado, decía de manos:
-Quien no hurta en el mundo, no vive. ¿Por qué piensas que los alguaciles y jueces nos aborrecen tanto? Unas veces nos destierran, otras nos azotan y otras nos cuelgan..., no lo puedo decir sin lágrimas (lloraba como un niño el buen viejo, acordándose de las que le habían batanado las costillas). Porque no querrían que donde están hubiese otros ladrones sino ellos y sus ministros. Mas de todo nos libró la buena astucia. En mi mocedad siempre andaba por las iglesias, y no de puro buen cristiano. Muchas veces me hubieran llorado en el asno si hubiera cantado en el potro. Nunca confesé sino cuando lo mandaba la Santa Madre Iglesia. Preso estuve por pedigüeño en caminos y a pique de que me esteraran el tragar y de acabar todos mis negocios con diez y seis maravedís: diez y seis de cáñamo. Mas de todo me ha sacado el punto en boca, el chitón y los nones. Y con esto y mi oficio, he sustentado a tu madre lo más honradamente que he podido.
-¿Cómo a mí sustentado? -dijo ella con grande cólera. Yo os he sustentado a vos, y sacádoos de las cárceles con industria y mantenídoos en ellas con dinero. Si no confesábades, ¿era por vuestro ánimo o por las bebidas que yo os daba? ¡Gracias a mis botes! Y si no temiera que me habían de oír en la calle, yo dijera lo de cuando entré por la chimenea y os saqué por el tejado."
Surtout si l'on y ajoute les scènes de prison des gravures trente-deux et trente-quatre, voire celle du jeu du taureau en soixante-dix-sept (qui nous évoque, ainsi, de même le processus employé, au Lib. I Cap. II par le héros pour changer son statut social: "*En todo esto, siempre me visitaba aquel hijo de don Alonso de Zúñiga, que se llamaba don Diego, porque me quería bien naturalmente, que yo trocaba con él los peones si eran mejores los míos, dábale de lo que almorzaba y no le pedía de lo que él comía, comprábale estampas, enseñábale a luchar, jugaba con él al toro, y entreteníale siempre. Así que los más días, sus padres del caballerito, viendo cuánto le regocijaba mi compañía, rogaban a los míos que me dejasen con él a comer y cenar y aun a dormir los más días.*"
[17]"*Quum le submoveant, qui testamenta merentur*
Noctibus, in cœlum quos evehit optimia summi
Nunc via processus, vetulæ vesîta beatæ?
Unciolam Proculeius habet, sed Gillo deuncem,
Partes quisque suas, ad mensuram inguinis heres.
(D. Juvenal, Sat. I, v. 37.)" (*Le Roman de la Rose par Guillaume de Lorris et Jean de Meung Édition accompagnée d'une traduction en vers Précédée d'une Introduction, Notices historiques*

et critiques; Suivie de Notes et d'un Glossaire par Pierre Marteau, Orléans, H. Herluison, 1879, T. IV, cap. CVIII, note 83 des v. 22240-22534, p. 414)
"Se taire, quand, la nuit, des libertins à gages,
Par d'obscènes exploits forçant les héritages,
Au faîte des honneurs, sûrs d'atteindre leur but,
Montent du lit doré de quelque vieille en rut!
D'une once Proculus, Gillon du reste hérite;
A ces fiers étalons part suivant leur mérite!" (*Satires de Juvénal traduits en vers français, par A. Constant Dubos*, Paris, Auguste Durand, 1852, v. 37-41, p. 7)
On retrouve encore la même idée au chapitge CXL du *Satyricon*, unissant, comme dans les *Caprichos*, les deux tendances: de l'offre féminine des vieilles aux jeunes, et des jeunes femmes vendant leurs charmes par l'entremise de leur mère. Le chapitre débute ainsi: "*Il parlait encore, quand nous vîmes entrer une dame des plus respectables: Philumène était son nom. Dans sa jeunesse, elle avait spéculé sur ses charmes pour extorquer plusieurs successions; mais alors, vieille et fanée, elle introduisait son fils et sa fille auprès des vieillards sans héritiers, et, se succédant ainsi à elle-même, elle continuait à exercer son honnête commerce.*" (*Oeuvres complètes de Pétrone avec la traduction française de la Collection Panckoucke par M. Heguin De Guerle*, Paris, Garnier Frères, 1861, p. 245 et note du chapitre CXL p. 387)

[18]"*Si rest plus de gaaing-rentiers*
Viez chemins que noviaus sentiers,
Et plus i trueve-l'en d'avoir
Dont l'en puet grand profit avoir.
Juvenaus méismes afiche
Que qui se met en vielle riche,
S'il vuet à grant estat venir,
Ne puet plus bref chemin tenir;
S'el prent son service de gré,
Tantost le boute en haut degré.
Ovides méismes aferme
Par sentence esprovée et ferme,
Que qui se vuet à vielle prendre,
Moult en puet grant loier atendre;
Tantost est grant richece aquise
Por mener tel marchéandise.
Mès bien se gart qui vielle prie,
Qu'il ne face riens, ne ne die
Qui jà puist aguet resembler,
Quant il li vuet s'amor embler,
Ou loiaument néis aquerre,
Quant amors en ses laz l'enserre:
Car les dures vielles chenuës,
Qui de jonesce sunt venuës
Où jadis ont esté flatées,
Et sorprises et baratées,
Quant plus ont esté décéuës,
Plus-tost se sunt aparcéuës
Des bareteresses faveles,
Que ne font les tendres puceles
Qui des aguez pas ne se doutent,
Quant les fléutéors escoutent;

Ains croient que barat et guile
Soit ausinc voir cum Evangile:
Car onc n'en furent eschaudées.
Mès les dures vielles ridées,
Malicieuses et recuites,
Sunt en l'art de barat si duites,
Dont eus ont toute la science
Par tens et par expérience,
Que quant li flajoléors viennent,
Qui par faveles les détiennent,
Et as oreilles lor taborent,
Quant de lor grace avoir laborent
Et soplient et s'umilient,
Joignent lor mains et merci crient,
Et s'enclinent et s'agenoillent,
Et plorent si que tuit se moillent,
Et devant eus se crucefient
Por ce que plus en eus se fient,
Et lor prometent par faintise
Cuer et cors, avoir et servise,
Et lor fiancent et lor jurent
Les sains qui sunt, seront et furent,
Et les vont ainsinc decevant
Par parole où il n'a que vent:
Ainsinc cum fait li oiselierres
Qui tent à l'oisel, comme lierres,
Et l'apele par dous sonnés,
Muciés entre les buissonnés,
Por li faire à son brai venir,
Tant que pris le puisse tenir;
Li fox oisiaus de li s'aprime,
Qui ne set respondre au sophime
Qui l'a mis en décepcion
Par figure de diccion;
Si cum fait li cailliers la caille,
Por ce que dedans la rois saille;
Et la caille le son escoute,
Si s'en apresse, et puis se boute
Sous la rois que cil a tenduë
Sor l'erbe en printens fresche et druë;
Se n'est aucune caille vielle,
Qui venir au caillier ne veille,
Tant est eschaudée et batuë,
Qu'ele a bien autre rois véuë
Dont el s'ert espoir eschapée,
Quant ele i dut estre hapée
Par entre les herbes petites.
Ainsinc les vielles devant dites,
Qui jadis ont esté requises,
Et des requeréors sorprises

Par les paroles qu'eles oient,
Et les contenances que voient,
De loing lor aguez aparçoivent,
Par quoi plus envis les reçoivent;
Où s'ils le font néis acertes
Por avoir d'amor les desertes,
Comme cil qui sunt pris es las,
Dont tant sunt plesant li solas,
Et li travail tant delitable
Que riens ne lor est si gréable
Cum est ceste esperance grieve
Qui tant lor plest et tant lor grieve,
Sunt-eles en grant sospeçon
D'estre prises à l'ameçon,
Et oreillent et estuidient
Se cil voir ou fable lor dient,
Et vont paroles sospesant,
Tant redotent barat presant,
Por ceus qu'el ont jadis passés
Dont il lor membre encore assés.
Tous jors cuide chascune vielle,
Que chascun decevoir la vuelle.
Et s'il vous plest à ce flechir
Vos cuers por plus-tost enrichir,
Ou vous qui délit i savés,
Se regart au délit avés,
Bien poés ce chemin tracier
Por vous déduire et solacier.
Et vous qui les jones volés,
Que par moi ne soiés bolés,
Que que mes mestres me commant,
(Si sunt moult bel tuit si commant)
Bien vous redi por chose voire,
(Croie-m'en qui m'en voldra croire),
Qu'il fait bon de tout essaier
Por soi miex ès biens esgaier,
Ausinc cum fait li bon lechierres
Qui des morsiaus est congnoissierres
Et de plusors viandes taste,
En pot, en rost, en soust, en paste,
En friture et en galentine,
Quant entrer puet en la cuisine;
Et set loer et set blasmer
Liquex sunt dous, liquex amer,
Car de plusors en a goustés.
Ausinc sachiés, et n'en doutés,
Que qui mal essaié n'aura,
Jà du bien gaires ne saura;
Et qui ne set d'honor que monte,
Jà ne saura congnoistre honte;

N'onc nus ne sot quel chose est aise,
S'il n'ot avant apris mesaise;
Ne n'est pas digne d'aise avoir,
Qui ne vuet mésaise savoir;
Et qui bien ne la set soffrir,
Nus ne li devroit aise offrir." (*Le Roman de la Rose*, v. 22231-22368, pp. 350-358)

[19]Cf. les interprétations: "*Manuscrito de Ayala: Los necios preciados de nobles se entregan a la haraganería y superstición, y cierran con candados su entendimiento, mientras los alimenta groseramente la ignorancia.*
Manuscrito de la Biblioteca Nacional: Los necios preciados de nobles siempre están con su executoria al pecho, reclinados desidiosamente, rezando como unos fanáticos el rosario y bostezando. La ignorancia los alimenta groseramente y tienen su entendimiento cerrado a candado." (https://es.wikipedia.org/wiki/Los_Chinchillas#Interpretaciones_de_la_estampa)

[20]Cf. à ce sujet notre ouvrage *Mythes (autour du dieu du pet).*

[21]"*Manuscrito de la Biblioteca Nacional: Las mujeres locas lo serán hasta la muerte. Esta es cierta Duquesa (la de Osuna) que se llena la cabeza de moños y carambas, y por mal que le caigan no faltan quitones de los que vienen a atrapar las criadas, que aseguran a Su Excelencia que está divina.*" (https://es.wikipedia.org/wiki/Hasta_la_muerte#Interpretaciones_de_la_estampa)

[22]"*Manuscrito de la Biblioteca Nacional: Todavía se torean unos a otros los viejos carcamales. (Voltaire y Piron.)*" (https://es.wikipedia.org/wiki/Unos_a_otros#Interpretaciones_de_la_estampa)

[23]"*Esta estampa corresponde al grupo temático "fortuna y muerte". Goya aborda este tema por medio de la representación del juego de la vaquilla, el cual se ha interpretado como la lucha ficticia de los hombres públicos. La escena se compone por un grupo de hombres, uno de ellos hace de toro, mientras que el caballero del segundo término se está rehaciendo y el del primero está en un puesto de "ostentación y gasto" picando a su antecesor. El resultado es que, a efectos de la codicia y la soberbia, los aristócratas se torean unos a otros, perjudicando al pueblo que sigue necio e ignorante y haciendo de caballería, es decir, llevando todo el peso.*" (https://www.museodelprado.es/coleccion/obra-de-arte/unos-a-otros/8ec6025f-8074-4f69-a48c-f95f42292bdf)

[24]Cf., dans la présente Collection, notre ouvrage sur cette oeuvre.

[25]"*Resumiendo pues: todos los manuscritos de explicaciones de los Caprichos que hemos examinado son copias, tal vez copias de copias. El A procede de los otros dos, o por mejor decir, de un determinado estado de P y BN, y, al menos en el caso de éste, de un estado anterior al que representa el manuscrito de la Nacional, el cual supone cierta erosión textual. La traducción inglesa de Dobree, copiada por Douce, se realizó también a partir de un estado de BN anterior al que conocemos, sufriendo el original muchas reducciones y modificaciones debidas a un entorno cultural distinto al de origen; en esta explicación D, o en el texto castellano de que procede, se aprovechó alguna que otra vez el texto P en un estado imposible de puntualizar. Lo cierto es que esas interferencias dejan constancia de la búsqueda de una interpretación satisfactoria por parte de un buen número de aficionados a los Caprichos, y por ende, de la dificultad de entender bien el significado de no pocos de ellos en la misma época de su publicación.*
Esto mismo explica en mi opinión la preferencia que a todas luces manifestó el redactor de A por el texto BN, al que acude, total o parcialmente, en las tres cuartas partes de los casos, o sea, según queda dicho, unas sesenta veces en números redondos. En efecto, los comentarios descubiertos, o digamos, vueltos a descubrir, por Helman, aunque no siempre, ni mucho menos, me parecen acertar con el sentido exacto del Capricho correspondiente, sí en cambio suelen generalmente ser de carácter más descriptivo que los de P, tratando incluso de aclarar para el aficionado el sentido de algunos símbolos o pormenores («[...] como lo indica el reverso de su cara [...]»; «[...] él se deja conocer por los bordados [...]»; «[...] la luxuria, cuyo simulacro se ve delante [...]»; «[...]

como suelen dar en sodomías, se representa éste [...]»; «[...] uno lleva, como figurando el roquete [...]»); además, de los dos manuscritos que tuvo a la vista el redactor de A, es el único que trata casi sistemáticamente de identificar la escena o los personajes grabados por Goya: la Reina, Godoy, Perico el Cojo, la duquesa de Alba, el mismo Goya, la mujer de Castillo, la duquesa de Osuna, la bailarina Elena Hutin («la Dutim»), Duro (¿Juan Diego Duro y Solano, del Consejo de Hacienda, o Francisco Xavier Duro y Solano, auditor de la Rota, hechura de Godoy?), Ore («llore», errata de la versión A o del impresor: Hore -¿Vicente Hore, del Consejo de indias?-), Voltaire y Piron. El que no todas esas identificaciones sean de fiar, como ya doy a entender más arriba, es otro problema: es obvio en efecto que la «Dutim» no puede ser, según se viene afirmando, «Mademoiselle Duté», ya que la no muy esquiva Rosalie Duthé, de la Ópera de París, nacida en 1752, contaba en 1794 o 1795 con cuarenta abriles un tanto largos de talle y por ende, dicho sea sin intención de ofender a nadie, no muy apetecibles para un valido quince años más joven que ella y acostumbrado a mejores bocados; además, de la Duthé no he encontrado ninguna huella entre los artistas y representantes de aquella época; pero tampoco es cierto que se trate de la Hutin, de quien se acuerda el anciano Alcalá Galiano, pues esta bailarina fue contratada para el año de 1798-1799, o sea tarde ya para que antes de publicar los Caprichos se enterara Goya de que Godoy sentía interés por ella, si es que lo sintió; tampoco tiene que ver la vieja del Capricho 55 (Hasta la muerte) con la duquesa de Osuna retratada por Goya en 1785 y 1788, aunque pudo referirse el comentarista a la calificada en el manuscrito A de «Duquesa vieja de Osuna», es decir, a la madre de la de Osuna, última condesa de Benavente, según apunta el redactor de la «note manuscrite» publicada por Lefort, y que fue indudablemente una señora fuera de la común medida; el caso de la mujer de Francisco Castillo, culpable de haber ayudado a su amante en el asesinato del marido, no fue el de una de esas «pobres mozas incautas que van a las cárceles después de quedar preñadas por una natural sensibilidad».

A pesar de todo, se desprenden del texto BN unas características que suponen cierta unidad de pensamiento; desde el primer comentario, mejor dicho, el que corresponde al Capricho 2 (El sí pronuncian...), se perfilan ya las líneas de fuerza ideológicas del redactor, que parece más radical que Goya y, por supuesto, que el autor del texto P: escasa simpatía por los reyes y príncipes, los poderosos en general, denuncia de la corrupción de las distintas clases de funcionarios estatales y de la parcialidad de la justicia, desprecio por el pueblo «necio» que se deja embobar por el boato de los grandes, pero compasión por los desvalidos y capas laboriosas víctimas de la presión fiscal o de la desigualdad social (se compadece reiteradamente a los «pobres»); el anticlericalismo es violento y no perdona a ninguna categoría del clero; la comparación del comentario al Capricho 63 con el correspondiente de A muestra que «fanatismo» se emplea con el sentido de «devoción», y la ecuación se reitera a propósito de Los Chinchillas, que están «rezando como unos fanáticos el rosario»35. Mirándolo bien, las referencias a Godoy, María Luisa o la condesa de Benavente no desdicen de dichas características. A pesar de su escasa consideración al puterío, el autor del comentario BN siente alguna compasión por las rameras pobres, por cuanto son víctimas de una discriminación esencialmente económico social: se sugiere una especie de determinismo de la miseria por el que no tienen más remedio que dedicarse a hacer la carrera, pero que también las expone a la codicia y tiranía de los encargados del orden público, mientras que las rameras de rumbo no sufren vejaciones; también se castiga sólo «si son pobres y feas» a las encorozadas, como la que aparece en el Capricho 24; y es que a través del mundillo de la prostitución y de las cárceles, a lo que se apunta es a la discriminación mantenida por la legislación vigente, «porque las leyes sólo se han hecho para los pobres».

El lenguaje es también más libre que en el texto P, y esta última particularidad está acorde con la frecuencia con que se interpreta en sentido de lascivia, sensualidad, depravación frailuna (como en la «note manuscrite» de Lefort) el tema de las estampas brujescas, que por cierto no carecen de tales elementos.

Por otra parte, según advirtió ya Glendinning, Antonio Puigblanch, en *La Inquisición sin máscara*, publicada en Cádiz en 1811, cita dos veces «*one of the more specific commentaries*»; las frases sacadas de la fuente manuscrita utilizada por el adversario de la «Santa» son, para el Capricho 23: «Los autillos son el agostillo y la diversión de cierta clase de gente», y para el siguiente: «Era pobre y fea; no hubo remedio». Como se puede ver, la correspondencia con BN o A no es total, pero sí se trata indudablemente de un texto de la misma familia, que Puigblanch pudo además citar de memoria, e incluso atenuar («cierta clase de gente» en vez de «vulgo de curas y frailes»). De todas formas, estas citas permiten comprobar que al menos el original del comentario BN se redactó a más tardar en 1811. Además, del artículo de Azaola40 publicado en el *Semanario Patriótico* de Cádiz el 27 de marzo del mismo año y destinado a anunciar la llegada de unos «pocos exemplares» de los Caprichos, se imprimió un extracto en febrero de 1814 en el *Catalogue... de Thomas Bosey*, de Londres; pero la versión inglesa abreviada de dicho artículo que, por su parte, redactó Dobree como remate a su traducción de la explicación en castellano de las estampas de Goya, no se corresponde exactamente con el extracto de Bosey, pues contiene una frase que en el *Semanario* se imprimió antes del pasaje extractado: «*This collection containing 80 plates & more than 400 figures...*» («En efecto, esta colección compuesta de 80 estampas con más de 400 figuras de toda especie...»); de manera que el texto abreviado de Dobree («*Extract of a spanish work on the Caprichos de Goyas'*») no procede del *Catalogue... de Bosey*, sino, directamente, del *Semanario*; por lo tanto, el ejemplar de la explicación en lengua castellana que tradujo Dobree y al que acompañaría el artículo de Azaola no podía ser muy posterior a la fecha de aparición de aquel periódico, lo cual confirma la impresión más arriba formulada de que el estado del texto del manuscrito BN es más defectuoso que el de la explicación, de la misma familia que el anterior, manejado por el aficionado inglés.

El texto del Prado ofrece por su parte varias particularidades que le distinguen claramente del que acabamos de analizar. En primer lugar, fue redactado por un vecino de Madrid, según se infiere de unas pocas frases que no dejan lugar a dudas: a propósito del Capricho 80 se evoca lo aparatosa que resultaría la exposición de unos duendes metidos en una jaula «a las 10 de la mañana en la Puerta del Sol»; la «señorita» de la estampa 16 «vino a Madrid; le cayó la lotería. Baja al Prado [...]»; lo que le hace falta al borracho del Capricho 18 es que le refresquen «las bombas de la villa». Además, da la sensación de considerar evidentes y notorios los casos denunciados por Goya, sobre todo en las estampas de tipo «costumbrista», refiriéndose a los personajes como si formaran parte de su entorno habitual; la diferencia con el texto BN salta a la vista, pues éste observa a menudo cierto distanciamiento valiéndose del plural o del artículo indeterminado:

17P «Oh, la tía Curra no es tonta...»
BN «Una prostituta...»
18P «Ni acertará a quitarse los calzones...»
BN «Los viejos lascivos...»
29P«Le peinan, le calzan, duerme y estudia...»
BN «Los Ministros, Consejeros y otros tales...»
35P «Le descañonan y le desollarán...»
BN «Una cortesana afeita a su amante...»

Se ha pensado que Goya redactaría la explicación con la ayuda de Moratín o de Ceán Bermúdez, pero unas frases como las siguientes: «[...] la señorita que se representa en esta estampa [...]», o «La estampa indica que éstos son dos brujos [...]»44, suponen sin embargo cierto desnivel entre la estampa y el redactor del comentario, el cual aparece más bien como espectador que como autor. Ni ¿cómo podía escribir el mismo Goya: «Esto tiene trazas de junta académica. ¿Quién sabe si el papagayo estará hablando de medicina?». Parece difícil que el mismo grabador preguntara a propósito del Capricho 64 (Buen viage): «¿Adónde irá esta caterba infernal [...]?», *o que al comentar el Capricho 75 escribiera: «[...] O yo me equiboco, o son dos casados por fuerza».*

No considero probable, por lo tanto, que fuese Goya el que quiso atenuar con la explicación el alcance tenido por peligroso de sus estampas, pues esto supondría además que iba destinada a una autoridad oficial capaz de desencadenar persecuciones contra él, y en tal caso, ¿cómo se hubieran difundido las copias del original en la misma época? Donde se advierte en cambio cierta aprensión ante el posible impacto de los Caprichos es en el Sueño primero, pues escribe Goya en 1797 que «[...] su yntento sólo es desterrar bulgaridades [...]»; análoga prudencia se manifiesta en el prospecto al parecer manuscrito que obró en poder de Carderera y se publicó en el Diario del 6 de febrero de 1799, hasta el punto de que el texto contiene afirmaciones contradictorias46. El que en el manuscrito del Prado no se comente la estampa primera significa sin duda que Goya -o el que fuese- lo juzgó naturalmente inútil. Pero en el texto de Zaragoza sí se puntualiza, como en BN y A, que se trata del «Retrato del Autor», y éste parece ser más antiguo que el anterior, aunque también es copia. Además, algunos comentarios, como por ejemplo el que afecta al Capricho 51, dan la sensación de haber sido redactados «porque sí», por no haber llegado a entender su autor el sentido de las correspondientes estampas.

El estilo, muy reconocible, del manuscrito P se parece poco al de las inscripciones a pluma o lápiz, a veces bastante largas, de los dibujos preparatorios, y aun menos, claro está, al de las cartas del artista. Me parece sintomático a este respecto el que se le llame «Francisco Goya» a secas en el prospecto del Diario, en el título de la silva que Moratín redactó en honor a su amigo, e incluso en la leyenda del Capricho primero, mientras que en el dibujo preparatorio la inscripción de mano del propio artista es «[...] Francisco de Goya», pues así firmaba desde un par de decenios atrás. Esto plantea el problema de si fue también Goya el único redactor de las leyendas, o si las grabó él mismo, pues no todas las variantes que figuran en las pruebas antes de la letra son de su mano, así por ejemplo: «Yala Percivo», bajo el Capricho 7 (Ni así la distingue). Desde el punto de vista formal, parece a menudo como si el comentarista mantuviera un diálogo con la leyenda de la estampa:
7 Ni así la distingue - «¿Cómo ha de distinguirla?...»
15 Bellos consejos - «Los consejos son dignos de quien los da...»
20 Ya van desplumados - «Si se desplumaron ya, vayan fuera...»
27 ¿Quién más rendido? - «Ni uno ni otro...»
30 ¿Por qué esconderlos? - «La respuesta es fácil. Porque...»
31 Ruega por ella - «Y hace muy bien...»
37 ¿Si sabrá más el discípulo? - «No se sabe si sabrá más o menos...»
La confusión entre la verosimilitud de la ficción y la realidad del espectador llega a ser total:
22 Pobrecitas - «Vaya a coser las descosidas. Recójanlas...»
34 Las rinde el sueño - «No hay que dispertarlas...»
Incluso llega a instaurarse el diálogo entre el comentarista y los mismos personajes:
71 Si amanece nos vamos - «Y aunque no hubierais venido, no hicierais falta».
Es decir que el comportamiento del redactor coincide en bastantes casos con el de los personajes goyescos que con sus ademanes nos señalan la actitud que conviene adoptar frente al «vicio» criticado. Todas esas particularidades confirman las finas observaciones de J. Battesti Pelegrin y J. Soubeyroux, para quienes las leyendas de los Caprichos establecen una comunicación con el público, por estar en «situación locutiva». De todas las «explicaciones», la del Prado es en efecto la que más afinidades presenta con dichas leyendas.

El autor del manuscrito P, más que explicar, lo que hace es a menudo glosar tomando por punto de partida la estampa, su leyenda, o ambas juntas, mostrándose a veces capaz de idear una especie de enredo o de semblanza en miniatura que hace intervenir cierta imaginación creadora; así, por ejemplo, el Capricho 16 (Dios la perdone. Y era su madre) da lugar a la siguiente reflexión: «La señorita salió muy niña de su tierra; hizo su aprendizaje en Cádiz, vino a Madrid; le cayó la

lotería. Baja al Prado [...]». La principianta de la estampa 60 «poco a poco se va adelantando, ya hace pinitos y con el tiempo sabrá tanto como su maestra». Para el clérigo avariento de la estampa 30 se nos da una información biográfica concreta, pues «tiene los 80 cumplidos y no puede vivir un mes todavía», al igual que para la vieja presumida de la 55, que «cumple 75 años» y está esperando a sus amigas para celebrar sus días. A propósito de la ramera del Capricho 31 se alude a su «historia» con la breve mención de «su madre que en gloria esté». La joven de la estampa 27 «está pensando en evacuar 5 citas que tiene dadas entre 8 y 9 y son las 7 y ½». Esa creación de un breve contexto o circunstancia alrededor de un protagonista equivale a un proceso, mínimo, de individualización; de ahí que se llegue a atribuir un nombre a alguno de ellos: en la estampa 74 se compadece a la «Pobre Paquilla, que yendo a buscar al lacayo, se encuentra con el duende»; la alcahueta de la estampa 17 es la «tía Curra»; las dos brujas de la número 62 son «la Petiñosa» (Pitañosa) y «la Crespa»; pero en tales casos no se trata, como en el manuscrito BN, de un intento de identificación del personaje histórico supuestamente aludido, sino de una afirmación de mayor verosimilitud en la misma ficción. Idéntico efecto surte el uso frecuente del verbo en tercera persona con pronombre o sin él, o del artículo definido:
«Hace muy bien de ponerse guapa [...] (5).
«Si él fuese más galán [...] ella reviviría» (9).
«La señorita salió muy niña [...]» (16).
«[...] El novio no es de los más apetecibles [...]» (14).
«[...] Él es un charlatán de amor [...]» (27).
Donde los personajes adquieren más vida es en el comentario al Capricho 70; en este caso, se trata ya de una auténtica transposición dramática, es decir, de un verdadero diálogo teatral, que por cierto no deja de recordar las escenas de parodia del catecismo o las de reconciliación con la Iglesia en los autos de fe:
«¿Juras obedecer y respetar a tus maestras y superiores, barrer desbanes, hilar estopa, tocar sonajas, ahullar, chillar, volar, guisar, untar, chupar, cocer, soplar, freír, cada y qdo se te mande? -Juro. -Pues, hija, ya eres Bruja. Sea en ora buena».
¿Se deberán acaso estos comentarios a un dramaturgo, o cuando menos a un literato? Me inclinaría a pensarlo51. La estructura de muchos de ellos recuerda la de la fábula, y, por lo mismo, la de las comedias neoclásicas, en la medida en que una moraleja viene a dar remate a la glosa del Capricho:
«Ve aquí un amante de Calderón que por no saberse reír de su competidor muere en brazos de su querida y la pierde por su temeridad. No conviene sacar la espada muy a menudo».
«Tal prisa tienen de engullir que se las tragan hirbiendo. Hasta en el uso de los placeres son necesarias la templanza y la moderación».
Esa moraleja constituye por sí sola todo el comentario 43, naturalmente, el 56 y el 59. El 21 concluye incluso con un refrán (sin mucho alcance, preciso es confesarlo); se enuncian sentencias en el 18, el 24, el 30, el 33, el 62, el 72; se generaliza a partir del ejemplo comentado en el 14, el 39, el 45, el 67. Se me dirá que semejante actitud puede reflejar simplemente la intención moralizadora de Goya tal como se proclama en el Sueño primero de 1797, más tarde Capricho 43, y también en el anuncio publicado en febrero de 1799 por el Diario de Madrid; pero la comparación de la poesía con la pintura, o, por mejor decir, invertidos los términos del conocido aforismo, de la pintura con la poesía, con que empieza y concluye dicho anuncio para justificar la intención crítica de los Caprichos, no sólo se refiere a la poesía satírica, sino también a la poesía dramática, y en particular a la comedia; se ha advertido atinadamente que la definición de la imitación, en el último párrafo, aunque no constituye entonces ninguna novedad, recuerda, casi palabra por palabra, la expuesta por el comediógrafo Leandro Fernández de Moratín.
En el primero de los dos ejemplos citados arriba, la referencia a «un amante de Calderón», tal como se lo representaban los ilustrados y en particular los neoclásicos, es decir incapaz de moderar sus impulsos y por ende peligroso para el orden, no deja de traerme a la memoria el

teatro de Moratín, y sobre todo El sí de las niñas, comedia en la que se define implícita y, en la primera edición, explícitamente al galán moderno frente al arquetipo popularizado por el teatro calderoniano, y en la que precisamente se califican de «temeridad», como en el citado comentario, las dos reacciones pasionales del galán no conforme a las nuevas normas éticas. Se puede afirmar también que a la leyenda de la famosa estampa 43 (El sueño de la razón produce monstruos) se le da una interpretación exclusivamente estética, por no decir literaria, que constituye el principio fundamental de todo neoclásico como es debido: «La fantasía abandonada de la razón produce monstruos imposibles; unida con ella es madre de las artes...»; prácticamente en la misma época de la publicación de los Caprichos, esto es, al final de su viaje por Europa, escribía Moratín, refiriéndose a la escena italiana, que la música teatral «se abandona al calor de la fantasía, que prefiere [...] lo maravilloso a lo verosímil y a fuerza de talento y estudio produce monstruos».

Se dan en el texto del Prado más características que denotan la afinidad entre el genio de su redactor y el de don Leandro: desde un punto de vista retórico, la tonalidad irónica y más bien socarrona de varios comentarios, el discurso antifrástico que parece aprobar lo que en realidad censura, procedimiento bastante corriente también en las notas al Auto de fe de Logroño, la burlona incredulidad ante la superstición y la brujería, cierto desengaño e incluso pesimismo que se traduce por medio de generalizaciones a partir de un caso particular («el mundo es una máscara»; «así va el mundo»; «todo el mundo es país»; «¡cómo ha de ser!»; «nadie puede avergonzar a quien no tiene vergüenza»; «parece que el hombre nace y vive para ser chupado»; «el que viva entre hombres sera geringado irremediablemente»). Varias veces se alude a la inconstancia de la fortuna.

Las reacciones frente a la prostitución entrañan más que nada sarcasmo y desprecio, y el comentario al Capricho 22 no es más que un llamamiento a la represión, y conviene advertir a este respecto que las estampas 23 y 24, que se refieren según el comentario al castigo de dos mujeres de vida «non sancta» aprueban el papel represivo de la Inquisición, lo cual disuena en primer lugar de la actitud del mismo Goya así como de la toma de postura de Moratín en las notas al Auto de Fe de Logroño, mientras que BN se muestra más bien desfavorable al castigo. En cambio, muy moratiniana suena la sentencia relativa al «verdadero sabio» que «desconfía siempre del acierto: promete poco y cumple mucho», en un comentario que censura a los «que sin haber estudiado palabra lo saben todo», y la agresividad desacostumbrada que suscita el oficial «soberbio» de la estampa 76 bien podría tener su origen en los disgustos causados a don Leandro por el irascible general Cuesta en tiempos de la Junta de Reforma de los Teatros, al año de aparecer los Caprichos.

Por lo que hace a la «note manuscrite» publicada por Lefort en la página 38 de su libro, es decir, a la explicación en francés que halló en la guarda de un ejemplar de la primera edición, no descarto totalmente la posibilidad de que se trate también de la traducción más o menos arreglada de un texto español, a pesar de la expresión «su país» relativa a la España de Goya (ya se ha visto que Dobree escribe varias veces «In Spain...» al trasladar al inglés abreviándolo un determinado estado de BN); en primer lugar, parece extraño que un extranjero o un individuo que no sea familiar de Goya eche de menos, entre los Caprichos recién publicados, «varias aguafuertes compuestas años hace para la duquesa de Alba, de quien era amigo y pensionado» (supongo que la referencia en imperfecto a esas relaciones no le permite inferir a Glendinningque el manuscrito es posterior a 1802, fecha de la muerte de la ilustre señora). Por otra parte, si no se trata de un error de transcripción del mismo Lefort, el «tontillo» que representa «una de las cuatro estampas» 11 que siguen a la número 20, es decir, concretamente, la número 23, es lectura defectuosa de «Autillo» en que se equivoca la A cursiva mayúscula con una t y una o (la confusión de la u y la n es algo mucho más corriente); en cuanto al «gobernador de las Andalucías», don Tomás [de] Morla, pienso que su graduación es versión aproximada de «capitán general», pues hasta 1804 aquel militar lo fue de Andalucía, desapareciendo su nombre en la Guía de Forasteros de 1805, de manera que el manuscrito -al menos el español, si lo hubo- bien podría ser anterior a esta fecha; además, la atribución del título de «archevêque» (arzobispo) de Santiago a Manuel Acuña y Malvar, que no era más que arcediano en aquella época, también me parece traducción errónea debida a un mediano conocimiento del castellano, del que, dicho sea de paso, aún se dan ejemplos en la actualidad en la vertiente septentrional del Pirineo. La estructura sintáctica de la frase: «Peuple aussi sont en Espagne les grands [...]» suena más a española que a gálica. Por último, interesa advertir que este texto, igual que el BN (y por lo mismo el A), trata de identificar, aunque a menudo de manera «far-fetched» según escribe Glendinning, a varios personajes grabados por Goya, y considera, también como el texto español citado, que «las escenas brujeriles [...] aluden a las astucias de los clérigos y a la ignorancia que se complacen en mantener en el vulgo».

Innecesario es decir que las distintas explicaciones suscitan más interrogantes que los abordados en estas páginas. Lefort pensaba ya que al autor de la «note manuscrite» le habían dado entrada en el taller de Goya. ¿Cómo podía por su parte escribir el redactor del original de BN, al referirse al Capricho 43, a pesar del lugar que ocupa en la mitad de la serie, que se trataba de una «portada para esta obra», sin haber tenido previa noticia del Sueño primero? Varios comentarios de P dejan suponer también un conocimiento de los dibujos, mejor dicho, de sus leyendas. Lafuente lo advierte a propósito de la estampa 54; pero la observación vale también para la 18, la 22 (si no se menciona el hospicio de San Fernando, como en el dibujo B 82, a él aluden indudablemente las voces: «vayan a coser [...]», «recójanlas [...]») y la . Pero si las leyendas de las estampas no mencionan nunca la brujería, a diferencia de las inscripciones de los dibujos de que proceden los Caprichos, según advierte Gassier, sí en cambio la evocan los comentarios de P. Y a pesar de todo, las estampas de Goya no se leyeron entonces de manera unívoca, como idioma universal, según queda evidenciado por las divergencias de las distintas explicaciones, lo cual viene a ser una prueba más de la originalidad en su tiempo de aquel libro instructivo de 80 poesías morales gravadas." (Andioc, pp. Pp. 49-54)

[26]"*La duquesa de Osuna, María Josefa de la Soledad Alonso, fue un capricho de la naturaleza, un capricho de la Historia de España. Era la mujer más distinguida de Madrid por su talento y por sus méritos.*

Así lo creía Lady Holland, una aristócrata inglesa que retrató en sus diarios a los protagonistas de la Ilustración española en el siglo XVIII. La duquesa de Osuna tuvo el capricho de ejercer como mecenas de literatos, músicos, científicos, inventores y artistas, convirtiéndose en la primera protectora de Francisco de Goya." (https://academiaplay.es/duquesa-de-osuna-capricho-naturaleza/)

[27]Cf. note l'avant-dernière note ci-dessus.
[28]https://es.wikipedia.org/wiki/Volav%C3%A9runt_(Goya)#Interpretaciones_de_la_estampa
[29]https://es.wikipedia.org/wiki/Cayetana_(XIII_duquesa_de_Alba)
[30]https://es.wikipedia.org/wiki/Hasta_la_muerte#Interpretaciones_de_la_estampa
[31]https://es.wikipedia.org/wiki/Mar%C3%ADa_Josefa_Pimentel_y_T%C3%A9llez-Gir%C3%B3n
[32]https://commons.wikimedia.org/wiki/File:La_marquesa_viuda_de_Villafranca_por_Francisco_de_Goya.jpg
[33]https://fr.wikipedia.org/wiki/L%27Attaque_de_la_diligence
[34]https://es.wikipedia.org/wiki/Asalto_a_una_diligencia
[35]https://es.wikipedia.org/wiki/Asalto_de_ladrones
[36]"*Cada vez más pintó obras de pequeño formato en total libertad y se alejó en lo posible de sus compromisos, aduciendo para ello dificultades debidas a su delicada salud. No volvió a pintar cartones para tapices, actividad que le resultaba un empeño ya muy menor, y dimitió de sus obligaciones académicas como maestro de pintura en la Real de Bellas Artes en 1797 alegando problemas físicos, pero consiguió a cambio ser nombrado académico de honor.*

Los cuadros a que se refiere son un conjunto de obras de pequeño formato, entre los que se encuentran ejemplos evidentes de lo «sublime terrible» como Corral de locos, El naufragio, El incendio, fuego de noche, Asalto de ladrones o Interior de prisión. Sus temas son ya truculentos y la técnica pictórica es abocetada y plena de contrastes lumínicos y dinamismo. Estas obritas, realizadas sobre hojalata, pueden considerarse uno de los hitos que suponen el inicio de la pintura romántica.
A pesar de que se ha insistido en la repercusión que para el estilo de Goya tuvo su enfermedad, hay que tener en cuenta que ya había pintado motivos similares en el Asalto de la diligencia de 1787. Sin embargo, incluso en este cuadro, de similar motivo, hay notables diferencias: en el pintado para la quinta de recreo de la Alameda de Osuna, el paisaje era amable y luminoso,g de estilo rococó, y las figuras eran pequeñas, por lo que la atención del espectador no reparaba en la tragedia representada hasta el punto en que lo hace en el Asalto de ladrones de 1794, donde el paisaje es ahora árido y rocoso; la víctima mortal aparece en escorzo en primer término y la línea convergente de la escopeta hace dirigir la mirada hacia el hombre suplicante que se ve amenazado de muerte.
A esta serie de cuadros pertenece también un conjunto de motivos taurinos en los que se da más importancia a las tareas previas a la corrida —tientas o apartados de toros— que en las ilustraciones contemporáneas de esta temática de autores como Antonio Carnicero. En sus acciones, Goya subraya los momentos de peligro y valentía, y pone en valor la representación del público como una masa anónima, característica de la recepción de los espectáculos de entretenimiento de la sociedad actual. Destaca en estas obras de 1793 la presencia de la muerte, en la de las caballerías de Suerte de matar y en la cogida de un caballista en La muerte del picador, que alejan estos motivos de lo pintoresco y rococó definitivamente.
Este conjunto de obras en planchas de hojalata se completa con Cómicos ambulantes, una representación de una compañía de actores de la Comedia del arte. Una cartela con la inscripción «ALEG. MEN.» al pie del escenario relaciona la escena con la alegoría menandrea o sátira clásica. Aparece en estos personajes ridículos la caricatura y la representación de lo grotesco, en uno de los más claros precedentes de lo que sería habitual en sus estampas satíricas posteriores: rostros deformados, personajes fantoches y exageración de los rasgos físicos. En un alto escenario y rodeados de un anónimo público, actúan Colombina, un Arlequín y un Pierrot de caracterización bufa que contemplan, junto con un atildado aristócrata de opereta, a un señor Polichinela enano y borrachín, mientras que unas narices (posiblemente de Pantaleón) aparecen entre el cortinaje que sirve de telón de fondo."
(https://es.wikipedia.org/wiki/Francisco_de_Goya#La_d%C3%A9cada_de_los_noventa_(1790-1799))
[37]https://commons.wikimedia.org/wiki/File:Coloquio_galante_por_Francisco_Goya.jpg
[38]Identification, de fait, que l'on trouve dans l'article de José Maria Curbelo et Ariadna Martín Alfaro, "*Estudio de la Suite para Piano Goyescas: Los Majos Enamorados a través de los Personajes de los Cuadros de Goya*", *Diagonal: An Ibero-American Music Review*, 1 (1), 2016, p. 95.
[39]https://es.wikipedia.org/wiki/Archivo:Goya-duquesa_de_alba.jpg
[40]https://en.wikipedia.org/wiki/File:Monstrosities-of-1818-Cruikshank.jpg
[41]http://pudl.princeton.edu/sheetreader.php?obj=rf55z779p et https://catalog.princeton.edu/catalog/10658922#view
[42]Cf. la page de recherche: https://www.google.com/search?biw=1094&bih=458&tbm=isch&sa=1&ei=QVYNXdrQK4eW5wLcm5CIBw&q=seven+years+itch+poster&oq=seven+years+itch+poster&gs_l=img.3...18790.25135..25303...0.0..0.125.2398.18j7......0....1..gws-wiz-img.....0..0j0i67j0i30j0i19j0i8i30i19.ACP4wt9VRzo

[43]"*La Duquesa se mete en mi estudio a que le pinte la cara*". *Esta frase es el colmo cuando el que lo cuenta es uno de los mayores pintores de todos los tiempos: Francisco de Goya. Tal era el poderío de la bella Teresa, que pedía al más grande artista que le maquillara el lunar del rostro. Muy apegada a su abuelo, decimosegundo Duque de Alba, Teresa Cayetana no se privaba de nada: belleza, gracia, dinero, y un chorro de títulos nobiliarios. También se debía a ello: la casaron con 14 años para que el apellido Álvarez de Toledo no dejara el primer lugar en el linaje más aristocrático de España, y tal vez del mundo. De nada les valió, porque la duquesa no tuvo hijos.*

El elegido para aportar apellido fue su primo José María y parece que ella acabó por amarle, como atestigua una carta de Carlos Pignatelli, su hermanastro, al Duque de Granada cuando murió José Álvarez de Toledo, en la que la Duquesa escribe la postdata: "Querido primo y amigo: el dolor que despedaza mi corazón no me permite el escribir pero sí espero que en mi reunirás la confianza y amista que tenías con mi nunca bien ponderado Pepe. Compadéceme y manda cuanto quieras a la mas desgraciada de cuantas han nacido."

Esta es una de las razones que la conservadora del museo del Prado Manuela Mena aporta para desmentir la relación de Cayetana con Goya cuando murió su marido: ella no fue una viuda alegre, sino una casada alegre. Era el Madrid Borbón, eran los majos, eran las fiestas aristocráticas, era la reina María Luisa de Parma rivalizando con Teresa por los amantes. Era el poder de Godoy, un guardia de corps venido a más, y era un Carlos IV blandengue y estúpido y un príncipe de Asturias, Fernando VII, cruel y traicionero. Pero también era el Madrid de Goya y de Moratín, del Jovellanos ilustrado y del liberal Meléndez Valdés.

El pintor aragonés nos dejó tanto a los personajes aristocráticos y cortesanos como los horrores de la miseria y la guerra. Y también nos la dejó a ella: vestida de blanco, con un enorme lazo rojo en el pelo y su perrita, o jugando y bromeando con su ama en las maravillosas obras que hizo Goya cuando ella se lo llevó a vivir a su finca de Sanlúcar, o chula y vestida de negro con fajín rojo encendido y señalando en el suelo una inscripción que pone: "Sólo Goya".

¿Pudieron ser amantes? Si pudieron, pero según parece no lo fueron. La conservadora Manuela Mena ha aportado varios datos: él era mucho mayor y estaba ya enfermo; el hecho de que la Duquesa mencionara al hijo de Goya en su testamento no significaba nada, ya que también citaba a otros servidores. Ya se desmintió que la Duquesa posara desnuda y vestida de maja. Era Pepita Tudó, la amante de Godoy, la dueña de ese cuerpo. Pero lo que sí hubo seguro era admiración y cariño mutuo.

La reina siempre la envidió por ésta y otras cosas, y la leyenda dice que la envenenó, aunque es posible que Teresa muriera de fiebres a los 40 años. Parece cierto que arrampló con sus joyas a su muerte, y el Príncipe de la Paz, Godoy, se hizo nada menos que con el cuadro La Venus del Espejo de Velázquez que adornaba las paredes del palacio de Buenavista. ¿Aparecía Teresa Cayetana en el aguafuerte goyesco Volaverunt, vestida de petimetra? ¿Lo dibujó él cuando ella le rechazó? Si no fue cierta esa historia de amor, merecería serlo. ¡Y que se fastidie la reina María Luisa!" ("*La Duquesa de Alba y Goya*", Muy Historia, https://www.muyhistoria.es/h-moderna/articulo/la-duquesa-de-alba-y-goya-351458548173)

[44]"*De joven, Teresa vivía en un palacio en Lavapiés, y allí mismo podía encontrar a manolos y manolas o ir al de Maravillas (Malasaña) a tratar con majos y majas. Imitaba su atavío, que con tanto detalle pintó Goya, y a su vez practicaba la moda importada de Francia de dejarse cortejar por uno o varios petimetres.*

Como explicó Carmen Martín Gaite en Usos amorosos del XVIII en España, las mujeres casadas solían tener al lado a un tipo vestido a la última, que chapurreaba francés, despreciaba el trabajo y sabía bailar el minué. Atildado y moderno, acompañaba a la señora, a veces hasta su alcoba pero otras no, mientras el marido atendía los negocios o aficiones (el duque de Alba se pirraba por la música de Haydn) o sus conspiraciones políticas.

El majo era de clase baja, pero las señoras de alcurnia a menudo le imitaban en atuendo y costumbres. Teresa lo hacía, y hasta el barón de Maldá la describió como "petimetra a lo último", porque esta princesa sin reino se lo podía permitir; no tenía que representar al Estado ni como consorte, y su belleza, riqueza y abolengo era tal, que eclipsaba a la mismísima reina o a la duquesa de Osuna sin que se le cayera un solo lazo del negro y rizado cabello. La duquesa era tan castiza como el que más, iba a los toros, hacía teatro, paseaba en coche abierto y trataba y beneficiaba con dinero al pueblo de Madrid." (Ibid.)
Cf. aussi sur le même sujet par ex. https://www.abc.es/espana/20141122/abci-duquesa-alba-maja-goya-201411211809.html
[45]https://es.wikipedia.org/wiki/La_maja_vestida
[46]https://es.wikipedia.org/wiki/La_maja_desnuda
[47]"*Dans l'aristocratie et la haute société, exposer ses seins était vu comme une marque de prestige, une mise en valeur de sa beauté, de sa richesse et de sa position sociale. Pour conserver une poitrine jeune et jolie, les femmes employaient des nourrices pour allaiter leurs enfants. Une poitrine nue évoquait les sculptures dénudées de la Grèce antique qui exerçaient une influence importante sur les arts, la sculpture et l'architecture de l'époque.*
La mode des poitrines découvertes était observée au XVe siècle par la courtisane Agnès Sorel, maîtresse du roi Charles VII de France, dont les robes à la cour de France exposait parfois un ou deux de ses seins. Jean Fouquet aurait pris Agnès Sorel pour modèle pour son portrait de la Vierge Marie présentant un sein nu (le Diptyque de Melun). Les femmes aristocratiques devaient immortaliser leur poitrine en les peignant, comme dans le cas de Simonetta Vespucci, dont le portrait à la poitrine découverte a été peint par Piero di Cosimo vers 1480. Pendant le xvie siècle, les femmes affichant leur poitrine étaient chose courante, pour la reine comme pour les prostituées, en passant par toutes les classes de la société.
Cette mode était entrée dans les mœurs pendant le XVIIe siècle en Angleterre et était suivie par la reine Marie II et par Henriette Marie de France, épouse de Charles Ier d'Angleterre pour laquelle l'architecte Inigo Jones a conçu un costume masqué qui exposait toute sa poitrine.
Pendant les Trois Glorieuses en 1830, les seins dénudés de Marianne dans La Liberté guidant le peuple d'Eugène Delacroix sont affichés comme un symbole d'émancipation inspiré de l'Antiquité gréco-romaine." (https://fr.wikipedia.org/wiki/Seins_nus#Avant_le_XXe_si%C3%A8cle)
[48]https://echodecythere.com/2015/08/24/seins-et-renaissance-le-retour-de-venus/
[49]https://deadideas.net/2018/05/06/the-topless-renaissance-french-history-womens-history/
[50]Comparer avec le "*Day Suit*" de 1800-1817 conservé au Victoria & Albert Museum, https://omgthatdress.tumblr.com/post/147965631100/day-suit-1800-1817-the-victoria-albert-museum
[51]"*A coat with a wide collar called a frock coat, derived from a traditional working-class coat, was worn for hunting and other country pursuits in both Britain and America. Although originally designed as sporting wear, frock coats gradually came into fashion as everyday wear. The frock coat was cut with a turned down collar, reduced side pleats, and small, round cuffs, sometimes cut with a slit to allow for added movement. Sober, natural colors were worn, and coats were made from woolen cloth, or a wool and silk mix.*" (https://en.wikipedia.org/wiki/1775%E2%80%931795_in_Western_fashion#Coats)
"*En la última década del siglo xviii el traje masculino experimentó la incorporación de dos prendas nuevas: el pantalón y el frac, que sustituirán al calzón y a la casaca dieciochesca respectivamente. Ambas acabarían por convertirse, con variaciones, en el vestido de todos los ciudadanos del siglo xix. El frac que nos ocupa se caracteriza por su cuello vuelto muy alto, con el frente más corto, apenas pliegues muy estrechos y mangas muy ceñidas cerradas en las muñecas. Las rayas en los tejidos se ponen de moda alrededor de 1795. Es muy similar al que porta Andrés del Peral, retratado por Francisco de Goya entre 1797-1798 (National Gallery de Londres) y el que luce Sebastián Martínez en la década de 1790 (Metropolitan Museum de Nueva*

York)." (Exposición La Moda Romántica del 25 de octubre de 2016 al 5 de marzo de 2017, Madrid, Ministerio de Educación, Cultura y Deporte, Museo del Romantismo, & Museo del Traje, 2016, "*12. Chaqueta de frac 1790 - 1800 ca.*", p. 17)

[52]"*La influencia de este nuevo estilo afectará también a la indumentaria de la época. Así, el paso del absolutismo al liberalismo se traduce en la moda masculina en la sustitución del traje cortesano o "traje a la francesa" -confeccionado con ricos y vistosos tejidos de seda, y formado por casaca, chupa y calzón -, por el burgués, compuesto por prendas más sencillas, que permitían más libertad de movimiento y reflejaban menos las desigualdades sociales, y que se comentará más adelante.*
En Francia, la evolución de la indumentaria en estos momentos está tan estrechamente relacionada con la historia y la política que cada acontecimiento significativo se va a reflejar en ella, aunque sea a través de pequeños cambios, especialmente en el vestido femenino. De hecho, en este momento la indumentaria sirve también de propaganda ideológica de la nueva era, de tal manera que los que no vestían de una determinada forma podían ser considerados sospechosos de simpatizar con el Antiguo Régimen (no en España, claro, pues continuaba la monarquía absoluta). Como hemos indicado anteriormente, la nueva sociedad reclamaba una nueva apariencia, más sencilla y natural, en clara relación con la anglomanía y el Neoclasicismo." ("*MODA EN TORNO A 1808*", http://www.culturaydeporte.gob.es/mtraje/en/dam/jcr:fd4ef5f2-c86c-4158-a90e-28cd9725861b/moda-1808-museodeltraje.pdf, p. 3)

[53]"*Les élégants de 1790 avaient abandonné les chapeaux à la suisse que l'on voit dans plusieurs de nos figures, les laissant aux soldats; la tête, poudrée ou non, s'accommoda du chapeau rond à forme élevée, entouré d'un cordon de soie dit bourdalou (voir les nos 2, 12, 14, 15, 20, 31 et 33).*
L'habit à basques allongées, la redingote demi-carrée (nos 12, 32, 33, 34 et 37) disparurent pour faire place au frac de drap, effilé par derrière en queue de morue, garni sur le devant de deux courts revers, qui découvraient la plus grande partie du gilet remplaçant la veste. Une cravate garnie de dentelle formait un gros nœud sur la gorge. La culotte de daim ou de Casimir, à grand pont, serrée à l'écuy'ere, descendait jusqu'au mollet et s'attachait avec des rosettes sur des bas rayés en long. On portait avec ce costume de fines bottes à revers ou des souliers à cordons sans talon, et à la main une grosse canne ficelée d'une corde à boyau.
Les progrès du pantalon sont attestés par l'apparition du commerce des bretelles qui eut ses annonces à Paris dans les journaux de 1792. Les pantalons furent larges ou collants (nos 2, 10, 14 et 31).
L'ancienne lévite (n° 20 et 24) était une espèce de surtout qui tombait presque jusqu'aux talons, et dont faisaient usage ceux qui se promenaient le matin ou allaient faire des visites de peu d'importance; ce vêtement appartenait au monde élégant.
On peut constater que beaucoup de jeunes gens de cette époque adoptèrent la veste de chassé ou celle de postillon comme costume de cheval (nos 1 et 14); cette mode existait encore à Paris en 1802.
L'habit militaire, porté par les figures nos 21, 22 et 28, est celui qui, depuis 1789, devint à peu près universel.
Les perruques à queue nattée et à catogan furent religieusement conservées par un certain nombre d'hommes esclaves de l'habitude; mais elles parurent bientôt si surannées qu'on ne les vit plus que sur la tête des vieillards incorrigibles ou sur celle de certains militaires. Les hommes à la mode eurent tantôt les cheveux longs, tantôt les cheveux à la Titus, d'autres, les cheveux courts et légèrement poudrés.
L'habitude de porter des bottes était invétérée; on les gardait constamment, même au bal; plusieurs de nos figures montrent la botte unie, ou celle à revers, ou encore la bottine èchancrée par derrière.
Tous ces hommes ont une attitude qui reflète surtout les champs de bataille et l'engouement du militarisme si général à cette époque. Ce n'était plus l'outrance du maintien qui faisait porter la

tête en saint-sacrement (selon l'expression de Camille Desmoulins) et telle que Saint-Just la porta sur l'échafaud, avec cette attitude «bien ferme, bien prononcée qui», dit Chalier dans le traité qu'il soumit à la Convention, «est l'image de la liberté.»

Sous le régime de la Terreur, les modes masculines s'acheminèrent graduellement vers la transformation qui se montre accomplie quand vient le Directoire. A sa première époque appartiennent les muscadins, d'où sortirent les petits-maîtres, les précieux dits incroyables dont cette planche offre plusieurs types, — notamment les nos 9, 10, 18 et 19.

Les figures 9, 18 et 19 sont des modes du Consulat. Les chapeaux d'alors étaient de forme haute et garnis de bords qui ne s'arrêtèrent jamais à de justes proportions, s'il faut en croire leurs changements constants. Il y eut également de ces chapeaux bas du genre de celui qui semble être cloué sur la tête du personnage n° 18. En soirée (voir n° 19), la coiffure de rigueur était un chapeau-claque, un nouveau bicorne auquel on donna les noms de chapeau à la russe, à la Vintimille, etc. Dans la suite, ces chapeaux firent partie du costume de ville.

Les formes d'habit variaient à l'infini; certains étaient confectionnés en deux heures et ne se trouvaient portés que douze. C'est à ce moment que les petits maîtres mettaient beaucoup d'importance à faire saillir carrément sur leur joue les deux extrémités du col de leur chemise et à tirer deux pointes aiguës du col de leur cravate.

La mode des guêtres d'étoffe fut plusieurs fois tentée; pendant un moment, il y en eut autant que de bottes. Elles disparurent complètement en 1805." (Auguste Racinet, *Le costume historique: Cinq cents planches, trois cents en couleurs, or et argent, deux cents en camaieu. Avec des notices explicatives, et une étude historique*, Paris, Firmin-Didot et Cie, 1876, pp. 343-344 et Pl. "FO Europe - XVIIIe siècle")

[54]"*La capa contra el gabán*

Capote, capa de mangas, tuina, jaique, paletó, gabán: todas estas prendas fueron gabanes, padres del abrigo contemporáneo, nietos del redingote de los tiempos de la guerra de la independencia. El gabán, con su evidente funcionalidad, remplazó a la capa que había sido moda especialmente característica de España en el siglo XVIII. Dolió: la revista La Maroposa se lamenta en 1839:

Se generaliza profusamente el uso de los gabanes; ¡pero qué formas son las suyas! Cuanto más horrible ha inventado el hombre, otro tanto ha aplicado a esta gala desgraciada en su origen, y más desgraciada aun en el nuevo corte que se le ha dado; aquella hechura esbelta y agraciada, suelta y vaporosa del antiguo gabán español, que debería ahora haberse tenido presente, ha sido sustituida por las bastardas formas del paletó francés. ¡Qué ignominia! Una levita bastante grande, sin la graciosa figura de los faldones y el talle, sino a modo de saco que se pega al cuerpo, he aquí el lindo traje que han adoptado nuestros elegantes. Pero es la moda que ha venido de París!!!

Fea y algo más que eso le parece el gabán a Mesonero Romanos, quien en 1842 (Semanario Pintoresco Español) le dedica una retahíla de filípicas:

Hemos llegado a una época en que no hay creencia en la moda, como no la hay en política, en literatura, ni en nada: reina en ella la anarquía, como en la sociedad: se afecta el mal tono y el feo ideal como en las acciones: se encubre el vacío a fuerza de tela, como la falta de razón a fuerza de palabras; por último, se ha destruido toda jerarquía, se han nivelado y confundido las clases, como en el mecanismo social. La sociedad del día está, pues, simbolizada por el gabán. Aceptamos el símbolo: el gabán puede efectivamente simbolizar el tránsito de la indumentaria moderna a la contemporánea, porque supone el abandono de la última prenda de configuración geométrica o abstracta por una prenda de vestir de corte anatómico. La capa comprende al ser humano como monolito, mientras que el gabán se adapta a la fragmentación de los miembros corporales y facilita el movimiento. Así tenemos en la capa a la última prenda aristocrática, destinada al hombre pasivo, y en el gabán a un instrumento del hombre activo."

(http://historiadeltraje.blogspot.com/search/label/25.%20Modas%20espa%C3%B1olas%20en%20la%20Ilustraci%C3%B3n%20y%20el%20Romanticismo)

"*Un factor fundamental en la moda masculina fue la influencia inglesa. La sencillez en el vestido del hombre se convirtió en un rasgo reconocido del traje inglés desde principios del siglo XVIII. Las clases altas inglesas preferían vivir en el campo donde solían practicar actividades al aire libre como pasear o montar a caballo, para las cuales necesitaban un atuendo más práctico, sencillo y cómodo que el que se usaba en la ciudad y en el entorno cortesano. Por otro lado, el ascenso de la burguesía había propiciado una indumentaria más práctica y cómoda de llevar que el suntuoso y complejo traje francés. La influencia de la moda inglesa se extendió desde 1750 al resto de Europa. Los filósofos franceses, con Rousseau a la cabeza, defendieron también esa vuelta a una vida más sencilla acorde con la naturaleza. Una de las principales aportaciones inglesas fue el frac, el frock coat. Esta prenda se adoptó en Inglaterra en torno a 1725 para actividades rurales como la caza y para protegerse del clima, convirtiéndose a mediados de la centuria en la prenda más común del guardarropa masculino inglés. Se caracterizaba por los delanteros cortados rectos a la altura de la cintura y por tener cuello vuelto y solapas. En la década de los setenta se puso de moda en el resto de Europa incluida España.*" (María Redondo Solance, "*PIEZA DEL MES DE MAYO 2008 CASACA Y CHUPA, TRAJE A LA FRANCESA Días 10, 17, 24 y 31 de mayo*", Madrid, Museo Cerralbo, 2008, http://www.culturaydeporte.gob.es/mcerralbo/dam/jcr:afb16cab-fd7e-45ad-a211-90730b535dd2/2008-05-casaca-chupa-francesa.pdf, p. 16)

[55]https://historiadeltraje.com/2019/06/05/historia-i-siglo-xix-neoclasicismo/

[56]"*El cambio fue a primera vista menos drástico entre los hombres, pero quizás fue más duradero. La casaca masculina se convirtió en frac, una casaca con cuello alto vuelto, grandes solapas, delanteros cortos que se cruzaban con botones, y los faldones muy echados hacia atrás que apenas tenían un recuerdo de los antiguos pliegues. La chupa, cada vez más corta, se hizo recta por abajo y se convirtió en chaleco, y tenía también cuello alto y solapas. Los calzones fueron sustituidos por un pantalón hasta los tobillos, prenda que hasta entonces no habían usado más que los marineros y, durante la Revolución, los sans-culottes franceses. En un principio se llamaron pantalones a una especie de leotardos de punto que abarcaban el pie y se llevaban por debajo de la bota, y que fueron usados primero por los ingleses; es una de tantas prendas que los hombres adoptaron por influencia militar. Ya a principios del siglo XIX se fue imponiendo el pantalón de paño igual al de la casaca. Las dos prendas se hicieron de colores oscuros cada vez con mayor frecuencia, sin bordados ni adornos, siendo los chalecos la única parte del vestido donde se permitía la fantasía. Los revolucionarios adoptaron los sencillos trajes ingleses que les parecían más acordes con las ideas de libertad y democracia, y a partir de entonces los hombres usaron trajes cada vez más sobrios, identificaron virilidad con sobriedad y dejaron los adornos y los colores para los vestidos femeninos.*
Al sombrero tricornio le sucedió el bicornio, el que usaba Napoleón, pero no duró mucho tiempo, ya que a finales del siglo XVIII se empezó a usar el sombrero de copa, que fue el más utilizado durante el siglo XIX. El vestido y el calzón de seda y con bordados quedó reservado para la corte." (Amelia Leira Sánchez, "*La moda en España durante el siglo XVIII*", http://www.culturaydeporte.gob.es/mtraje/dam/jcr:2b32d6d8-20cd-4331-b94a-e0b1bc21524f/indumenta00-09-als.pdf, p. 93)

Également en Argentine: "*Los hombres de la colonia estuvieron influenciados en 1810 por la moda de la Revolución Francesa, ¿qué adaptaciones sufrieron los trajes?*
El primer contacto que tuvieron los varones de Buenos Aires con las nuevas modas masculinas fue a partir de la invasión inglesa de 1806-1807. El traje inglés era más cómodo que las prendas tardo coloniales españolas, y los jóvenes lo adoptaron también porque significaba un tipo de vestimenta moderna. Al tiempo, el traje a la inglesa era una de las formas de llevar la bandera partidaria sobre la piel." (https://museodeltraje.cultura.gob.ar/noticia/el-traje-que-mas-cambia-a-lo-largo-del-siglo-es-el-que-utilizaban-las-elites/)

[57]"*Pierre Sériziat est assis sur un monticule, dans un décor où domine un ciel nuageux. Ce monticule est recouvert d'une houppelande, vêtement utilisé à l'époque par les députés et les sans-culottes. Le modèle est habillé à l'anglaise, mode de l'époque, qui se veut plus simple, plus confortable. Il porte une redingote à boutonnage croisé, dont les manches sont serrées sur toute la longueur. Le gilet blanc, à double boutonnage, recouvre la chemise et autour du cou est enroulée une cravate écrouellique, probablement en mousseline. La culotte à pont, à l'anglaise, en peau de chamois, est nouée et boutonnée au niveau du genou. Les bottes cavalières et des bas blancs remontent jusqu'aux mollets. le chapeau à la Bourdaloue, comporte une ganse à boucle et une cocarde nationale (rendue obligatoire pour les hommes le 8 juillet 1792).*" (https://fr.wikipedia.org/wiki/Portrait_de_Pierre_S%C3%A9riziat#Description)

[58]"*Après son emprisonnement pour avoir soutenu la cause de Robespierre, David, libéré, est autorisé à séjourner chez son beau-frère, l'avocat Pierre Sériziat, dans sa demeure de Favières (Seine-et-Marne). C'est là qu'il fera le portrait de son hôte et de celui de sa belle-sœur, la sœur de son épouse.*" (https://fr.wikipedia.org/wiki/Portrait_de_Pierre_S%C3%A9riziat#David_chez_Emilie_et_Pierre_S%C3%A9riziat)

[59]"*Cette autre a le nouvel uniforme, le chapeau de feutre noir avec bourdaloue et cocarde de ruban aux trois couleurs de la nation, les cheveux sans poudre, un coureur de drap bleu de roi, et un collet blanc liséré de rouge.*" (Edmond et Jules de Goncourt, *Histoire de la société française pendant la Révolution*, Paris, E. Dentu, 1854, p. 76)

"*Le Journal de la mode et du goût, qui vint ensuite, fait voir la grande dame, en robe de couleurs rayées à la Nation, la religieuse nouvellement rendue à la société, avec une robe de linon en Vestale et une coiffure à la Passion avec des fleurs nacarat, et enfin la femme patriote, avec le nouvel uniforme couleur de drap bleu de roi, chapeau de feutre noir, bourdaloue et cocarde aux trois couleurs.*" (Jules Renouvier, *Histoire de l'art pendant la revolution: considéré principalement dans les estampes*, Paris, Vve J. Renouard, 1863, p. 464)

[60]Cf. http://zinneart.blogspot.com/2014/03/mens-regency-fashion-1810-1815.html?m=1; et Dominique Waquet, "Costumes et vêtements sous le Directoire: signes politiques ou effets de mode?", *Cahiers d'Histoire. Revue d'histoire critique*, 129 | 2015, pp. 19-54, https://journals.openedition.org/chrhc/4768, Fig. https://journals.openedition.org/chrhc/docannexe/image/4768/img-2-small580.png et https://journals.openedition.org/chrhc/docannexe/image/4768/img-12.png

[61]https://es.wikipedia.org/wiki/Autorretrato_ante_su_caballete

[62]https://es.wikipedia.org/wiki/Las_meninas

[63]"*Las meninas tuvo una limitada difusión mediante estampas hasta bien avanzado el siglo XIX, y el primer artista que reprodujo el cuadro en grabado fue Francisco de Goya y Lucientes, quien se reconoció fuertemente influenciado por la pintura de Velázquez. Cuando entró a trabajar en la corte española, tuvo acceso a las colecciones de pintura de la corte, y en 1778 publicó una serie de aguafuertes en la que reprodujo cuadros de Velázquez. Hacia 1785 hizo un grabado de Las meninas, pero no le dejó satisfecho y optó por no publicarlo con el resto de la serie. La plancha hubo de desecharse (si bien subsisten siete impresiones de ella). El otro grabado de Las meninas anterior a 1800 lo hizo en París Pierre Audouin en 1799, con destino a una serie sobre la Colección Real española que se estaba publicando en Madrid. Pero dicha serie fracasó comercialmente y el grabado de Audouin apenas tuvo difusión hasta décadas después.*

La influencia de Velázquez y Las meninas en Goya se mantuvo a lo largo del tiempo. En 1800 Goya realizó el retrato de La familia de Carlos IV donde, en un acto de homenaje al pintor de Las meninas, Goya se autorretrata mirando hacia la izquierda de la familia real, se acerca en esta pintura a la instantánea fotográfica, como ya había hecho en el cuadro La familia del infante don Luis del año 1784, en la que también se autorretrata en la parte izquierda como Velázquez."

(https://es.wikipedia.org/wiki/Las_meninas#Influencia_de_Las_meninas_de_Vel%C3%A1zquez)
[64]"*En el proceso de aplicación del aguatinta y el bruñidor, la plancha (en paradero desconocido) se estropeó, razón por la que de esta estampa, la de mayor complejidad de toda la serie, existe un escaso número de ejemplares (al menos cuatro pruebas de estado) localizados en la Biblioteca Nacional de Madrid, el Gabinete de Estampas del Museo de Berlín, el Museo Británico de Londres y el Museo de Bellas Artes de Boston, así como uno, estampado por ambas caras en tintas negra y roja, de colección particular madrileña. En una prueba de estado que perteneció a Juan A. Ceán Bermúdez, este escribió: Lucas Jordán, admirado de ver este cuadro dijo a Carlos II que era la teología de la pintura y (supe que al mirarlo) Mengs se ponía de mal humor diciendo que él era un collón.*

ANÁLISIS ARTÍSTICO
La escena representa sin variaciones la obra de Velázquez y, a pesar de las dificultades que Goya tuvo para diferenciar el techo de las paredes, consigue transmitir la profundidad necesaria y todos los elementos que se muestran difusos en el fondo de la pintura. Quizás la figura menos conseguida fue la de Velázquez, que prácticamente se confunde con el fondo.
El ejemplar (un segundo estado) de la Biblioteca Nacional, procedente del legado testamentario de Valentín Carderera de 1880, aparece retocado con un lápiz negro difuminado."
(https://fundaciongoyaenaragon.es/obra/las-meninas/698)
[65]"*Entre 1777 y 1778 diversos ilustrados manifestaron su preocupación por la falta de grabadores que acometieran el proyecto de reproducir las pinturas que se conservaban en las colecciones españolas, fundamentalmente en los Palacios Reales, como medio para dar a conocer a nacionales y extranjeros la riqueza y el valor de nuestra pintura. Goya se hizo eco de esta idea y comenzó a grabar una serie de láminas en las que copió algunas de las más importantes pinturas de Velázquez conservadas en Palacio. Con ello no solo mostró su espíritu ilustrado, al compartir esta preocupación manifestada por Antonio Ponz entre otros, sino que alcanzó dos objetivos esencialmente artísticos: estudiar la pintura de Velázquez, que estará presente desde entonces en su propia obra, y aprender de forma autónoma el aguafuerte, técnica de grabado que le permitía una enorme libertad frente a la académica y compleja talla dulce, y que constituirá la base sobre la que se asentarán el resto de sus series de estampas: Caprichos, Desastres de la guerra, Tauromaquia y Disparates.*
El 28 de julio de 1778 se anunciaba en la Gaceta de Madrid la venta de: "Nueve estampas dibuxadas y grabadas con agua fuerte por Don Francisco de Goya Pintor; cuyos originales del tamaño del natural pintado por Don Diego Velazquez existen en la Colección del Real Palacio de esta Corte. Representan figuras eqüestres de los reyes Felipe III y Felipe IV, y de las Reynas Doña Margarita de Austria y Doña Isabel de Borbón, y la de Don Gaspar de Guzman Conde Duque de Olivares, las figuras en pie de Menipo y Esopo y de los enanos sentados. Se venden en la librería de Don Antonio Sancha en la Aduana vieja, y en la de Don Manuel Barco, carrera de San Gerónimo. Sus precios son, las figuras eqüestres a 6 reales y las restantes a 3; y se darán juntas y separadas".
El 22 de diciembre de ese mismo año se anunciaron en la Gaceta "dos estampas nuevas que representan, la una al Príncipe D. Baltasar Carlos a caballo, y la otra a un fingido Baco coronando a algunos borrachos".
La libertad de su estilo debió causar alguna complicación a Goya según comunicó ese mismo año a su amigo Zapater: "[...] te embio un juego de las obras de Belazquez que he grabado que ya sabrás que tiene el Rey; no te las he embiado antes por no te supiera qe aqui he tenido mil enredos con ellas; enfin chiquio estimales que conforme bayan saliendo te las enviaré".
Posteriormente siguió trabajando en la serie, grabando el Infante don Fernando y Barbarroja, de los que se ha conservado la lámina pero que no llegaron a editarse, y El bufón llamado Don Juan

de Austria y Las meninas, de los que solo nos han llegado pruebas sueltas. Finalmente se han conservado dibujos realizados con lápiz rojo que no parece que llegaran a grabarse.

Esta serie grabada al aguafuerte, lejos de pretender reproducir la apariencia formal de los cuadros, buscaba por encima de todo captar las cualidades luminosas y la esencia pictórica de Velázquez, aspectos que verdaderamente interesaban a Goya y que tendrán su reflejo en sus propias composiciones." (https://www.goyaenelprado.es/obras/lista/?tx_gbgonline_pi1%5Bgocollectionids%5D=25&tx_g bgonline_pi1%5Bgosort%5D=d&tx_gbgonline_pi1%5Bpoffset%5D=2)

[66]https://goya.unizar.es/InfoGoya/Obra/VelazquezIcn.html

[67]"*Desde su llegada a Madrid para trabajar en la corte, Goya tuvo acceso a las colecciones de pintura de los reyes, por lo que, en la segunda mitad de la década de 1770, tuvo un especial referente en Diego Velázquez. La pintura de este último había sido elogiada en 1782 en un discurso pronunciado por Jovellanos en la Real Academia de Bellas Artes de San Fernando, en el que alababa la formación italiana del maestro sevillano, merced a la cual se alzaba como «el mejor ornamento de las artes españolas», y en 1789, a propósito de Las meninas, elogiaba su naturalismo, ajeno a la belleza ideal de los antiguos pero dotado de una singular técnica pictórica ilusionista (manchas de pintura formando brillos que el ilustrado gijonés denominó «efectos mágicos») con la que era capaz de pintar «hasta lo que no se ve». Goya pudo hacerse eco de esta corriente de pensamiento y, por encargo de Carlos III, a partir de 1778, publicó una serie de grabados que reproducía cuadros de Velázquez. Las estampas, dieciséis en total, fueron elogiadas por Antonio Ponz, que posiblemente tuviese alguna responsabilidad en la empresa, en el tomo octavo de su Viaje de España, pero denotan una técnica y un conocimiento del oficio aún incipientes, siendo lo más interesante de la serie la utilización, en cinco de las estampas, de técnica distintas del aguafuerte, como la punta seca y la aguatinta.*" (https://es.wikipedia.org/wiki/Francisco_de_Goya#Retratista_y_acad%C3%A9mico)

[68]"*This print is part of a series published by the Company for the engraving of paintings from the Royal Palaces, although it was only published after that institution was no longer active. The Company for the engraving of the paintings from the Royal Palaces was one of the Spanish Enlightenment's major undertakings during the second half of the 18th century. It supervised the reproduction of prints of paintings from the Royal Collections and its early projects were carried out by Francisco de Goya, who reproduced some of Velázquez's paintings in 1778, and by Juan Barcelón and Nicolás Barsanti, who reproduced The Labors of Hercules after the fresco that Luca Giordano had painted between 1777 and 1785.*

On November 16, 1789, Charles IV authorized the founding of the Company for the engraving of paintings from the Royal Palaces in order to spread knowledge of the wealth of the Royal Collections in a manner comparable to other European countries. This private enterprise received royal protection and its partners were noblemen from Madrid, including the Duke of Osuna and José Nicolás de Azara, who contacted the French and Italian engravers charged with the task. At first, the artistic direction was handled by Manuel Salvador Carmona and Francisco Bayeu, who respectively supervised engravings and drawings. According to the collection's Subscription Plan, the prints were published in series of six issues, beginning in February 1794. The price for subscribers was 288 reals per issue, while non-subscribers were charged 360 reals. An additional "100 prints without words" were pulled and these were sold at twice the price of the others (Continuación del Memorial Literario, intructivo y curioso de la Corte de Madrid. Vol. I, [August], Imprenta Real, 1793, pp. 257-63).

Flagging sales and increasing costs gradually weakened the Company's economic stability, calling for increased private support. The poor quality of the drawings and their predominantly religious subject matter, as Azara argued, as well as a certain degree of disorganization—an absence of order or classification, as well as unequal formats—made it difficult to bind these prints or to hang them together in cabinets, and all this led the project into bankruptcy in barely ten

years. In 1800, it was proposed to the king that Calcografía Nacional defray the project's costs, and in 1812 the plates and other materials were deposited at the Royal Press. Finally, in 1818, the plates themselves entered Calcografía Nacional (Vega, J., Museo del Prado. Catálogo de estampas, Museo del Prado, 1992, pp. 222-223).
In all, 74 copper plates were engraved from a total of 95 drawings commissioned for the collection. Calcografía Nacional received 50 plates, including the 24 that had already been published by the Company and 26 more. The remaining 24 had actually been engraved, but the engravers had never delivered them to the Company (Carrete, J., El grabado calcográfico en la España Ilustrada, 1978, pp. 28-31)." (https://www.museodelprado.es/en/the-collection/art-work/las-meninas/d26b243b-8064-4bd0-957e-8fbf1237cc48)

[69]https://es.wikipedia.org/wiki/La_familia_de_Carlos_IV
[70]https://es.wikipedia.org/wiki/La_familia_del_infante_don_Luis_de_Borb%C3%B3n
[71]Cf., dans la présente Collection, notre ouvrage sur *Las Meninas.*
[72]"*El emblema que luce en el pecho fue pintado posteriormente cuando, en 1658, fue admitido como caballero de la Orden de Santiago. Según Palomino, «algunos dicen que su Majestad mismo se lo pintó, para aliento de los Profesores de esta Nobilísima Arte, con tan superior Chronista; porque cuanto pintó Velázquez este cuadro, no le había hecho el Rey esta merced».*" (https://es.wikipedia.org/wiki/Las_meninas#Personajes_y_otros_elementos)
[73]https://es.wikipedia.org/wiki/Anexo:Cuadros_de_Goya
[74]https://es.wikipedia.org/wiki/Sebasti%C3%A1n_Mart%C3%ADnez_y_P%C3%A9rez
[75]*Ibid.*
"*Il est connu pour avoir possédé une importante bibliothèque et pinacothèque. Parmi les œuvres littéraires qu'hébergeait sa bibliothèque, les plus remarquables concernaient des livres d'esthétique et de beaux-arts, des traités de Raphaël Mengs, Ludovico Antonio Muratori ou Pedro Rodríguez de Campomanes. Elle comptait plus de mille exemplaires de thématiques diverses.*
En plus de sa collection d'œuvres relatives aux Lumières espagnoles (il possédait notamment des ouvrages de Benito Jerónimo Feijoo et de Gaspar Melchor de Jovellanos), il conservait de nombreux livres en français, parmi lesquels des Boileau, Condillac, Descamps, Bosse (es), ou des abbés Dubois et Batteux; de livres en italien, dont Baldinucci, Bellori, Lomazzo, Milizia et Vasari, avec des ouvrages tels que Storia dell Arti del disegno preso gli antichi (1783-1794) de Johann Joachim Winckelmann et Le Arti de Bologna (1646) d'Annibale Carracci.
Il possédait en plus une importante collection de gravure et d'estampes du baroque, notamment de Piranesi et de Hogarth.
Il posséda jusqu'à 743 tableaux de divers genres, époques et provenances; il s'agissait de la plus importante collection privée de l'époque en Europe[réf. nécessaire]. Il y avait des peintures flamandes, des peintures de paysage et quelques tableaux de Vélasquez et Murillo. Il est possible que Goya ait connu les dessins de John Flaxman dont il a fait des copies, ou encore qu'il ait été informé des courants du Sturm und Drang; son séjour chez Sebastián Martínez y Pérez a eu un impact sur son style, plus affirmé et consolidé dès le début de la partie de sa carrière qui fait suite à cette période." (https://fr.wikipedia.org/wiki/Sebasti%C3%A1n_Mart%C3%ADnez_y_P%C3%A9rez#Ses_coll ections)
[76]"*Concernant les chapeaux, le tricorne s'efface peu à peu pour des chapeaux à calotte haute. Sous le Directoire, de 1795 à 1799, le costume masculin s'allège.*
Costume masculin, l'homme porte les cheveux courts (la coiffure à la Titus/Brutus), un gilet brodé, un pantalon collant et des bottes - source
La redingote possède de grands revers, la cravate se porte haute, le gilet est échancré et lui aussi à revers et le pantalon tend à se diffuser mais il est collant contrairement au pantalon large des sans-culottes. Les perruques ne se portent quasiment plus, les cheveux sont portés courts «à la Brutus» ou longs «en oreilles de chien».

Le port des bottes est quasi systématique pour les classes un minimum aisées." (http://histoire-du-costume.blogspot.com/2014/05/les-modes-au-temps-de-la-revolution.html)

[77]"*Presenta al embajador de Francia en España entre 1798 y 1800, que fue diputado de la Convención y fue conocido por promulgar un edicto para transformar edificios de la Iglesia en centros de reunión civil. En el cuadro, Ferdinand Guillemardet (1765-1809), aparece sentado con el cuerpo de perfil y el rostro de frente, cara al espectador, con una inteligente mirada, y las piernas cruzadas en una actitud relajada.*
El retrato nos habla de un hombre enérgico y de un representante de la poderosa nación vecina." (https://es.wikipedia.org/wiki/Retrato_de_Ferdinand_Guillemardet)

[78]Nous nous basons pour cette analyse sur le *corpus* établi dans https://es.wikipedia.org/wiki/Anexo:Cuadros_de_Goya

[79]https://commons.wikimedia.org/wiki/File:Francisco_de_Goya_-_Retrato_de_Mart%C3%ADn_Zapater.jpg

[80]https://commons.wikimedia.org/wiki/File:Francisco_de_Goya_-_Portrait_of_Mart%C3%ADn_Zapater_-_Google_Art_Project.jpg

[81]"*Permaneció toda su vida soltero, habitando una casa de la calle del Coso frente al Palacio del Conde de Sástago. Ejemplo de burgués de la Ilustración, reunió una importante fortuna con sus negocios de arrendamientos de tierras y préstamos al Ayuntamiento de Zaragoza y a otras personas e instituciones. En 1778 fue nombrado Diputado del Común y Regidor del ayuntamiento de su ciudad y al año siguiente sería honrado con la distinción de Noble de Aragón por parte de Carlos IV.*
Fue impulsor de la mayor parte de las nuevas instituciones ilustradas de Aragón. Socio fundador de la Real Sociedad Económica de Amigos del País de Aragón en 1776, organismo del que fue tesorero entre 1790 y 1800. Asimismo participó en la creación de la Real Academia de Bellas Artes de San Luis, de la que llegó a ser Académico de Honor en 1793 y Consejero de 1797 a 1802. Su iniciativa fue decisiva en la creación del Jardín Botánico y el Teatro de Zaragoza. Becó, además, a varios alumnos para estudiar arquitectura y grabado en Madrid.
La amistad con Goya podría datar de la época de sus primeros estudios, donde pudieron ser compañeros de colegio, aunque otros autores dudan de que este dato sea definitivo. En todo caso, eran ya amigos antes de la boda del pintor en 1773. El caudaloso epistolario intercambiado con el pintor fue heredado por su sobrino-nieto Francisco Zapater y Gómez, quien publicó parte de la misma y escribió una biografía de Goya." (https://es.wikipedia.org/wiki/Mart%C3%ADn_Zapater)

[82]Racinet, p. 343.

[83]https://es.wikipedia.org/wiki/Francisco_de_Goya#Cartones_para_tapices

[84]https://es.wikipedia.org/wiki/Francisco_de_Goya#Pintura_mural_y_religiosa_en_Zaragoza puis https://es.wikipedia.org/wiki/Francisco_de_Goya#Pintura_religiosa

[85]"*A lo largo de toda la década de 1780 entró en contacto con la alta sociedad madrileña, que solicitaba ser inmortalizada por sus pinceles, y se convirtió en su retratista de moda. Fue decisiva para la introducción de Goya en la élite de la cultura española su amistad con Gaspar Melchor de Jovellanos y Juan Agustín Ceán Bermúdez, historiador del arte. Gracias a ello recibió numerosos encargos, como los del recién creado (en 1782) Banco de San Carlos y del Colegio de Calatrava de Salamanca en 1783 (destruidas durante la ocupación francesa en 1810-1812).*
De suma importancia fue también su relación con la pequeña corte que el infante don Luis de Borbón había creado en el palacio de la Mosquera en Arenas de San Pedro (Ávila), junto al músico Luigi Boccherini y otras figuras de la cultura española. El infante había renunciado a todos sus derechos sucesorios al casar con una dama aragonesa, María Teresa Vallabriga, cuyo secretario y gentilhombre de cámara tenía lazos familiares con los hermanos Bayeu. De su conocimiento dan cuenta varios retratos de la infanta María Teresa —uno de ellos ecuestre— y, sobre todo, La familia del infante don Luis (1784), uno de los cuadros más complejos y logrados

de esta época. En total Goya realizó dieciséis retratos para la familia del infante."
(https://es.wikipedia.org/wiki/Francisco_de_Goya#Retratista_y_acad%C3%A9mico)

[86]"*Sin embargo, quizá el más decidido apoyo de Goya fue el de los duques de Osuna (familia a la que retrató en el afamado Los duques de Osuna y sus hijos), en especial el de la duquesa María Josefa Pimentel, una mujer culta y activa en los círculos ilustrados madrileños. Por esta época estaban decorando su quinta de El Capricho y para tal fin solicitaron a Goya una serie de cuadros de costumbres con características parecidas a las de los modelos para tapices de los Sitios Reales, que fueron entregados en 1787. Las diferencias con los cartones para la Real Fábrica son notables: la proporción de las figuras es más reducida, con lo que se destaca el carácter teatral y rococó del paisaje; la naturaleza adopta un carácter sublime —una categoría definida por entonces en las preceptivas estéticas—; y, sobre todo, se aprecia la introducción de escenas de violencia o desgracia, como sucede en La caída, donde una mujer acaba de desplomarse desde un caballo sin que sepamos de la gravedad de las heridas sufridas, o en el Asalto al coche, donde vemos a la izquierda un personaje que acaba de recibir un disparo a bocajarro mientras los ocupantes de un carruaje son desvalijados por una partida de bandoleros. En otro de estos cuadros, La conducción de un sillar, de nuevo destaca lo innovador del tema, el trabajo físico de los obreros de las capas humildes de la sociedad. Esta preocupación incipiente por la clase obrera habla no solo de la influencia de las preocupaciones del prerromanticismo, sino también del grado de asimilación que Goya había hecho del ideario de los ilustrados que frecuentó.*

De este modo Goya fue ganando prestigio y los ascensos se sucedieron: en 1785 fue nombrado Teniente Director de Pintura de la Academia de San Fernando —equivalente al puesto de subdirector—; en 1786 fue nombrado pintor del rey junto a Ramón Bayeu; y, en 1789, a sus cuarenta y tres años y tras la subida al trono del nuevo rey Carlos IV y hacer su retrato, pintor de cámara del rey,8 lo que le capacitaba para ejecutar los retratos oficiales de la familia real a la par que obtenía unas rentas que le permitían darse el lujo de comprarse un coche y sus tan deseados «campicos», como reiteradamente le escribía a Martín Zapater, su amigo de siempre." (*Ibid.*)

[87]https://es.wikipedia.org/wiki/Francisco_de_Goya#El_capricho_y_la_invenci%C3%B3n

[88]"*A partir de 1794 Goya reanudó sus retratos de la nobleza madrileña y otros destacados personajes de la sociedad de su época que ahora incluirían, como primer pintor de cámara, representaciones de la familia real, de la que ya había hecho los primeros retratos en 1789: Carlos IV de rojo, otro retrato de Carlos IV de cuerpo entero del mismo año o el de su esposa María Luisa de Parma con tontillo. Su técnica había evolucionado y ahora se observa cómo el pintor aragonés precisa los rasgos psicológicos del rostro de los personajes y utiliza para los tejidos una técnica ilusionista a partir de manchas de pintura que le permiten reproducir a cierta distancia bordados en oro y plata y telas de diverso tipo.*

Ya en el Retrato de Sebastián Martínez y Pérez (1793) se aprecia la delicadeza con que gradúa los tonos de los brillos de la chaqueta de seda del prócer gaditano, al tiempo que trabaja su rostro con detenimiento, captando toda la nobleza de carácter de su protector y amigo. Son numerosos los retratos excelentes de esta época: La marquesa de la Solana (1795), los dos de la duquesa de Alba, en blanco (1795) y en negro (1797) y el de su marido José Álvarez de Toledo (1795), el de la condesa de Chinchón (1795-1800), efigies de toreros como Pedro Romero (1795-1798), o actrices como María del Rosario Fernández, la Tirana (1799), políticos (Francisco de Saavedra) y literatos, entre los que destacan los retratos de Juan Meléndez Valdés (1797), Gaspar Melchor de Jovellanos (1798) o Leandro Fernández de Moratín (1799).

En estas obras se observan influencias del retrato inglés, que atendía especialmente a subrayar la hondura psicológica y la naturalidad de la actitud. Progresivamente fue disminuyendo la importancia de mostrar medallas, objetos o símbolos de los atributos de rango o de poder de los retratados, en favor de la representación de sus cualidades humanas. Otro referente indiscutible

sería Velázquez, cuya influencia se denota en la elegancia y delicadeza de estos retratos, así como en su introspección psicológica con cierta tendencia a lo fantástico y, a veces, lo grotesco.
La duquesa de Alba, 1795 (colección Casa de Alba, palacio de Liria, Madrid).
La evolución que experimentó el retrato masculino se observa si se compara el Retrato del Conde de Floridablanca de 1783 con el de Jovellanos, pintado en las postrimerías del siglo. El retrato de Carlos III que preside la escena, la actitud de súbdito agradecido del autorretratado pintor, la lujosa indumentaria y los atributos de poder del ministro e incluso el tamaño excesivo de su figura contrastan con el gesto melancólico de su colega en el cargo Jovellanos. Sin peluca, inclinado y hasta apesadumbrado por la dificultad de llevar a cabo las reformas que preveía, y situado en un espacio más confortable e íntimo, este último lienzo muestra sobradamente el camino recorrido en estos años." (https://es.wikipedia.org/wiki/Francisco_de_Goya#Retratos)

[89]"*En cuanto a los retratos femeninos, conviene comentar los relacionados con la duquesa de Alba. Desde 1794 acudía al palacio de los duques de Alba en Madrid para hacer el retrato de ambos. Pintó también algunos cuadros de gabinete con escenas de su vida cotidiana, como La Duquesa de Alba y la Beata y, tras la muerte del duque en 1795, incluso pasó largas temporadas con la reciente viuda en su finca de Sanlúcar de Barrameda, en los años 1796 y 1797. La hipotética relación amorosa entre ellos ha generado abundante literatura apoyada en indicios no concluyentes. Se ha debatido extensamente el sentido de un fragmento de una de las cartas de Goya a Martín Zapater, datada el 2 de agosto de 1794, en la que con su peculiar grafía escribe: «Mas te balia benir á ayudar a pintar a la de Alba, que ayer se me metio en el estudio a que le pintase la cara, y se salió con ello; por cierto que me gusta mas que pintar en lienzo, que tanbien la he de retratar de cuerpo entero [...]».*
A esto habrían de añadirse los dibujos del Álbum de Sanlúcar (o Álbum A) en que aparece María Teresa Cayetana en actitudes privadas que destacan su sensualidad, y el retrato de 1797 donde la duquesa —que luce dos anillos con sendas inscripciones «Goya» y «Alba»—125 señala una inscripción en la arena que reza «Solo Goya».125 Lo cierto es que el pintor debió de sentir atracción hacia Cayetana, conocida por su independiencia y caprichoso comportamiento.
En cualquier caso, los retratos de cuerpo entero hechos a la duquesa de Alba son de gran calidad. El primero se realizó antes de que enviudara y en él aparece vestida por completo a la moda francesa, con delicado traje blanco que contrasta con los vivos rojos del lazo que ciñe su cintura. Su gesto muestra una personalidad extrovertida, en contraste con su marido, a quien se retrata inclinado y mostrando un carácter retraído. No en vano ella disfrutaba de la ópera y era muy mundana, una «petimetra a lo último», en frase de la condesa de Yebes, mientras que él era piadoso y gustaba de la música de cámara. En el segundo retrato la de Alba viste de luto y a la española y posa en un sereno paisaje.
Aunque no se tienen muchos datos de la relación entre Goya y Cayetana, parece ser que con posterioridad le guardó cierto resquemor, hecho que probablemente motivaría el que la retratase como bruja en Volavérunt (1799), el n.º 61 de Los caprichos." (Ibid.)

[90]Cf. par ex. https://es.wikipedia.org/wiki/Francisco_de_Goya, passim.
[91]Citons encore André Malraux, ou la longue amitié entre Voltaire et la descendante des ministres royaux Gabrielle Émilie Le Tonnelier de Breteuil Marquise du Châtelet (cf. la généalogie de celle-ci: https://fr.wikipedia.org/wiki/Famille_Le_Tonnelier_de_Breteuil); et les transfuges politiques, aussi bien français, de Jack Lang à Bernard Kouchner, en passant par le cas plus étrange encore de Frédéric Mitterrand, ou comique, que nicaraguayens, avec le paradigmatique Wilfredo Navarro.
[92]Pour une analyse exhaustive des liens historiques, et biographiques, pérennes existant entre les artistes et les cercles du pouvoir, cf. notre ouvrage *Talento: Una aproximación sociológica*.
[93]Pouvant se dire à peu près la même chose de la France, avant et après 1789, notamment jusqu'à 1791 (nous renvoyons, de nouveau, en cela aux romans dumasiens): "*Durante mucho tiempo se creyó que el carácter «moderado» de las propuestas de los ilustrados españoles, era un rasgo específico de España, pero los últimos estudios sobre la Ilustración europea han cuestionado la*

tradicional visión de ésta como la desencadenante del fin del Antiguo Régimen y han destacado que la Ilustración habría sido un movimiento esencialmente reformista. «Los ilustrados —salvo cuando evolucionaron hacia el liberalismo a fines del siglo XVIII— no aspiraban a modificar sustancialmente el orden social y político vigente. Pretendían introducir reformas que fomentasen lo que denominaron pública felicidad y para ello deseaban involucrar a los grupos privilegiados en su materialización». Un ejemplo lo puede constituir el siguiente texto del ilustrado asturiano Gaspar Melchor de Jovellanos:

Yo no me detendré en asegurar a la Sociedad [Económica de Amigos del País de Asturias] que estas luces y conocimientos sólo pueden derivarse del estudio de las ciencias matemáticas, de la buena física, de la química y de la mineralogía; facultades que han enseñado a los hombres muchas verdades útiles, que han desterrado del mundo muchas preocupaciones perniciosas y a quienes la agricultura, las artes y el comercio de Europa deben los rápidos progresos que han hecho en este siglo. Y en efecto, ¿cómo será posible, sin el estudio de las matemáticas, adelantar el arte del dibujo, que es la única fuente donde las artes pueden tomar la perfección y el buen gusto? Ni ¿cómo se alcanzará el conocimiento de un número increíble de instrumentos y máquinas, absolutamente necesarias para asegurar la solidez, la hermosura y el cómodo precio de las cosas? ¿cómo sin la química, podrá adelantarse el arte de teñir y estampar las fábricas de loza y porcelana, ni las manufacturas trabajadas sobre varios metales?» G. M. Jovellanos, Discurso sobre la necesidad de cultivar en el Principado el estudio de las ciencias naturales. 1782.

Precisamente esta faceta reformista es lo que atraería la atención de los gobiernos absolutistas europeos dispuestos a impulsar el «progreso» pero sin alterar el orden social y político establecido. Así los gobiernos se habrían servido de la Ilustración para «dotar a sus planes de reforma económica, fiscal, burocrática y militar de una aureola de acendrada modernidad, justificando así, como necesaria e inevitable la creciente intervención del Estado en todos los órdenes de la vida social». Y por eso cuando algunos ilustrados traspasaron ciertos límites acabaron sufriendo en sus carnes el poder coercitivo del Estado.

Los ilustrados españoles confiaron en que la Corona fuera la «impulsora» de la modernización cultural, social y económica que ellos propugnaban. Pero la Corona, por su parte, utilizó las propuestas ilustradas para lograr que su poder fuera incontestado y sin ningún tipo de cortapisas. Por eso la colaboración Monarquía-Ilustración fue a veces ambigua y contradictoria: los gobiernos impulsarán las reformas siempre que éstas no sean demasiado radicales como para poner en peligro la estabilidad de todo el entramado del Antiguo Régimen. De ahí provendrán precisamente las mayores frustraciones para el movimiento ilustrado pues, como ha señalado el historiador Carlos Martínez Shaw, los reyes «estuvieron más interesados por lo general en el robustecimiento de su autoridad, en el perfeccionamiento de su maquinaria administrativa y en el engrandecimiento de sus territorios que en la proclamada felicidad de sus súbditos».

Como ha escrito el historiador Roberto Fernández, la mayoría de los ilustrados españoles «eran buenos cristianos y fervientes monárquicos que no tenían nada de subversivos ni revolucionarios en el sentido actual del término. Eran, eso sí, decididos partidarios de cambios pacíficos y graduales que afectaran a todos los ámbitos de la vida nacional sin alterar en esencia el orden social y político vigentes. Es decir, reformar las deficiencias para poner España al día y en pie de competencia con las principales potencias europeas manteniendo las bases de un sistema que no consideraban intrínsecamente malo». Así, como ha remarcado Martínez Shaw, «la campaña reformista de los ilustrados tuvo que detenerse ante los privilegios de las clases dominantes, ante las estructuras del régimen absolutista y ante los anatemas de las autoridades eclesiásticas»." (https://es.wikipedia.org/wiki/Ilustraci%C3%B3n_en_Espa%C3%B1a#La_%C2%ABmoderaci%C3%B3n%C2%BB_del_movimiento_ilustrado_y_la_colaboraci%C3%B3n_con_la_monarqu%C3%ADa_absoluta_borb%C3%B3nica) Les mêmes problèmes de contradiction régirent, également, sans surprise, la relation entre l'Illustration et l'Église, https://es.wikipedia.org/wiki/Ilustraci%C3%B3n_en_Espa%C3%B1a#La_%C2%ABIlustraci%C3%B3n_cat%C3%B3lica%C2%BB

[94]"*A pesar de su escasa consideración al puterío, el autor del comentario BN siente alguna compasión por las rameras pobres, por cuanto son víctimas de una discriminación esencialmente económico social: se sugiere una especie de determinismo de la miseria por el que no tienen más remedio que dedicarse a hacer la carrera, pero que también las expone a la codicia y tiranía de los encargados del orden público, mientras que las rameras de rumbo no sufren vejaciones; también se castiga sólo «si son pobres y feas» a las encorozadas, como la que aparece en el Capricho 24; y es que a través del mundillo de la prostitución y de las cárceles, a lo que se apunta es a la discriminación mantenida por la legislación vigente, «porque las leyes sólo se han hecho para los pobres».*

El lenguaje es también más libre que en el texto P, y esta última particularidad está acorde con la frecuencia con que se interpreta en sentido de lascivia, sensualidad, depravación frailuna (como en la «note manuscrite» de Lefort) el tema de las estampas brujescas, que por cierto no carecen de tales elementos." (Andioc, p. 50)

[95]En particulier les planches IV (https://sshangrila.files.wordpress.com/2018/12/Carceri-4.jpg?w=498&h=&zoom=2), VIII (https://es.wikipedia.org/wiki/Archivo:Giovanni_Battista_Piranesi_-_Le_Carceri_d%27Invenzione_-_First_Edition_-_1750_-_10_-_Prisoners_on_a_Projecting_Platform.jpg), XVI (https://art.famsf.org/giovanni-battista-piranesi/pier-chains-plate-xvi-series-carceri-dinvenzione-imaginary-prisons)

[96]"*La temática de estos grabados se centra principalmente en la brujería y la prostitución, así como el anticlericalismo, las críticas a la Inquisición, la denuncia de las injusticias sociales, de la superstición, de la incultura, los matrimonios por interés y otro tipo de vicios, así como alusiones a la medicina y el arte —como los tópicos del «asno médico» y el «mono pintor»—.*

En los años en que Goya crea los Caprichos, los ilustrados por fin ocupan puestos de poder: Jovellanos fue desde noviembre de 1797 a agosto de 1798 el máximo mandatario en España; Francisco de Saavedra, amigo del ministro y de ideas avanzadas, ocupó la Secretaría de Hacienda en 1797 y la del Estado del 30 de marzo al 22 de octubre de 1798. El periodo en el que se gestan estas imágenes es propicio para la búsqueda de lo útil en la crítica de los vicios universales y particulares de la España del momento, aunque ya en 1799 comenzó la reacción que obligó a Goya a retirar de la venta las estampas y regalarlas al rey en 1803 curándose en salud." (https://es.wikipedia.org/wiki/Francisco_de_Goya#Los_caprichos)

[97]https://es.wikipedia.org/wiki/Reinado_de_Carlos_IV_de_Espa%C3%B1a#El_%C2%ABp%C3%A1nico_de_Floridablanca%C2%BB

[98]https://es.wikipedia.org/wiki/Reinado_de_Carlos_IV_de_Espa%C3%B1a#La_ca%C3%ADda_de_Floridablanca_y_el_ascenso_y_la_ca%C3%ADda_de_Aranda_(febrero/noviembre_de_1792)

[99]https://es.wikipedia.org/wiki/Reinado_de_Carlos_IV_de_Espa%C3%B1a#El_ascenso_de_Godoy_y_la_Guerra_de_la_Convenci%C3%B3n_(1793-1795)

[100]https://es.wikipedia.org/wiki/Reinado_de_Carlos_IV_de_Espa%C3%B1a#El_desarrollo_de_la_guerra_y_la_aparici%C3%B3n_de_sentimientos_%22catalanistas%22_y_%22vasquistas%22

[101]https://es.wikipedia.org/wiki/Reinado_de_Carlos_IV_de_Espa%C3%B1a#Los_inicios_del_liberalismo_espa%C3%B1ol

[102]https://es.wikipedia.org/wiki/Reinado_de_Carlos_IV_de_Espa%C3%B1a#La_campa%C3%B1a_reaccionaria_para_apoyar_la_guerra

[103]https://fr.wikipedia.org/wiki/Trait%C3%A9_de_B%C3%A2le_(22_juillet_1795)

[104]https://es.wikipedia.org/wiki/Reinado_de_Carlos_IV_de_Espa%C3%B1a#La_alianza_con_la_Francia_revolucionaria_y_la_primera_guerra_contra_Gran_Breta%C3%B1a_(1796-1802)

[105]https://es.wikipedia.org/wiki/Reinado_de_Carlos_IV_de_Espa%C3%B1a#El_Tratado_de_San_Ildefonso,_las_consecuencias_de_la_guerra_y_la_destituci%C3%B3n_de_Godoy_(1796-1798)
[106]*Ibid.*
[107]https://es.wikipedia.org/wiki/Reinado_de_Carlos_IV_de_Espa%C3%B1a#La_vuelta_de_Godoy,_la_ofensiva_antiilustada_y_la_%C2%ABGuerra_de_las_Naranjas%C2%BB_(1800-1802)
[108]https://es.wikipedia.org/wiki/Reinado_de_Carlos_IV_de_Espa%C3%B1a#El_%C2%ABp%C3%A1nico_de_Floridablanca%C2%BB
[109]"*La interrupción del comercio con América creó una situación tan dramática que un Decreto de 18 de noviembre de 1797 dejó en suspenso el monopolio comercial de la metrópoli, y permitió que las colonias pudieran comerciar con países neutrales —fundamentalmente los Estados Unidos—. Una medida que tuvo una enorme trascendencia de cara al futuro, ya que los criollos lograron productos manufacturados variados, de calidad y a precios ventajosos, de ahí que protestaran cuando en abril de 1799 se derogó el decreto de 1797.*

Para hacer frente a la crítica situación Godoy dio entrada en su gobierno a dos reputados ilustrados: Gaspar Melchor de Jovellanos, en la Secretaría de Estado y del Despacho de Gracia y Justicia, y a Francisco de Saavedra en la de Hacienda. Además nombró al obispo ilustrado Ramón José de Arce como Inquisidor General y envió en noviembre de 1797 a París como embajador a Francisco Cabarrús para mejorar las relaciones con el Directorio bastante deterioradas porque éste había iniciado conversaciones de paz con los británicos sin contar con la Monarquía de España, a la que tampoco había consultado cuando impuso una fuerte contribución al reino de Nápoles a cambio de respetar su neutralidad en la guerra —los franceses por su parte empezaban a desconfiar de Godoy porque siempre daba largas cuando se hablaba de atacar Portugal, lo que achacaban a que una hija de Carlos IV era la esposa del regente portugués, y porque mantenía buenas relaciones con los franceses monárquicos exiliados en la corte de Madrid—."
(https://es.wikipedia.org/wiki/Reinado_de_Carlos_IV_de_Espa%C3%B1a#El_Tratado_de_San_Ildefonso,_las_consecuencias_de_la_guerra_y_la_destituci%C3%B3n_de_Godoy_(1796-1798))
[110]https://es.wikipedia.org/wiki/Reinado_de_Carlos_IV_de_Espa%C3%B1a#El_gobierno_de_Urquijo_y_la_%C2%ABdesamortizaci%C3%B3n_de_Godoy%C2%BB_(1798-1800)
[111]"*El primer problema que tuvo que abordar el nuevo gobierno fue la práctica bancarrota de la Hacienda Real, cuyo déficit se había intentado sufragar hasta entonces con continuas emisiones de vales reales cuyo valor se había ido deteriorando, ya que el Estado tenía muchos problemas para pagar los intereses y los vencimientos de estos. Urquijo recurrió a una medida extraordinaria: la apropiación por el Estado de ciertos bienes "amortizados", su posterior venta y la asignación del importe al pago de la deuda a través de una Caja de Amortización. Lo paradójico fue que esta primera desamortización española fue conocida, sin demasiado fundamento, como la "Desamortización de Godoy".4*

Así se puso a la venta el patrimonio de los Colegios Mayores, compensando a esta "mano muerta" con el 3 % del valor del mismo, que abonaría la Caja de Amortización; los bienes de los jesuitas, expulsados en 1767, que aún no hubiesen sido enajenados; y los bienes raíces pertenecientes a instituciones benéficas dependientes de la Iglesia, como Hospitales, Casas de Misericordia, Casas de Expósitos, Obras Pías, Cofradías, etc., y, a cambio, estas "manos muertas" recibirían una renta anual del 3% del valor de las bienes vendidos. Con está mal llamada «desamortización de Godoy» en diez años se liquidó una sexta parte de la propiedad rural y urbana que administraba la Iglesia. Además las consecuencias sociales de la misma no deben ser desdeñadas, ya que la red benéfica de la Iglesia quedó prácticamente desmantelada.

Urquijo intentó llevar a buen término la política regalista de creación de una Iglesia española independiente de Roma aprovechando las dificultades por las que atravesaba el Papado, cuyos Estados Pontificios habían sido ocupados por las tropas francesas al mando de Napoleón Bonaparte y el Papa había sido obligado a abandonar Roma tras la proclamación de la República.

El proyecto de una Iglesia "nacional", que había sido iniciado en el último año de gobierno de Godoy, también tenía una importante repercusión económica pues dejarían de salir hacia Roma las tasas que cobraba la Iglesia en España por las gracias y dispensas matrimoniales, por ejemplo, que en 1797 habían supuesto cerca de 380.000 escudos romanos. Así el decreto del 5 de septiembre de 1799, promulgado un mes después del fallecimiento de Pío VI en Francia y que sería conocido más adelante como el "Cisma de Urquijo", establecía que hasta la elección del nuevo papa «los arzobispos y obispos españoles usen de toda la plenitud de sus facultades, conforme a la antigua disciplina de la Iglesia, para dispensas matrimoniales y demás que les competen» y el rey asumía la confirmación canónica de los obispos que antes correspondía al papa. Pero el decreto tuvo escasa vigencia porque el nuevo papa Pío VII, elegido en marzo de 1800 por el cónclave cardenalicio en Venecia, se negó a confirmarlo.

Tampoco tuvo éxito el intento de Jovellanos, secretario del Despacho de Gracia y Justicia, de recortar las atribuciones de la Inquisición que pasarían a los obispos, siguiendo el pensamiento episcopalista, porque no obtuvo el respaldo del rey Carlos IV. Fue destituido y confinado en su tierra natal, Asturias. La misma suerte sufrieron otros destacados ilustrados como Juan Meléndez Valdés, desterrado primero a Medina del Campo y luego a Zamora, o José Antonio Mon y Velarde, conde del Pinar, amigo de Jovellanos, que fue jubilado con la mitad de su sueldo." (Ibid.)

[112]"*El problema más grave al que tuvo que enfrentarse Urquijo, y que acabaría provocando su caída, fue la relación con la República Francesa, especialmente tras la formación de la Segunda Coalición antifrancesa, de nuevo encabezada por el Reino de Gran Bretaña y en la que se había integrado el reino de Nápoles, que presionaron a Urquijo para que abandonara el pacto con Francia y se sumara a la coalición —en septiembre de 1798 los británicos ocuparon Menorca de nuevo—, y sobre todo tras el golpe del 18 de brumario de 1799 con el que Napoleón Bonaparte se hizo con el poder en Francia, quien como ya había hecho el Directorio presionó a Urquijo para que dejara pasar un ejército francés que apoyara al español para invadir Portugal, base de la flota británica que operaba en el Mediterráneo y que también bloqueaba el estratégico puerto de Cádiz. Urquijo, contrario a la invasión de Portugal, intentó la vía diplomática para que Portugal y Francia firmaran la paz pero fracasó. Además ordenó el regreso de la escuadra española surta en el puerto francés de Brest y se opuso al nombramiento de Luciano Bonaparte como plenipotenciario en España, lo que provocó finalmente que el 13 de diciembre de 1800 Napoleón impusiera a Carlos IV la destitución de Urquijo y su sustitución por Manuel Godoy. En su caída también influyó el deseo de rey de mejorar las relaciones con la Iglesia católica tras el "cisma de Urquijo" —que también como llamaron los sectores más conservadores del episcopado español al decreto del 5 de septiembre de 1799 y a quien también acusaron de jansenista—. Por último, el propio Godoy también intrigó cerca de los reyes advirtiendo de los supuestos peligros que acechaban a la monarquía —«veo el reino conmovido»— y de la falta de respuesta de «los que gobiernan».*" (Ibid.)

[113]https://es.wikipedia.org/wiki/Reinado_de_Carlos_IV_de_Espa%C3%B1a#La_vuelta_de_Godoy,_la_ofensiva_antiilustada_y_la_%C2%ABGuerra_de_las_Naranjas%C2%BB_(1800-1802)

[114]https://es.wikipedia.org/wiki/Tratado_de_San_Ildefonso_(1800)

[115]https://commons.wikimedia.org/wiki/File:Jos%C3%A9_Mo%C3%B1ino_y_Redondo,_conde_de_Floridablanca.jpg; et Cristóbal Belda Navarro, "*Floridablanca por Goya. Retrato de un Hombre de Estado*", *Goya y su contexto: Actas del seminario internacional celebrado en la Institución los días 27, 28 y 29 de Octubre de 2011*, Zaragoza, Institución «Fernando el Católico» y Fundación Goya en Aragón, 2013, Fig. p. 115.

[116]https://commons.wikimedia.org/wiki/File:Francisco_de_Saavedra_(Goya).jpg

[117]"*La Real Academia de la Historia, en agradecimiento al apoyo que el ministro Urquijo le había prestado, acordó en sesión del día 15 de agosto de 1798 encargar su retrato con destino a la sala de juntas.*" (https://fundaciongoyaenaragon.es/obra/mariano-luis-de-urquijo/411)

[118]https://es.wikipedia.org/wiki/Retrato_de_Manuel_Godoy

[119]"*Por otro lado, el ascenso del murciano José Moñino y Redondo, conde de Floridablanca a la cúspide de la gobernación de España y la buena opinión que tenía de la pintura de Goya, le proporcionó algunos de sus más importantes encargos: dos retratos del primer ministro, entre los que destaca el de 1783, El conde de Floridablanca y Goya, que refleja el acto in fieri del propio pintor mostrando al ministro el cuadro que le está pintando, jugando con la idea de la mise en abyme (al fondo aparece también el arquitecto Francisco Sabatini)."* (https://es.wikipedia.org/wiki/Francisco_de_Goya#Retratista_y_acad%C3%A9mico)

"El pintor aragonés retrató dos veces al conde. Una, en el retrato atribuido a su mano, conservado en el Prado y otra, el del Banco de España, al que acabo de referirme. Con anterioridad, Pompeo Batoni, el retratista de moda de toda la aristocracia europea del siglo XVIII, y especialmente de todos cuantos se aventuraron en el Grand Tour, lo pintó durante su estancia al frente de la embajada de Roma, dando la imagen de un joven diplomático comprometido, según el grabado que hiciera de esta obra Camillo Tinti, en graves asuntos.

Todos los cuadros mencionados son diferentes y sirven para analizar, a través de sus rasgos, las funciones asignadas a un hombre definido por el propio rey como de buen trato y modo. Aunque me referiré a todas estas obras a lo largo de mi intervención, es seguramente, por su importancia, el retrato del Banco de España el más significativo de todos.

Janis A. Tomlinson hizo una interesante descripción del ambiente artístico, evocado en el cuadro, especialmente el referido a la teoría artística, dominante en el último tercio del XVIII (Ponz, Ceán o Jovellanos) como testimonio de la puesta en valor de la potente tradición española que «se esperaba, llevaría gloria a España e inspiraría a la generación de pintores contemporáneos», cuyo modelo indiscutible, según Jovellanos, sería Velázquez. La España de aquel siglo, al decir de Palomino miró Las Meninas como colección combinada de retratos en acción.

Esa combinación para Tomlinson aparecía igualmente recogida en los cartones para tapices fechados entre 1776-1779 y en el Retrato del Conde de Floridablanca (1783, Banco de España) por medio de una serie de elementos comunes, como los sirvientes que se mueven en torno a la figura principal, el espejo sustituido por el busto real, el tratado de Palomino a los pies de Floridablanca y la idea narrativa igualmente válida para la Familia del Infante D. Luis, abandonada ya en la Familia de Carlos IV.

Según Alfonso Pérez Sánchez, Goya se sintió impulsado a pintar este cuadro por su deseo, así comunicado a Martín Zapater, de entrar en la vida oficial madrileña, pretensión que obligaba al artista a mostrarse sumiso ante el todopoderoso Floridablanca, a quien muestra un lienzo, tal vez, el modelo para retrato del primer ministro. Para el desaparecido Pérez Sánchez, la obra alcanzaba la condición de una alegoría del Buen Gobierno, argumento que explicaba la presencia del rey y la del ministro rodeado de símbolos como un instrumento inteligente de la política real hasta el punto de dotar a los objetos presentes de una condición alegórica relacionada con tal idea, a saber, el reloj, la templanza identificable con el Príncipe cuya conducta regula el orden de la república. Las fuentes utilizadas fueron, para Alfonso Pérez Sánchez, las conocidas y más divulgadas, desde la Iconología de Ripa, al Relox de príncipes de Antonio de Guevara (símbolos de la Prelatura y de la forma de ordenar nuestras vidas) o el de Juan Baños de Velasco y Acevedo (L. Anneo Seneca ilustrado en blasones politicos y morales y su impugnador impugnado de sí mismo) para quien el reloj es jeroglífico de Príncipes y Ministros.

Desde el punto de vista simbólico eran igualmente valiosos otros elementos del cuadro. Por una parte, las trazas del Canal Imperial de Aragón y la figura del segundo plano, al parecer Francesco Sabatini, una identificación cargada de dudas para Lafuente Ferrari o Camón Aznar, quienes se debatían entre Ventura Rodríguez o Juan de Villanueva. Alfonso Pérez Sánchez sugería, sin embargo, la posibilidad de que fuera el ingeniero hidráulico Julián Sánchez Bort, sobrino de Jaime Bort, el arquitecto de la fachada principal de la catedral de Murcia, el representado, pues desde 1775 andaba ocupado en distintos trabajos, diseños y dictámenes sobre el Canal, cuyas experimentadas reflexiones fueron tan del agrado de Ramón Pignatelli.

El Museo Pictórico de Palomino, situado en el suelo, se unía al catálogo intencional del lienzo, pues la protección a las Bellas Artes, derivada de la implícita evocación del reconocido tratado, fue uno de los ejes de la política real, llevada a cabo por su Primer Ministro, entre cuyas acciones se encontraba la preparación de la nueva edición de aquel valioso texto, no aparecida, sin embargo, hasta 1795, tras un fallido intento del impresor Antonio Sanz y el no menos agrio y polémico enfrentamiento entre Isidoro Bosarte y Juan Agustín Ceán Bermúdez.

Sin embargo, pocos beneficios personales obtuvo Goya de ese retrato, si no fue el haber realizado una versión menos aparatosa del mismo, aunque dotada del mismo sentido velazqueño que la primera y, acceder a los miembros más cercanos de la familia Moñino como la Marquesa de Pontejos, cuñada de Floridablanca, casada con su hermano Francisco y pintada en un retrato lleno de dulzura y encanto.

Un acertado interrogante planteaba Alfonso Pérez Sánchez al relacionar la trama argumental de la pintura con su previsible destino, acaso, la ciudad de Zaragoza por la situación preeminente de los planos del Canal. Hace algunos años, inspirándose en el motivo central de este retrato, Pablo Serrano hizo una admirable escultura basada en esta obra.

El retrato del Banco de España es, por tanto, considerado desde la óptica ilustrada como un alegato a favor de las funciones del primer ministro entregado a las obras prácticas y benéficas para el pueblo, justificado, además, por la importancia que adquieren los objetos del cuadro, especialmente por el lugar reservado a los planos del Canal y a la estratégica posición de Palomino, signos alusivos a Floridablanca como el gestor de toda la política emprendida en nombre del rey.

Tales elementos simbólicos intentaron hacernos comprender el cuadro como la representación del modelo ideal de ministro, como nosotros lo desearíamos ver o como lo fue en realidad, con la realidad de sus obras. Que Palomino representaba la condición liberal de la pintura, siguiendo el motivo del Velázquez en las Meninas, no lo sé. En tiempos de Velázquez existía un debate intenso sobre este tema, sobre el parangón y sobre la condición intelectual de las artes, diferenciadas del mundo menestral; en 1783, casi 40 años después de que la Junta Preparatoria de la Academia de San Fernando se reuniera por primera vez, el tema estaba reconducido, aunque no faltarían voces que podrían recordar lo contrario como las de Celedonio de Arce y Cacho, último reflejo de la discusión en la jerarquía de las artes. Más parece un sutil parangón del pintor que equipara la utilidad de las obras del Ministro con su equivalente en las Bellas Artes, una de las claves del reformismo borbónico. El paralelismo entre el ambiente ilustrado y la importancia de los viejos maestros, fue puesto, desde luego, en valor por el Parnaso Español y a ese juicio responde la teoría de Tomlinson, acaso, la más ajustada.

La cuestión más candente vino planteada por la posibilidad de interpretar el retrato como obra construida sobre una base emblemática. Moffitt habló de Cesare Ripa y del valor del espejo en la pared; López Vázquez siguió esa línea, indicando el conocimiento de los emblemas de Alciato, Orozco o las Empresas de Saavedra, mientras Juan Francisco Esteban Lorente pedía prudencia a la hora de interpretar desde el punto de vista emblemático la obra de Goya, especialmente las series grabadas, pues la libertad personal de aplicación metodológica ha llevado muchas veces, a sacar las cosas de quicio. Lo que López Vázquez llama velamiento del significado para explicar la escondida trama argumental de los Caprichos parece inspirar un juego de ingenio también asumido en la curiosa, singular y disparatada interpretación que ambos dieron de este cuadro.

El retrato de Floridablanca fue importante por muchos motivos. En primer lugar, porque en la obra de Goya fue el primer retrato oficial y el inicio de una evolución recorrida desde una atmósfera barroca a otra más intimista, representada por el retrato de la Pontejos y otros futuros de Goya. Era, en consecuencia, el primer acercamiento a la corte a través del Secretario de Estado y un reflejo de la reconocida admiración sentida por Velázquez, cuya obra grabó y admiró hasta el punto de utilizar recursos del sevillano como el de los retratos en movimiento, insinuados por Palomino, el pintor dentro del cuadro, la figura del rey, el cuadro dentro del cuadro, el retrato dentro del retrato y otras referencias externas propias de la genealogía velazqueña, como la posibilidad de ver al conde contemplar su figura en un espejo idealmente existente fuera del cuadro y romper, con ello, el cerco riguroso de sus límites como hiciera Velázquez.

John F. Moffitt fue más lejos al basar la interpretación alegórica del retrato de Goya en distintas consideraciones. En primer lugar, el referido al desencanto del pintor surgido a raíz de la evasiva de Floridablanca, que desvaneció sus expectativas de ser elegido entre los pintores del rey. Y el retrato que, según el hispanista, sirvió para ello no fue el del Banco de España, sino el que se conserva en el Prado, al que, por su origen aún identifica como El Floridablanca de Torres. En segundo lugar, Moffitt introdujo una interpretación muy original sobre la obra conservada en el Banco de España, considerado una reelaboración, un capricho o un modo de asegurarse el desbloqueo de los pagos de San Francisco el Grande introduciendo a Floridablanca y a Sabatini.

No dejan de sorprender los entresijos de una obra problematizada por el historiador americano al introducir criterios tan dispares relacionados con las apetencias del pintor de progresar en la Academia hasta otras motivaciones más peligrosas como la de encontrar en tan solemne versión del conde un capricho precoz, una sátira al político, ya ensayada desde ciertos caprichos como el Conde Palatino alusivo a los abusos del hombre público.

Aunque confesó Moffitt desconocer el motivo del encargo, no desdeñó, por ello, su contenido satírico ni la creencia de que el pintor mantuvo esta pintura en secreto, y que su verdadero significado desvelaría solamente a sus más íntimos como una demostración del desprecio sentido hacia el Primer Ministro.

Otra importante cuestión fue el valor concedido al espejo situado fuera del cuadro en el que supuestamente se contemplan Moñino, como principal actor, y su acompañante Sabatini. Ese recurso velazqueño reflejaría la realidad del personaje que busca su propio parecido para confrontarlo con el boceto presentado por el pintor. La luz juega un papel fundamental, entra por la cortina y deja un halo de resplandor entre el espejo y la figura reflejada. El retrato debe parecerse, pues, a su modelo y el mejor espejo es la pintura.

El espejo, nunca pintado, sino supuestamente colocado fuera del cuadro, es la superficie sobre la que se proyecta la imagen del hombre con significados concretos para Charles Lebrun y sus ingeniosas similitudes entre los rostros del hombre y del animal como generadores de caracteres y temperamentos humanos. Obviamente este recurso solo fue utilizado por Goya para reflejar sobre su pulida superficie las figuras del político y de su arquitecto en una imaginaria evocación de la vanitas o de la parte perceptible e irreal del tiempo, según Cesare Ripa. A juicio de Moffitt, se vería Floridablanca lleno de vanidad, reflejado en el mismo en los momentos de su máximo esplendor.

Con estos ingredientes compuso Moffitt el contenido satírico del cuadro comparando determinados Caprichos, especialmente los fechados en los momentos de la caída de Floridablanca (1792) en los que vio alusiones explícitas al conde, a su fatuidad, a su pretendido entendimiento de las Bellas Artes, con un balance tan sorprendente como sesgado. Floridablanca se presentaba a los ojos de todos como un ser ladino y taimado, pretencioso y soberbio.

Siguiendo la interpretación de Moffitt, J.M. López Vázquez añadió nuevas consideraciones a ese mismo significado. Como el hispanista, creyó que el cuadro que debería ser fechado en 1784 era el del Prado, desencadenante de la decepción de Goya. La fecha inscrita en los planos del Canal debe referirse a esta grandiosa obra de ingeniería hidráulica, no al lienzo, por lo que se invierte la cronología de ambas obras, siendo pintada en primer lugar la del Prado (1783) y un año después la del Banco de España.

Es bien conocido que las sátiras al político surgieron desde su nombramiento como Primer Secretario de Estado y que no cesaron durante su mandato, consecuencia de la acción política que enfrentaba a golillas y a partidarios de Aranda o del partido aragonés, como las que en anónimos fueron apareciendo a lo largo del tiempo. Ya tuvo bastantes problemas José Agustín Ibáñez de la Rentería con su fábula del Raposo y muchos otros acusadores del político, bien *porque sus competencias fueron decreciendo con la reestructuración del estado o por otras acciones de gobierno. La imagen satirizada del murciano agotó la capacidad de imaginación de los españoles del momento, pero en la interpretación de Moffitt y López Vázquez alcanzó cotas inimaginables. Floridablanca era en esta obra de Goya la quintaesencia del político ignorante y prepotente que suplantaba al rey en el ejercicio de la política, y que, como pasatiempo, se dedicaba a la construcción de canales.*

Eran, por tanto, alusiones a la vanidad y a la soberbia del ministro las que obligaron a Goya a introducir el espejo fuera del cuadro y a establecer un acusado contraste entre la vistosa indumentaria del político y la más modesta del pintor, sutiles interpretaciones a los ojos del artista aragonés de mostrar la ignorancia de uno, la de Moñino, frente a la sabiduría del otro, la de Goya, tanto más visible como la diferencia de estatura de ambos (símbolo de la soberbia ignorante) o el olvido del espadín, divisa inexcusable del abandono de los libros. La figura del conde de Floridablanca se presentaba como la de un ser controvertido y medrador, imagen física y moral de un individuo acosado por sus enemigos y fielmente retratado aquí por Goya como paradigma de la estulticia, del engolamiento y de la vanidad." (Belda Navarro, pp. 116-122)

[120]https://es.wikipedia.org/wiki/Grabados_de_Goya
[121]https://es.wikipedia.org/wiki/Los_desastres_de_la_guerra
[122]https://es.wikipedia.org/wiki/La_tauromaquia
[123]https://web.archive.org/web/20070911074418/http://goya.unizar.es/InfoGoya/obra/TauromaquiaIcn.html
[124]https://es.wikipedia.org/wiki/Los_toros_de_Burdeos
[125]https://es.wikipedia.org/wiki/Los_disparates
[126]https://fr.wikipedia.org/wiki/La_Flagellation_du_Christ_(Piero_della_Francesca)
[127]https://es.wikipedia.org/wiki/El_3_de_mayo_en_Madrid
[128]"*À son retour en 1480, Jheronimus travaille sans doute dans l'atelier familial, dirigé par Goessen depuis la mort d'Anthonius vers 1478. À la suite de son mariage en 1478 avec une riche aristocrate, Aleid van de Meervenne, qui lui assure une aisance financière et un statut social sensiblement plus élevé, il acquiert la maison In den Salvator, sise au nord de la grand-place. En 1486, il entre comme «membre notable» dans la confrérie Notre-Dame. Respectueux des usages, l'artiste participe aux «banquets des cygnes» et n'hésite pas à recevoir chez lui les membres de la confrérie, nouant ainsi des liens avec les plus hauts notables de la région. Il s'agit d'une association religieuse consacrée au culte de la Vierge, dont il devient le peintre attitré.*" (https://fr.wikipedia.org/wiki/J%C3%A9r%C3%B4me_Bosch#Biographie)
[129]https://es.wikipedia.org/wiki/Los_disparates
[130]https://es.wikipedia.org/wiki/El_conde_Lucanor
[131]Cf., dans la présente Collection, notre ouvrage sur Andrea Mantegna.
[132]https://fr.wikipedia.org/wiki/All%C3%A9gorie_et_effets_du_Bon_et_du_Mauvais_Gouvernement
[133]https://fr.wikipedia.org/wiki/Les_Musiciens_de_Br%C3%AAme
[134]"*En el primer dibujo preparatorio, «El sueño de la razón produce monstruos», realizado entre 1796 y 1797) se ve un caballo y varios rostros, incluyendo el del propio Goya.*

El dibujo preparatorio conocido como «Idioma universal» estaba pensado originalmente como frontispicio. Tiene dos inscripciones: arriba: «Sueno 1°» y en la mesa: «Idioma universal. Dibujado y Grabado por Fco. de Goya, año 1797». A pie de imagen: «El autor soñando. Su intento solo es desterrar vulgaridades perjudiciales, y perpetuar con esta obra de caprichos, el testimonio solido de la verdad». La primera, «Sueño 1°», se refiere a la numeración original de Goya, que pretendía titular la serie como Sueños, por la obra de Francisco de Quevedo, Sueños y discursos, publicada entre 1606 y 1621. Al igual que Quevedo, Goya utilizó las visiones de los sueños para criticar a la sociedad, intención que manifestó tanto en el texto a pie de imagen como en su anuncio de su publicación en el Diario de Madrid, el 6 de febrero de 1799, en que refería a «la

multitud de extravagancias y desaciertos que son comunes a toda sociedad civil»."
(https://es.wikipedia.org/wiki/El_sue%C3%B1o_de_la_raz%C3%B3n_produce_monstruos#Dibujos_preparatorios)

[135]"*Explicación de esta estampa del manuscrito del Museo del Prado: ¿quién no dirá que estos caballeros son caballerías?.*
Manuscrito de Ayala: Las clases útiles de la sociedad llevan todo el peso de ella, ó los verdaderos burros a cuestas.
Manuscrito de la Biblioteca Nacional: Los pobres y clases útiles de la sociedad, son los que llevan a cuestas a los burros, o cargan con todo el peso de las contribuciones del Estado."
(https://es.wikipedia.org/wiki/T%C3%BA_que_no_puedes#Interpretaciones_de_la_estampa)

[136]"*Explicación de esta estampa del manuscrito del Museo del Prado: A este pobre animal lo volvieron loco los genealogistas y reyes de Armas.*
Manuscrito de Ayala: A este pobre animal le han vuelto loco las genealogías (Godoy).
Manuscrito de la Biblioteca Nacional: Los borricos preciados de nobles descienden de otros tales hasta el último abuelo."
(https://es.wikipedia.org/wiki/Hasta_su_abuelo#Interpretaciones_de_la_estampa)

[137]"*Presenta la composición final, posterior a la primera idea, de composición más confusa, aunque atractiva, ya que su técnica reflejaba el fuego de la pasión creativa, al representar la imaginación del artista por medio de rayos de luz que emergían de su cabeza. Entre estos se fundían las figuras imaginadas, que constituían los motivos de su arte, entre los que aparecía su propio autorretrato dominándolo todo y varios animales, el asno símbolo de la ignorancia y otros seres monstruosos junto a las aves de la noche, murciélagos y lechuzas. En ambos dibujos, como también lo estará en el aguafuerte, Goya se presentaba sentado y dormido sobre su mesa de trabajo, de estructura más abstracta en este segundo dibujo aquí expuesto. Las fuentes de inspiración, al menos en lo que se refería a la figura y posición del artista, son varias, como el grabado de J. B. D. Duprée sobre un dibujo de Charles Monnet para el frontispicio del segundo volumen de la obra de J. J. Rousseau, Philosophie, publicado en 1793, en que era protagonista el filósofo. Es aún más cercano el frontispicio de La Fortuna con seso y la hora de todos, de Francisco de Quevedo, en la edición de 1699, en cuya inscripción se hace referencia a su autoría de los Sueños, que ciertamente inspiraron a Goya sus Caprichos. En el aguafuerte final, el artista modificó la iluminación, que en el dibujo presenta todavía una gran zona de luz en el ángulo superior izquierdo, sustituida luego por las sombras de la noche en las que vuelan las aves nocturnas, cuyo número y posición en torno al artista cambió también en la escena definitiva. Por otra parte, la mesa de trabajo se convirtió en la estampa en un sólido bloque de piedra en el que se inscribía su nuevo e insólito título: El sueño de la razón produce monstruos, cuyas letras de contornos indefinidos, como escritas por un hilo de humo blanco a punto de desvanecerse, indicaban el espacio del sueño en que Goya presentó su escena. El dibujo tiene dos inscripciones, una referida a la numeración original, Sueño 1, que responde a la idea del artista de titular esta serie como Sueños, según la obra de Francisco de Quevedo, publicada entre 1606 y 1621. Utilizó como el escritor el lenguaje de las visiones de los sueños para criticar los vicios de la sociedad, comenzando por escenas de pura fantasía en torno a las brujas, a las que añadió posteriormente otras de carácter más realista. Aquí, en el frente de la mesa inscribió el título para la estampa: Ydioma universal. Dibujado y Grabado por Fco. de Goya, año 1797, ya que esta escena estaba pensada originalmente como frontispicio, y más abajo, la intención programática de la serie: El autor soñando. Su ynto solo es desterrar bulgaridades perjudiciales, y perpetuar con esta obra de caprichos, el testimonio solido de la verdad. Se referían estas palabras a las ideas plasmadas en las 80 láminas, como lo hacía también en el anuncio de su publicación en el Diario de Madrid (6 de febrero de 1799), en que explicaba los Caprichos como "la multitud de extravagancias y desaciertos que son comunes a toda sociedad civil". En el dibujo rodean a Goya y sobrevuelan sobre su cabeza [...] el mundo oscuro que se presenta al artista en su sueño. En la parte baja, el*

lince está sentado junto a la silla de este último en la misma posición que en la estampa y yergue la cabeza de puntiagudas orejas en la que destacan sus ojos brillantes y atentos, que constituyen la característica que le ha convertido en símbolo de agudeza visual y por tanto de sutileza intelectual, utilizado desde Cesare Ripa, a principios del siglo XVII, como compañero de la Fantasía, mientras que en el siglo XVIII simboliza también la Razón y la mirada analítica propia de la Ilustración, que es capaz de hacer visible lo invisible [...]. Uno de los manuscritos creídos contemporáneos, el del Museo del Prado, la explicaba desde una posición conservadora, al justificar que Goya hubiera dedicado su imaginación a representar esa nueva zona oscura del hombre, más allá de la consciencia racional y ordenada, que se había revelado sin vuelta atrás después de la Revolución Francesa: "La fantasía abandonada de la razón produce monstruos, y unida a ella, es madre de las artes". Otras explicaciones modernas admiten que Goya confirió a la Razón dormida y soñando cualidades que ya a fines del siglo XVIII se atribuían a la imaginación creadora capaz de "exponer a los ojos formas y actitudes que solo han existido hasta ahora en la mente humana, oscurecida y confusa por la falta de ilustración o acalorada por el desenfreno de las pasiones". Así lo expresaba el artista en su anuncio de la venta de los Caprichos y por medio de ese mundo que se le abría al artista en el orden social nuevo cumplía el papel de denuncia de los vicios del hombre y de la sociedad. Ydioma universal está ejecutado con la misma técnica minuciosa que el resto del conjunto de los Sueños, dibujados todos a pluma con tinta de bugalla de aspecto ligeramente metálico y originalmente negra, cambiada por el tiempo en el color castaño grisáceo que ahora presenta. La precisión y finura con que Goya realizó estos dibujos preparatorios para la serie, revelan que fue fundamental para él definir cada detalle, con lo que logró precisar las escenas y el significado exacto de cada una. Aparte de las obras relacionadas depositadas en el Museo del Prado, se encuentran por un lado, en el Museum of Fine Arts de Boston, una prueba de estado antes del aguafuerte adicional de los Caprichos 43 (aguafuerte y aguatinta de 292 x 205 mm, núm. H 78.I.2); por otro, una lámina de cobre con recubrimiento electrolítico de acero de la misma serie en la Calcografía Nacional de Madrid (218 x 152 mm, núm. 3469). En cuanto a observaciones, hay una impronta de la huella de la lámina, dejada por la presión del tórculo durante el proceso de calco del dibujo sobre la plancha de cobre de 217 x 152 mm, además de puntizones de 25 mm. Aparece en el catálogo de dibujos de Gassier con la numeración II 39 (Texto extractado de Mena Marqués, M., Ydioma Universal, en Matilla, J. M. y Mena Marqués, M. (dir.): Goya: Luces y Sombras, Barcelona: Fundación La Caixa, Barcelona: Obra Social La Caixa-Madrid: Museo Nacional del Prado, 2012, pág. 78-81, n. 3)." (https://www.museodelprado.es/coleccion/obra-de-arte/ydioma-universal-el-autor-soando/66035ec0-f635-4dc1-9bd9-ecce857e254c)
[138]https://fr.wikipedia.org/wiki/El_sue%C3%B1o_de_la_razon_produce_monstruos#Interpr%C3%A9tations_de_la_gravure
[139]"*Dickens's Dream, also known as 'A Souvenir of Dickens' is a watercolour painting by Victorian artist, etcher and illustrator, Robert William Buss (1804-1875).*
The painting features Dickens in his Gad's Hill Place study, conjuring up his characters whilst he sleeps.
Sadly, Buss died before completing the painting, yet its unfinished nature and visible sketching adds to its charm." (https://dickensmuseum.com/collections/dickens-dream)
[140]https://en.wikipedia.org/wiki/File:Dickens_dream.jpg
[141]https://en.wikipedia.org/wiki/Robert_William_Buss#The_Pickwick_Papers
[142]"*Persuadido el autor de que la censura de los errores y vicios humanos (aunque parezca peculiar de la elocuencia y la poesía) pueda ser también objeto de la pintura, ha escogido como asuntos proporcionados para su obra, entre la multitud de extravagancias y desaciertos que son comunes en toda sociedad civil y entre las preocupaciones y embustes vulgares, autorizados por la costumbre, la ignorancia o el interés, aquellos que ha creído más aptos a suministrar material para el ridículo y excitar al mismo tiempo la fantasía del artífice.*

Como la mayor parte de los objetos que en esta obra se representan son ideales, no sería temeridad creer que sus defectos hallarán, tal vez, mucha disculpa entre los inteligentes. Considerando que el autor no ha seguido los ejemplos de otro, no ha podido copiar tampoco de la naturaleza, y si el imitar la es tan difícil, como admirable, cuando se logra; no dejará de merecer alguna estimación el que, apartándos eenteramente de ella, ha tenido que exponer a los ojos formas y actitudes que solo han existido hasta ahora en la mente humana, oscurecida y confusa por la falta de ilustración o acalorada por el desenfreno de las pasiones.

Sería suponer demasiado en las bellas artes el advertir al público, que en ninguna de las composiciones que forman esta colección se ha propuesto el autor, para ridiculizar los defectos particulares de uno u otro individuo; que sería en verdad estrecharla demasiado los límites al talento y equivocar los medios de que se valen las artes de imitación para reproducir obras perfectas.

La pintura (como la poesía) escoge en los universal, lo que juzga más a propósito para sus fines; reúne en un solo personaje fantástico circunstancias y caracteres que la naturaleza representa esparcidos en muchos y de esta combinación, ingeniosamente dispuesta, resulta aquella feliz imitación por la cual adquiere un buen artífice el título de inventor y no de copiante servil.

Se vende en la calle del Desengaño n°1, tienda de perfumes y licores, pagando por cada colección de a 80 estampas 320 reales de vellón."

Diario de Madrid
Febrero 6 de 1799"
  (https://www.academia.edu/4393362/Caprichos_y_desastres)

[143]*Le spectacle de la vie humaine ou Leçon de Sagesse, Exprimées avec art en 103. Tableaux en Taille-Douce, Dont les fujets font tirés d'Horace par l'ingénieux Otto Vaenius*, La Haye, Chez Jean van Duren, 1755, p. 52.

[144]"*Ou je vous connais mal, mon cher Lollius, ou jamais votre franchise ne consentira à descendre au vil rôle de flatteur, après avoir dignement rempli celui d'ami. Vous savez trop bien qu'une femme honnête ne diffère pas plus d'une courtisane que le flatteur d'un véritable ami.*

Il est un vice opposé et plus odieux peut-être que la flatterie elle-même: c'est cette farouche et rude aspérité de mœurs qui pense vous imposer par des cheveux tondus de près, et des dents noires, et qui usurpe ainsi le nom de franche liberté et les honneurs dus à la vertu. La vertu est également éloignée de l'un et l'autre excès.

Comme ces bouffons que l'on renvoie au bout de la table, voyez avec quelle obséquieuse affectation le flatteur, attentif au moindre signe de son patron, relève et répète le plus petit mot qui lui échappe! C'est l'enfant qui récite sa leçon devant un maître sévère; c'est l'acteur en second qui s'efforce de faire valoir le premier.

Cet autre, au contraire, armé jusqu'aux dents des arguments les plus frivoles, est toujours prêt à disputer sur des riens, sur la laine des chèvres, par exemple. «Comment! on ne m'en croira pas de préférence! je n'aurai pas le droit de faire prévaloir mon avis! une seconde vie ajoutée à la mienne ne m'y ferait pas renoncer.» Et de quoi s'agit-il au milieu de tout cela? De savoir si le gladiateur Castor est plus habile que Dolichus, ou s'il vaut mieux prendre la voie Numicia, pour aller à Brindes, que la voie Appienne.

Celui que les femmes et le jeu ruinent à l'envi, que sa vanité condamne à un luxe que lui interdit sa fortune, celui que dévore une soif d'argent que rien ne saurait éteindre, et qui ne craint et ne fuit rien tant que la pauvreté, ne sera bientôt qu'un objet de haine et de dégoût pour son riche protecteur, plus vicieux souvent que le protégé; ou, s'il ne le hait pas, il le maîtrise: c'est une bonne et sage mère qui veut que sa fille soit plus vertueuse qu'elle. Mais, au fond, il a presque raison: «Je suis riche, dit-il; à moi permis de faire des folies: mais toi, mon ami, ta fortune est bornée; ta mise doit sagement l'indiquer. Crois-moi, ne tente pas une lutte inégale.» Le malin Eutrapèle voulait-il jouer un tour à quelqu'un, il lui envoyait de riches habits; et voici comme il raisonnait à cet égard: «Avec ces beaux habits, mon homme va se croire le favori de la fortune, former de grands projets, concevoir de belles espérances; il dormira la grasse matinée, négligera ses devoirs pour le plaisir, se ruinera par les emprunts, et nous finirons par le voir gladiateur, ou réduit, pour subsister, à conduire au marché l'âne d'un jardinier.»

Gardez-vous bien de sonder jamais les secrets d'un ami; et, s'il vous les a confiés, que ni le vin ni la violence des tourments ne vous en arrachent jamais la révélation. Ne vantez point vos goûts, ne blâmez pas ceux des autres; et, si votre ami parle d'aller à la chasse, ne songez pas à faire des vers. Voilà ce qui refroidit singulièrement l'amitié des deux jumeaux Zéthus et Amphion; il fallut que la lyre se tût, et que le docile Amphion fît ce sacrifice à l'humeur un peu sauvage de son frère. Faites comme lui: cédez de bonne grâce aux désirs d'un ami; et, quand il voudra mettre en campagne ses chiens, ses toiles, ses chevaux, levez-vous, fermez gaiement vos tablettes, et allez chercher de l'appétit pour un souper que vous aurez bien gagné. La chasse, d'ailleurs, est un exercice de tout temps en honneur chez les Romains: on y acquiert de la renommée, on y fait preuve de force et de santé, lorsqu'on est en état de le disputer, comme vous, de vitesse avec le lévrier, et de vigueur avec le sanglier. Manie-t-on les armes avec plus de grâce et d'adresse que vous? et vos exercices au Champ-de-Mars, quelles flatteuses acclamations les accompagnent! A peine sorti de l'enfance, vous avez bravé les périls de la guerre en marchant contre les Cantabres, sous les enseignes du héros qui vient d'arracher nos étendards des temples du Parthe, et dont les armes victorieuses achèvent en ce moment la conquête du monde.

Pour vous ôter enfin jusqu'au moindre prétexte de refus, on n'ignore pas que, malgré la mesure parfaite qui règle toutes vos actions, vous vous livrez quelquefois à de petits jeux, quand vous êtes à la campagne. Une armée navale composée de jeunes gens se partage en deux flottes; vous commandez l'une, votre frère est à la tête de l'autre: c'est la bataille d'Actium; votre lac Lucrin devient l'Adriatique, et l'on se bat jusqu'à ce que la victoire se soit déclarée pour l'un ou l'autre parti.

Celui qui vous verra applaudir à ses goûts applaudira aux vôtres des deux mains à la fois.

Encore quelques conseils (si toutefois vous en avez besoin), et je finis. Pesez longtemps ce que vous allez dire d'un autre, et sachez à qui vous le dites. Fuyez le curieux, car il est naturellement bavard: des oreilles toujours ouvertes retiennent difficilement ce qu'on leur a confié, et le mot une fois lâché n'a plus d'ailes pour revenir. Point d'intrigue amoureuse, surtout avec l'esclave favorite; car, de deux choses l'une: ou le maître croira, en ne faisant le mince cadeau, vous rendre le plus heureux des hommes, ou son refus vous mettra au désespoir. Regardez-y plus d'une fois avant de hasarder une recommandation, et ne vous exposez pas à rougir des fautes d'un autre. Trompés nous-mêmes, nous nous intéressons souvent pour qui ne le mérite pas. Retirez donc votre appui à celui qui l'aura surpris, pour le conserver à celui dont vous connaissez la probité, et que la calomnie poursuit. Prenez-y garde: la dent jalouse qui l'attaque, pourra bien ne pas vous épargner. Quand le feu est à la maison voisine, vous pouvez craindre pour la vôtre, et l'incendie fait des progrès à la faveur de votre négligence. Il y a dans l'amitié des grands quelque chose de séduisant pour qui n'en a pas l'expérience; celui qui les connaît les redoute. Faites donc en sorte, tandis que vous voguez à pleines voiles, que le vent ne change point et ne vous reporte pas en arrière.

Point de sympathie entre le rêveur mélancolique et l'ami de la joie, entre l'homme actif, laborieux, et les caractères lents et tranquilles. Refusez la coupe de ce buveur qui fait intrépidement couler le falerne jusqu'à minuit, et vous verrez comme il recevra vos excuses, quand vous lui alléguerez *les vapeurs du vin pendant la nuit. N'apportez nulle part un front assombri: votre modestie ne serait bientôt qu'une réserve étudiée, et votre taciturnité une censure sévère de ce que disent les autres. Puisez dans de bonnes lectures, dans le commerce habituel des hommes instruits, les moyens de soustraire des jours paisibles aux tourments de la cupidité, au supplice de la crainte ou aux illusions des vaines espérances. Recherchez si la vertu est un fruit de l'étude ou un don purement gratuit de la nature; si ce sont les honneurs ou les richesses qui garantissent la tranquillité, ou si on ne la trouve pas plutôt dans les sentiers secrets d'une vie obscure et retirée.*

Pour moi, cher Lollius, quand j'ai une fois regagné mon petit ruisseau de la Digence, dont l'onde abreuve le hameau de Mandèle, où le froid est toujours si vif, savez-vous bien ce que je demande aux dieux? de conserver le peu que je possède, et moins encore; de vivre pour moi ce que leur indulgence me réserve de jours; de ne jamais manquer de livres, et d'avoir toujours devant moi une année de mon petit revenu, pour n'en pas être à vivre au jour la journée. Voilà tout ce qu'il faut demander à Jupiter, qui donne et retire à son gré. Qu'il m'accorde la vie et les biens nécessaires: j'attends de moi seul l'égalité d'âme." (OEuvres Complètes d'Horace, Paris, Garnier Frères, 1866, pp. 315-320)

[145] Emblème 20 dans les éditions latines de 1612 (*Qvinti Horatii Flacci Emblemata Imaginibus Imaginibus in æs incisis, Notisque illustrata. Studio Othonis Vœni Batauolugdunensis*, Anvers, Prostant apud Philippum Lisaert, pp. 46-47) et 1684 (*Othonis Vaeni Emblemata Horatiana imaginibus in aes incisis atque latino, germanico, gallico et belgico carmine illustrata*, Amsterdam, Apud Henricum Wetstenium, pp. 40-41).

[146] https://en.wikipedia.org/wiki/Otto_van_Veen#Emblem_books

[147] *Le spectacle de la vie humaine*, pp. 50-53.

[148] Marin Le Roy de Gomberville, *LA DOCTRINE DES MOEVRS TIRÉE DE LA PHILOSOPHIE Des Stoïques: REPRÉSENTÉE EN CENT TABLEAUX ET EXPLIQUÉE EN CENT DISCOVRS pour l'infruction de la jeuneffe*, Paris, Pour Pierre Daret, 1646, pp. 52-53 (l'Emblème y est inversé par rapport aux éditions habituelles, et, similairement, contrairement aux autres éditions, l'explication se trouve avant l'Emblème), rééd. *LA DOCTRINE DES MOEURS, QUI REPRÉSENTE EN CENT TABLEAUX LA DIFFERENCE DES PASSIONS: Et enfeigne la maniere de parvenir à la fageffe univerfelle*, Paris, Chez Jacques Le Gras, 1738, pp. 50-53.

[149] *Le spectacle de la vie humaine*, p. 51.

[150] "*La Sageffe humaine a fes Causes fecondes, auffi-bien que la Divine. Elle agit quelquefois par leur entremife, & fe repose fur une autre du foin de l'instruction de fes Disciples. Nous en avons un exemple en ce Tableau, où cette fage Conduftrice, après nous avoir marqué les bornes dans lesquelles nos Paffions doivent être renfermées, & fait voir que c'eft de leur feul déreglement que les Vices tirent leur naiffance, nous remet entre les mains du Tems, & lui commande, qu'en fon abfence, il contribue, en tout ce qui dépendra de lui, à la Conduite de notre vie. Le Tems obéit, & cultivant les premières femences que la Nature & la Sageffe ont jettées dans nos Ames, nous mene dans ces lieux admirables, où des Jardiniers fpirituels peuvent, par leur culture, les faire fructifier. Ces Jardiniers font les Philofophes, que vous voyez affemblez dans le lieu le plus apparent de ce Tableau. Inftruits des progrès que nous avons fait dans la Doctrine des Moeurs, ils nous étalent, pour nous perfectionner, les découvertes que leurs longues Méditations leur ont fournies. C'eft envain que les Vices nous parlent à l'oreille, & nous offrent tout ce qui peut toucher les Sens, pour nous arracher d'une bonne Ecole. Les Véritez qui s'y enfeignent nous ont d'abord convaincus, & nos Docteurs nous les feront appercevoir encore plus diffinctement. Ils nous affûrent que tous les esprits font également capables de cette Etude, que les Véritez qu'ils enfeignent font à la portée de tout le monde, & que, pour parvenir à les connoitre, nous n'avons qu'à rendre à la partie fupérieure de notre Ame, l'empire que nos Paffions avoient ufurpé.*" (*Ibid.*, p. 52)

[151] https://fr.wikipedia.org/wiki/Fichier:D%C3%BCrer,_Le_songe_du_docteur.jpg

¹⁵²Cf. dans la présente Collection, notre ouvrage sur cette oeuvre.
¹⁵³https://fr.wikipedia.org/wiki/Le_Corbeau_(po%C3%A8me)
¹⁵⁴https://commons.wikimedia.org/wiki/File:Tenniel-TheRaven.jpg
¹⁵⁵https://commons.wikimedia.org/wiki/File:Paul_Gustave_Dore_Raven14.jpg
¹⁵⁶https://fr.wikipedia.org/wiki/Le_Cauchemar_(F%C3%BCssli,_1781)
¹⁵⁷https://fr.wikipedia.org/wiki/Le_Cauchemar_(F%C3%BCssli,_1781)#Interpr%C3%A9tation
¹⁵⁸https://fr.wikipedia.org/wiki/Le_Cauchemar_(F%C3%BCssli,_1781)#Exposition
¹⁵⁹Sur ce concept, cf. la thèse qu'y a dédié magistralement Erwin Panofsky.
¹⁶⁰Cf. à ce propos, dans la présente Collection, nos ouvrages sur René Magritte et Marcel Duchamp.
¹⁶¹"*Y afsi, dixo Seneca, que folo el Sabio fabe lo que fe ama, porque ama lo que conoce: Solus fapiens fcit amare. A las Virgenes de la Parabola del Evangelio les faltó el azeyte de la caridad, (que es el amor) porque eran necias; que fi vn necio ama, ama por inftinto, no por razon, y en èl el amor es brutalidad. Pregunta San Laurencio Jutiniano: Por qué vino primero el Verbo al Mundo, que baxaffe á èl el Epiritu Santo? Y refponde, que porque el Verbo es Sabiduria, y el Efpiritu Santo Amor, y primero es faber, que amar: que fino fe fabe lo que fe ha ha de amar, eftà muy arriegado en fus aciertos el amor: Ex magifterio quidem Verbi ars dicitur amoris, Efto de querer fin maf razon; que querer, es querer que haga la razon folo lo que quiere la voluntad.*" (Pedro Rodriguez de Monforte, *Sveños Mysteriosos de la Escritura, En Difcvrsos Sagrados, Politicos y Morales. Con un Elenco de Sermones para las Dominicas de Adviento, todos los dias de la Quaresma, Fiestas de Christo Señor nueftro, de Maria Santissima, y Santos, en las mas principales Fiestas del Año*, Madrid, En la Imprenta de Antonio Roman, 1687, pp. 219-220)
"*... y el duerme a sueño suelto; que es cosa muy cierta, y el mayor peligro de todos el descuydo, y sueño del pecador; porque de otra manera, como fuera possible, como pudiera fuffrir vn hombre los agrauios del pecado, sino fuera durmiendo?*" (Francisco Durán, *Dictamen Espiritval, y Razon de Estado para el Discreto Cortesano que lo pretende ser del Cielo*, Valence, En cafa de Iuan Crysostomo Garriz, 1612, p. 273)
Ajoutons encore le cartésien: "*Que los fentidos nos engañan, y por configuiente no podemos por ellos eftar ciertos de la exiftencia de las cofas, que no podemos diftinguir el fueño de la vigilia, porque en ambos eftados penfamos, y quien nos affegurarà que lo que llamamos dormir es cofa diftinta del velar, y al contrario? Por què tal vez serà la vigilia un sueño menos fuerte, ò el sueño una vigilia menos viva? Dicen tambien, quièn nos affegurarà la exiftencia de Dios? No los fentidos, porque engañan; no la razon, porque quièn puede afirmar con certeza que la razon en efto no nos induce al error? La nocion de lo bueno, y de lo malo dicen que no es clara, porque fe tiene noticia della por las leyes que lo prefcriven, y no por luz natural, y afsi fe puede poner en duda.*" (Andrés Piquer, *Logica Moderna o Arte de hallar la Verdad y perfeccionar la Razon*, Valence, En la Oficina de Joseph Garcia, 1747, p. 68)
¹⁶²"*Decir que sueño es engaño;_
bien sé que despierto estoy." (*La vida es sueño*, 1635, Leipzig, Insel Verlag, 1900, Jornada II, Scène III, v. 251-252, p. 28)
"*Con la grande confusión
que el nuevo estado te da,
mil dudas padecerá
el discurso y la razón.*" (*Ibid.*, v. 283-286, p. 29)
¹⁶³https://catalogue.bnf.fr/ark:/12148/cb30131572n
¹⁶⁴"*La alternativa del trabajo y del placer tiene su asiento y lugar determinado en el plan de la recta razon y profunda sabiduria: muy lejos de interceptar los placeres al hombre, la razon le llama y le convida a ellos, despues de los trabajos; y la misma razon le dicta que despues de recreada el alma, y pasados los placeres honestos, emprenda de nuevo y con ardor las tareas.*"

(Laurent Bordelon, *Gobierno del hombre por la razon*, Madrid, Por la Viuda de Ibarra, Hijos y Compañía, 1786, Parte I, p. 96)
"*Los placeres excesivos infunden en el alma un sueño aletargado, de cuyo sueño no despierta sino impelida del furor, y los ilícitos la ocasionan la muerte mas horrorosa. Al contrario, los placeres moderados y permitidos la vuelven su actividad, y la ponen en ligero movimiento y agitacion, contribuyendo perfectamente á que el alma vuelva á emprehender su methodo antiguo y honesto. Estas diversiones y placeres moderados llenan al alma de dulzura, serenidad y calma deliciosa que caracteriza la verdadera felicidad.*" (*Ibid.*, p. 98)

[165] *OEuvres de C.A. Desmoutiers*, Paris, Chez Ant. Aug. Renoir, An IX - 1801, *Lettres à Émilie sur la mythologie, Par C.A. Desmoutiers. Première Partie. Dernière Édition*, seconde page, non numérotée, de l'"*Avertissement*" (la numérotation commence seulement à partir de la "*Lettre première*").

[166] Fig. *Magnetism Unveild* (1784, "*Benjamin Franklin is shown brandishing his exposé of animal magnetism, while Mesmer flees with his loot on a witch's broom*", http://www.cabinetmagazine.org/issues/21/cabinet_021_turner_christopher_004.jpg) et *The Magic Finger* ("*1780s. Mesmer practices his devilish sexual magic on a patient*", http://www.cabinetmagazine.org/issues/21/cabinet_021_turner_christopher_005.jpg) de http://www.cabinetmagazine.org/issues/21/turner.php

[167] *En su tesis doctoral titulada "De influxu planetarum in corpus humanum", presentada en la Universidad de Viena, afirmaba que el universo entero estaba lleno de un fluido sutil, el cual, decía se mueve con la más extrema celeridad, se refleja y se refracta como la luz, y directa o indirectamente cura todas las enfermedades. Este fluido podía ser movilizado mediante el imán (de ahí el nombre de magnetismo animal), y más tarde con otros artefactos como el "baquet" y el "baño magnético".*

En el mesmerismo o magnetismo animal lo que en realidad se producía era un estado de sonambulismo, y fue el marqués de Puységur quien observó que los pacientes se hallaban en un estado de trance. Posteriormente James Braid llamó hipnosis al magnetismo animal, y afirmó que la sugestión era lo que curaba en el mesmerismo." (https://psicoterapeutas.eu/mesmer-y-el-mesmerismo/)

[168] Citons dans l'ordre les titres des Emblèmes qui précèdent directement celui de "*L'Eftude de la Vertu, eft la fin de l'Homme*": "*La Vertu prefuppofe la pureté de l'Ame; Fuir le Vice s'eft fuivre la Vertu; La Vertu prefuppofe l'Action; Qui ne commence iamais, ne fçauroit rien achever; En courant on arriue au but; La Vertu fuit les excés; En fuyant vn Vice, l'imprudent tombe en l'autre; La Nature regle nos defirs; Pour haïr le Vice, il le faut connoiftre*".

[169] Citons dans l'ordre les titres des Emblèmes qui suivent directement celui de "*L'Eftude de la Vertu, eft la fin de l'Homme*": "*En toute condition on peut eftre vertueux; La guerifon de l'ame eft la plus neceffaire; Aime la Vertu pour l'amour d'elle-mefme; Dieu feul n'a point de maiftre; Tremblez devant le Trône du Dieu vivant; L'Impitié caufe tous les maux; Lef mefchants fe puniffent l'un l'autre; L'homme eft nay pour aimer; En aymant on fe rend parfait; Il faut aymer pour eftre aymé; L'Amour des peuples eft la force des Eftats*".

[170] L'Emblème cité "*L'Amour des peuples eft la force des Eftats*", même s'il n'a pas la centralité de ce thème dans l'emblématique espagnole, et que cet Emblème précis est, au contraire, perdu dans l'ensemble sur la question religieuse. Il n'en est pas moins, pour nous, par rapport à Goya, significatif qu'apparaisse cette question, au détour de la série de Van Veen.

[171] Qui renvoie à la mode érotique des XIIème-XVIIIème siècles, tels que *Le Bordel des Muses ou Les neuf pucelles putains, caprices satyriques de Théophile le Jeune*, publié posthumément à Leyde en 1663, ou, comme le rappelle Victor Hugo: "*Le pavillon, bâti en pierre dans le goût Mansard, lambrissé et meublé dans le goût Watteau, rocaille au dedans, perruque au dehors, muré d'une triple haie de fleurs, avait quelque chose de discret, de coquet et de solennel, comme il sied à un caprice de l'amour et de la magistrature.*" (*Les Misérables*, Paris, Émile Testard, 1890, T.

IV, Livre III.1, p. 103). Sur ce concept, cf. Emmanuelle Brugerolles, *Boucher, Watteau and the origin of the Rococo: an exhibition of 18th century drawings from the collection of the École Nationale Supérieure des Beaux-Arts*, Paris, École Nationale Supérieure des Beaux-Arts, 2004, p. 20.
[172]https://es.wikipedia.org/wiki/Gobierno_de_Mariano_Luis_de_Urquijo

PLANCHES

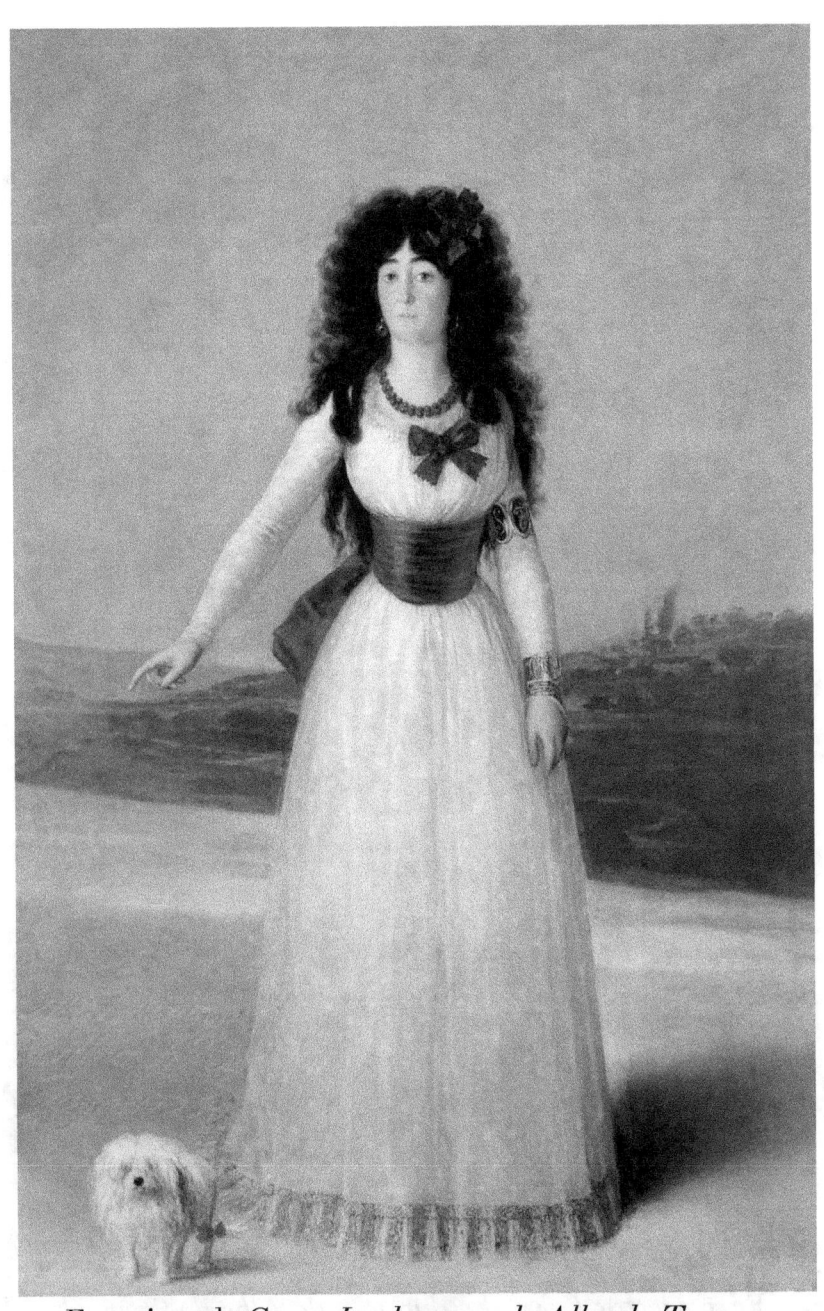
Francisco de Goya, *La duquesa de Alba de Tormes,* 1795

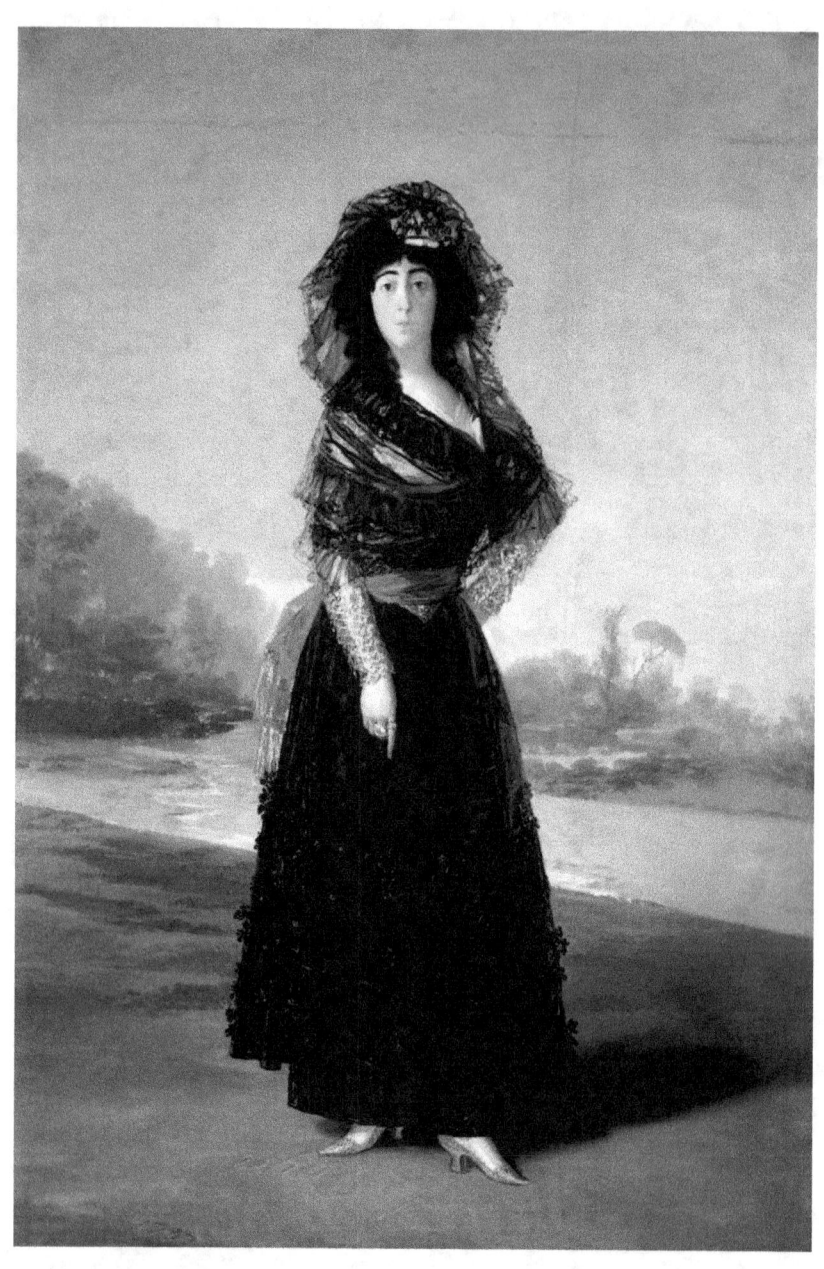

Francisco de Goya, *La duquesa de Alba de Tormes*, 1797

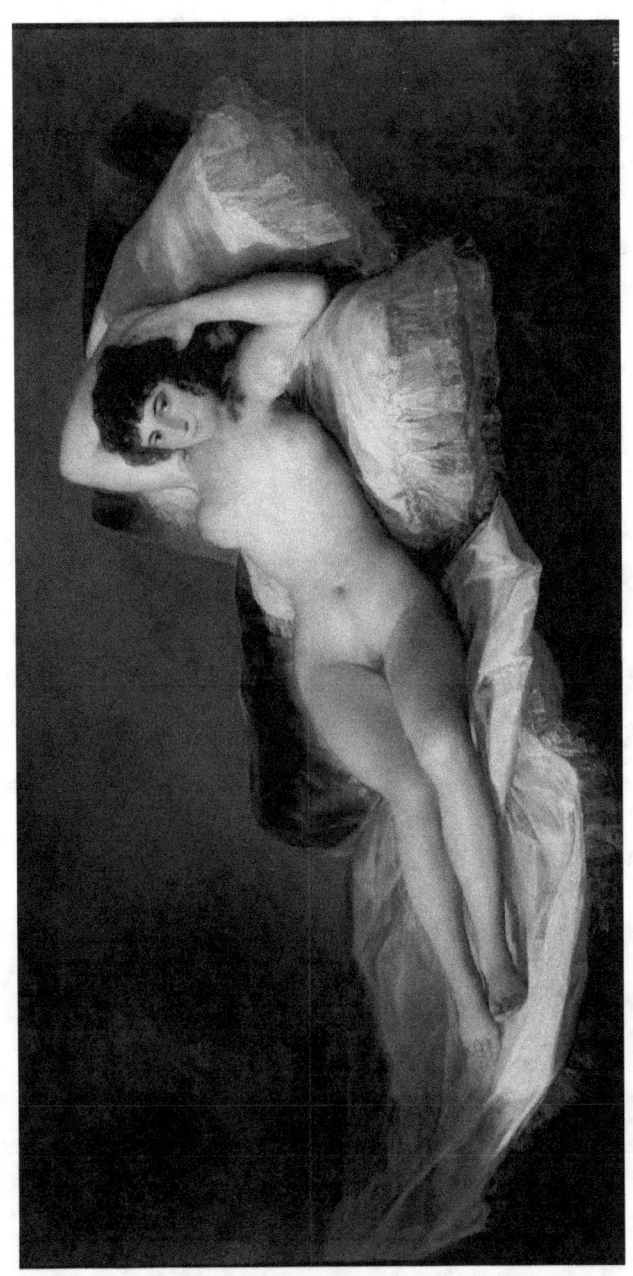

Francisco de Goya, *La maja desnuda*

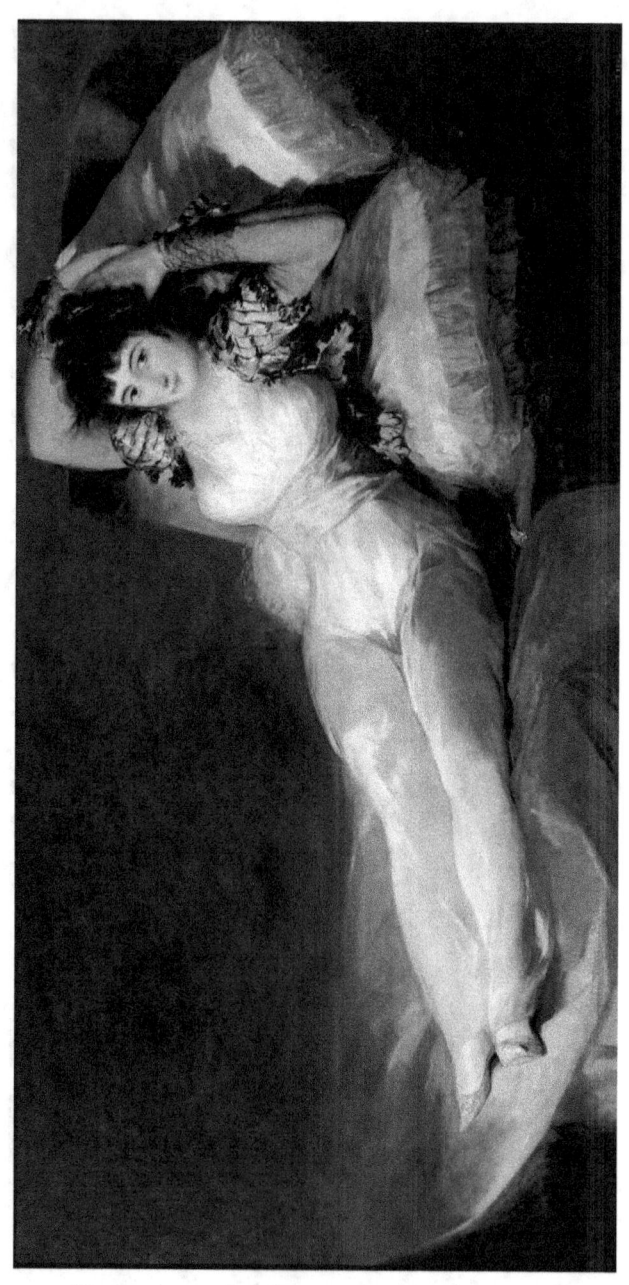

Francisco de Goya, *La maja vestida*

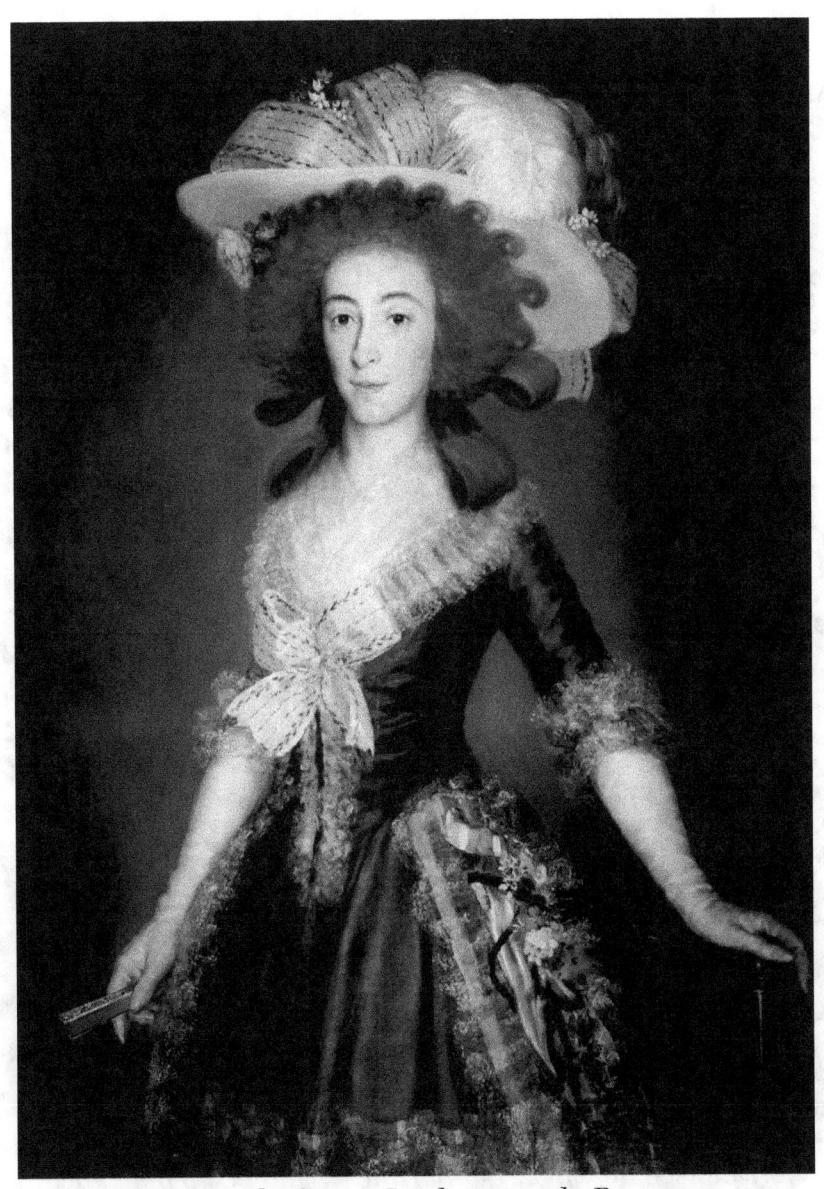

Francisco de Goya, *La duquesa de Benavente y consorte de Osuna*

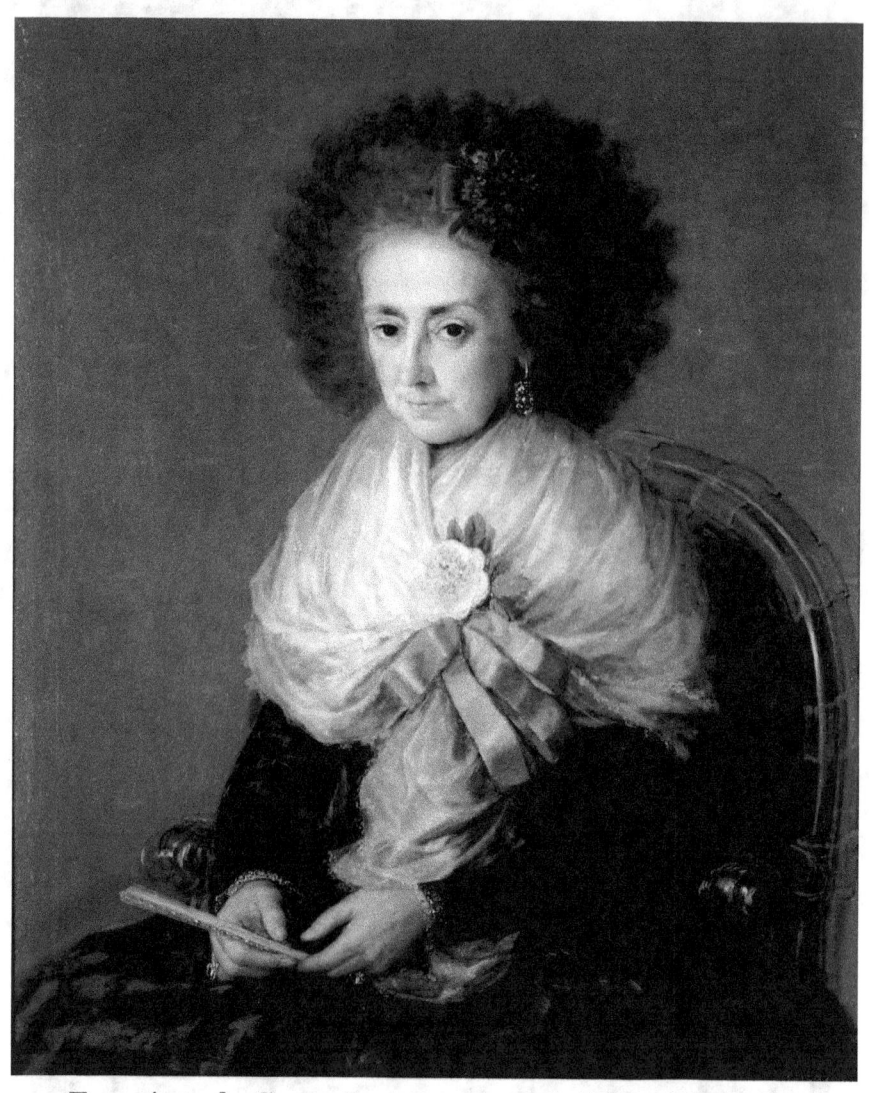

Francisco de Goya, *La marquesa viuda de Villafranca*

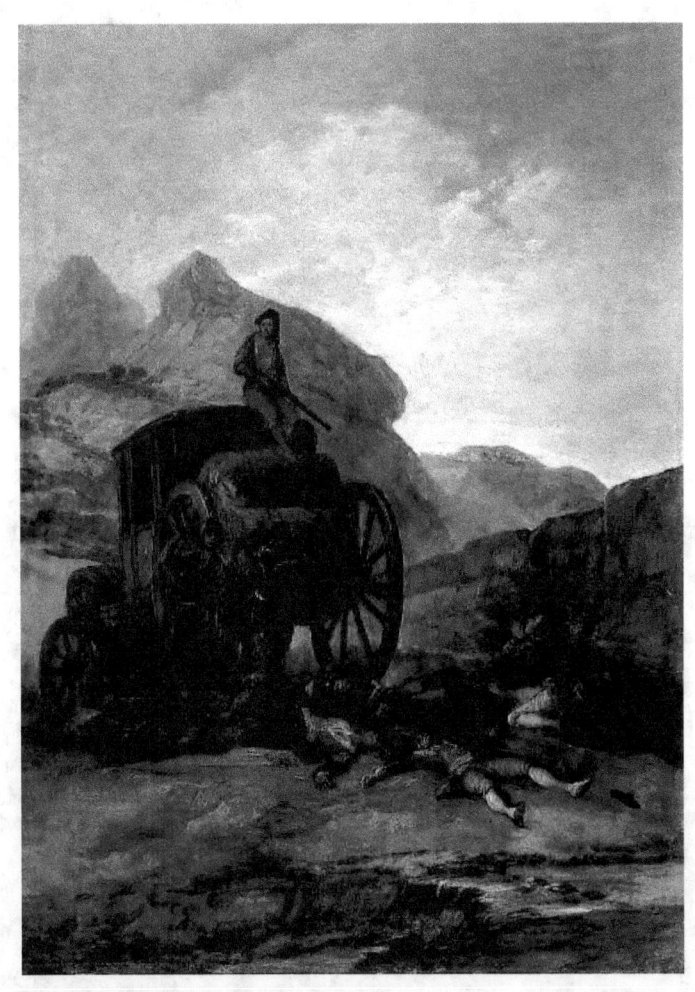

Francisco de Goya, *Asalto de ladrones*

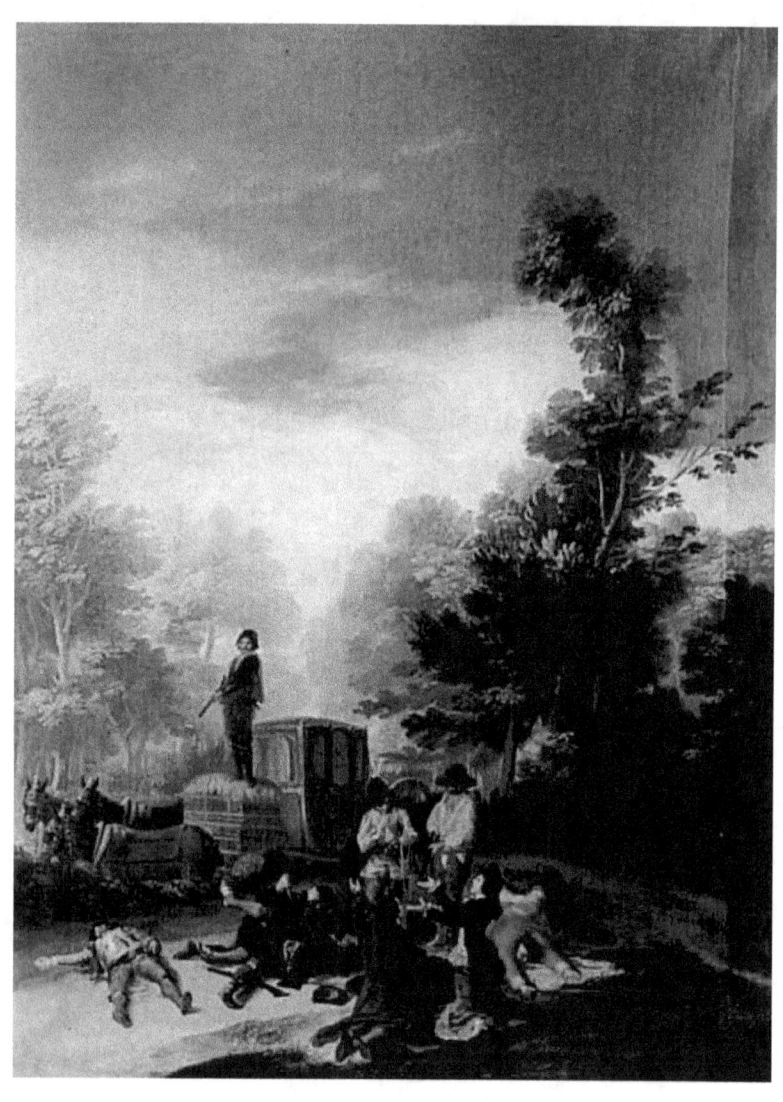

Francisco de Goya, *Asalto a una diligencia*

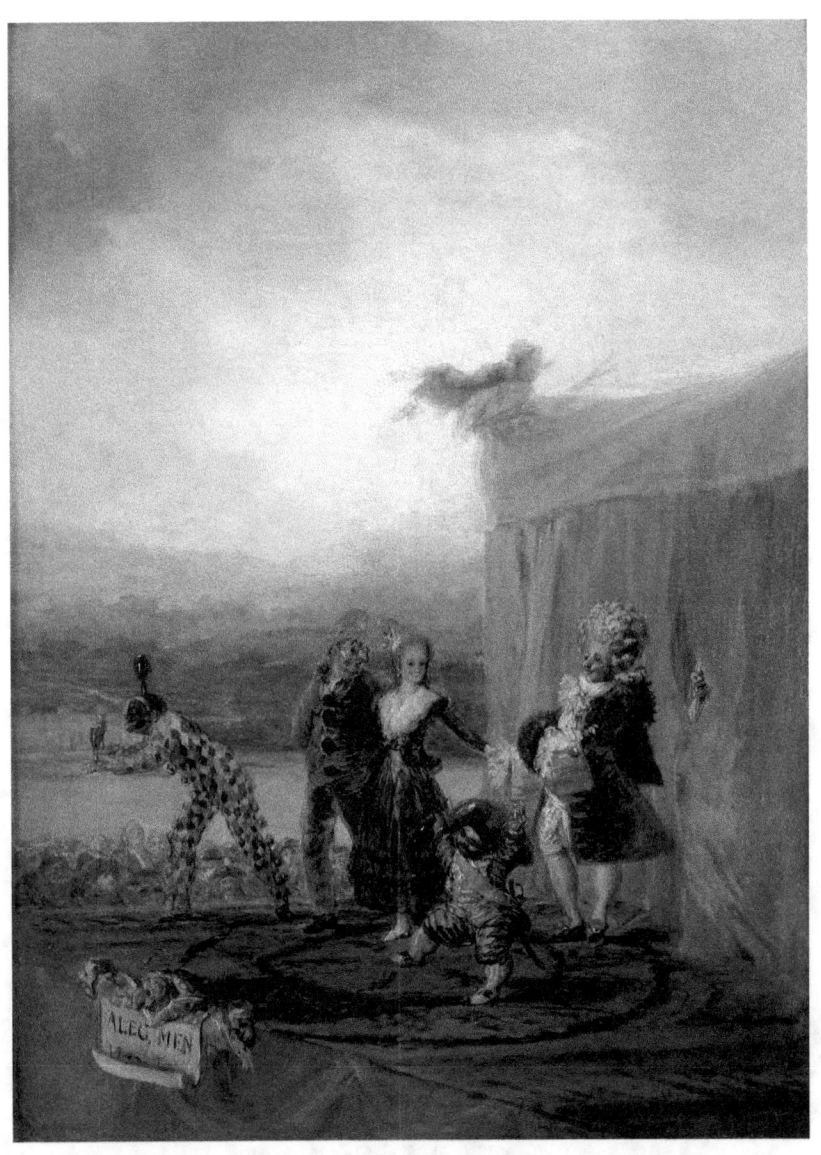

Francisco de Goya, *Cómicos ambulantes*

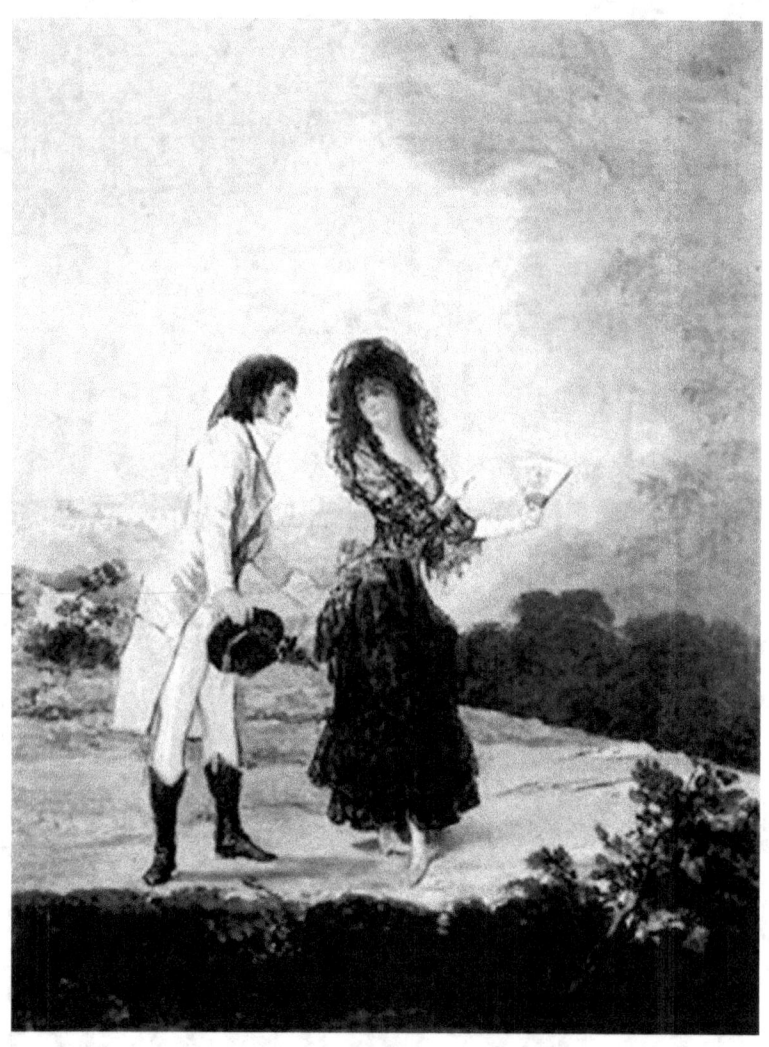

Francisco de Goya, *La Duquesa de Alba y su petimetre o Coloquio Galante*

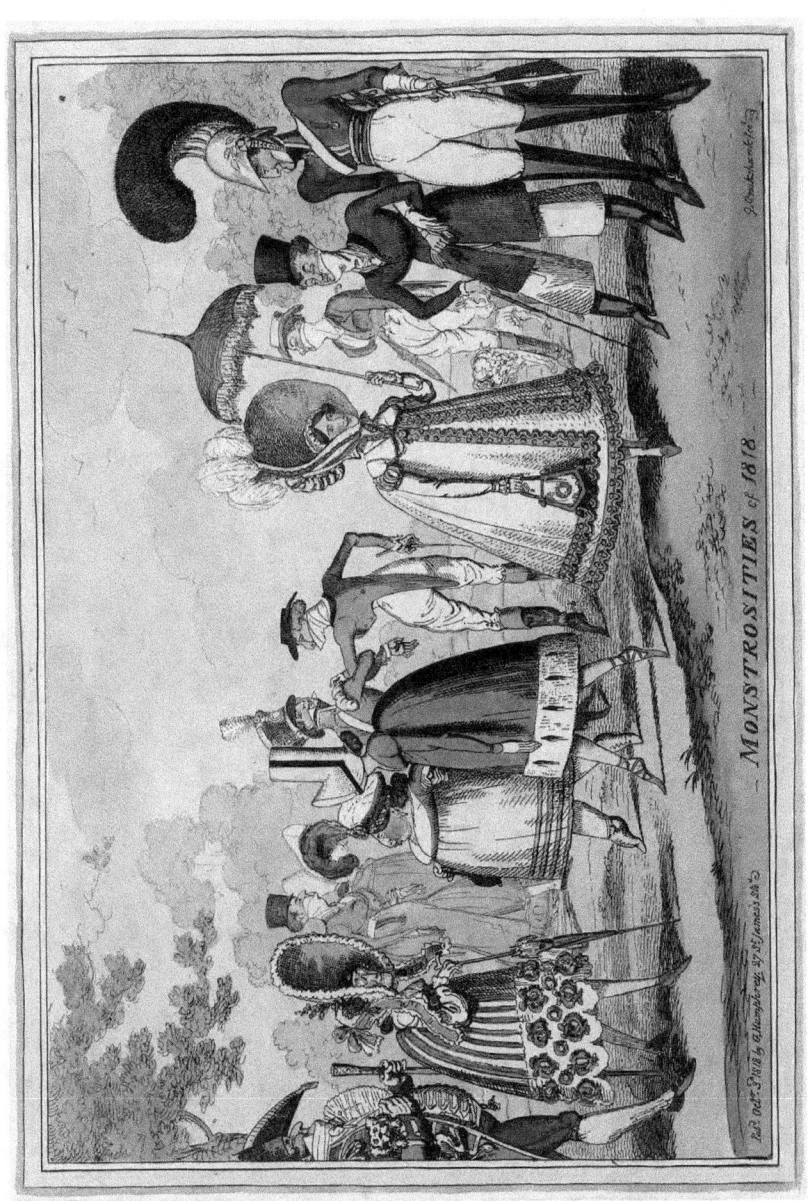

George Cruikshank, *Monstrosities of 1818*

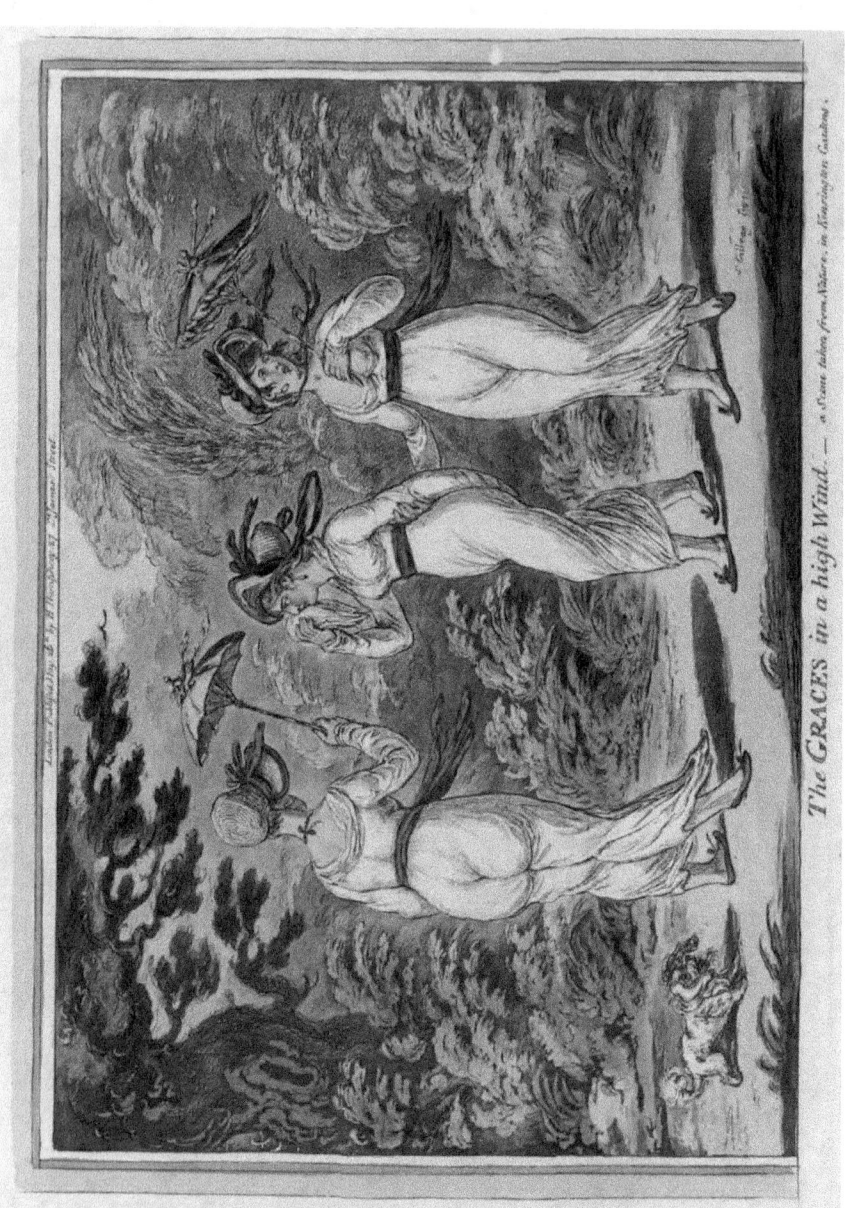

James Gillray, *The graces in a high wind*

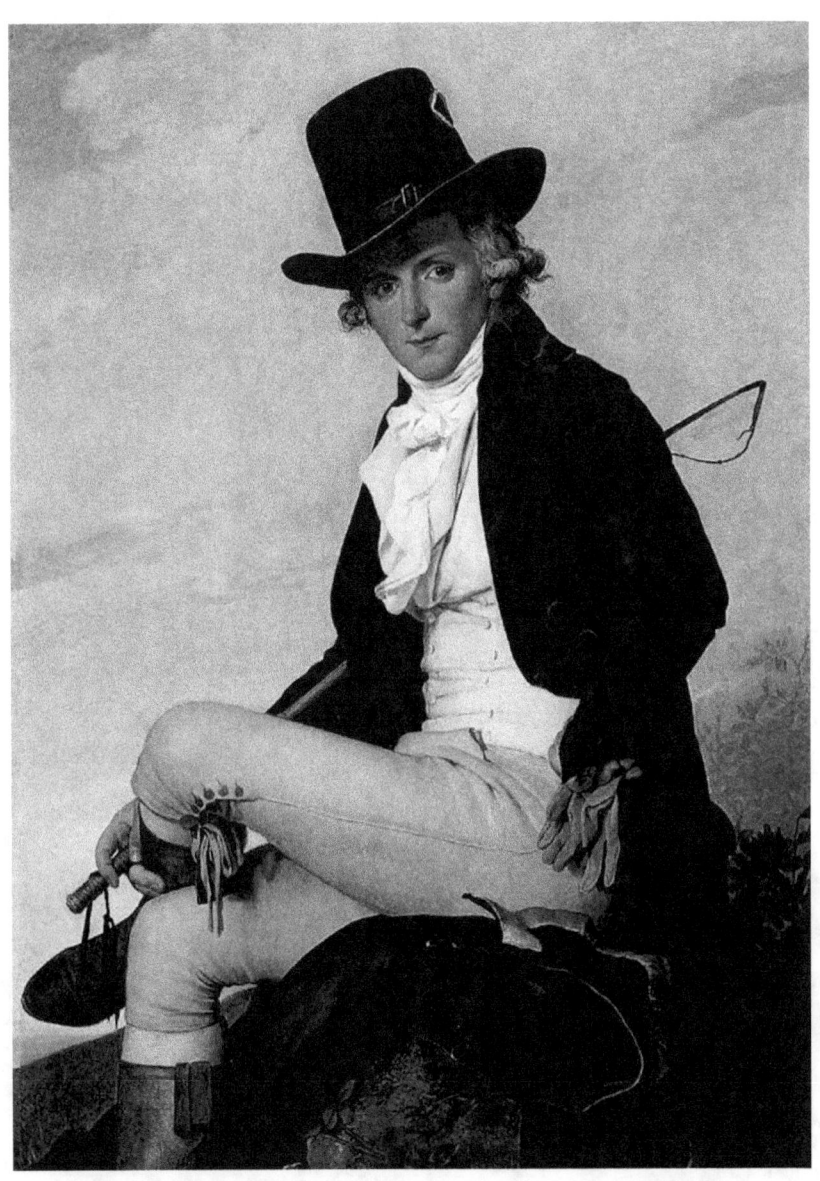

Jacques-Louis David, *Portrait de Pierre Sériziat*

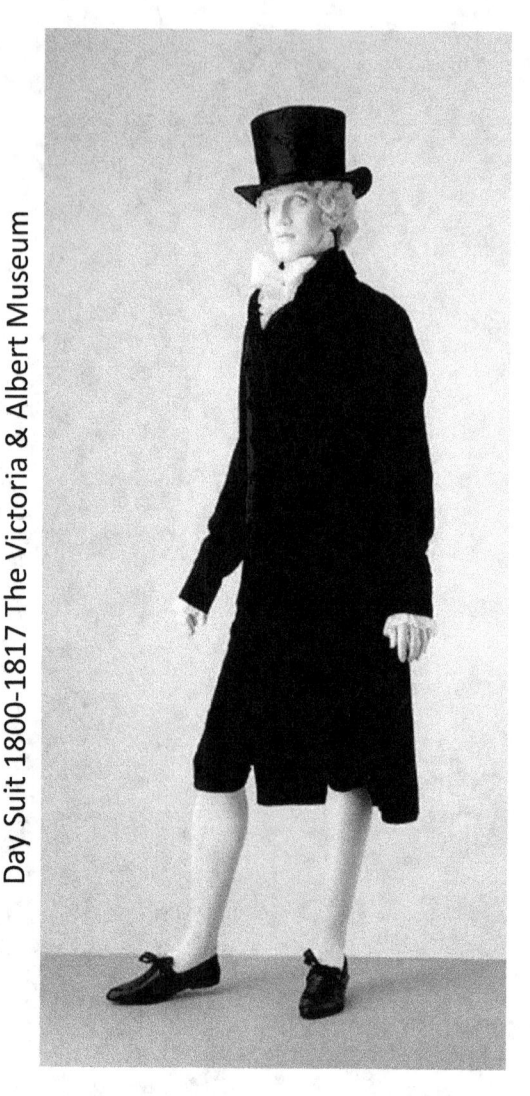
Day Suit 1800-1817 The Victoria & Albert Museum

Auguste Racinet, *Le costume historique*

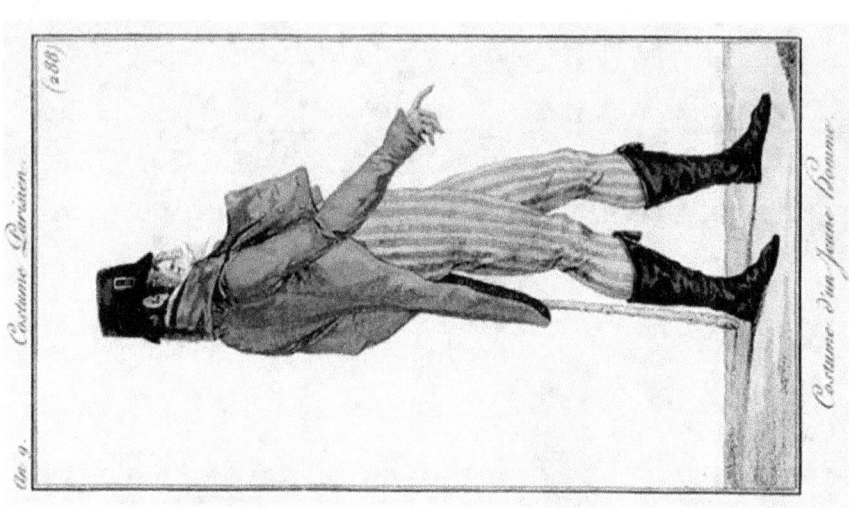
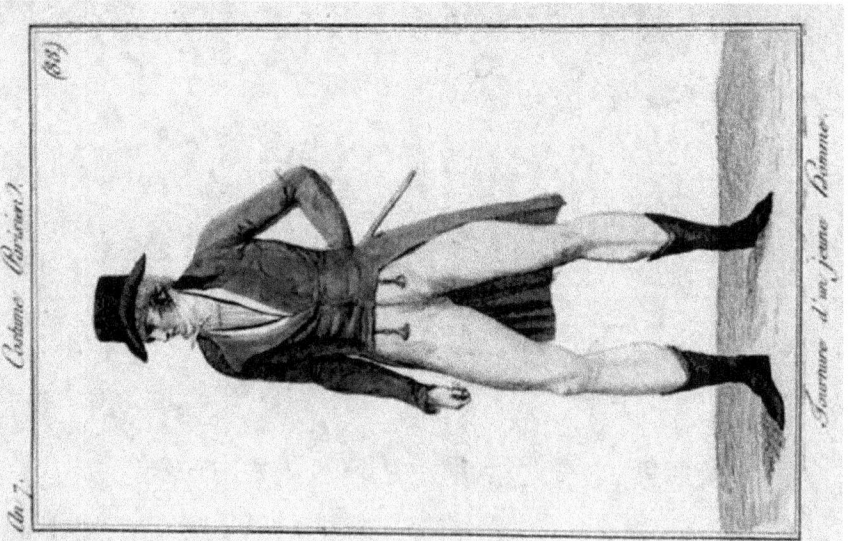

Costumes parisiens (An VII-An IX), Gravures extraites du *Journal des Dames et des Modes* 1799

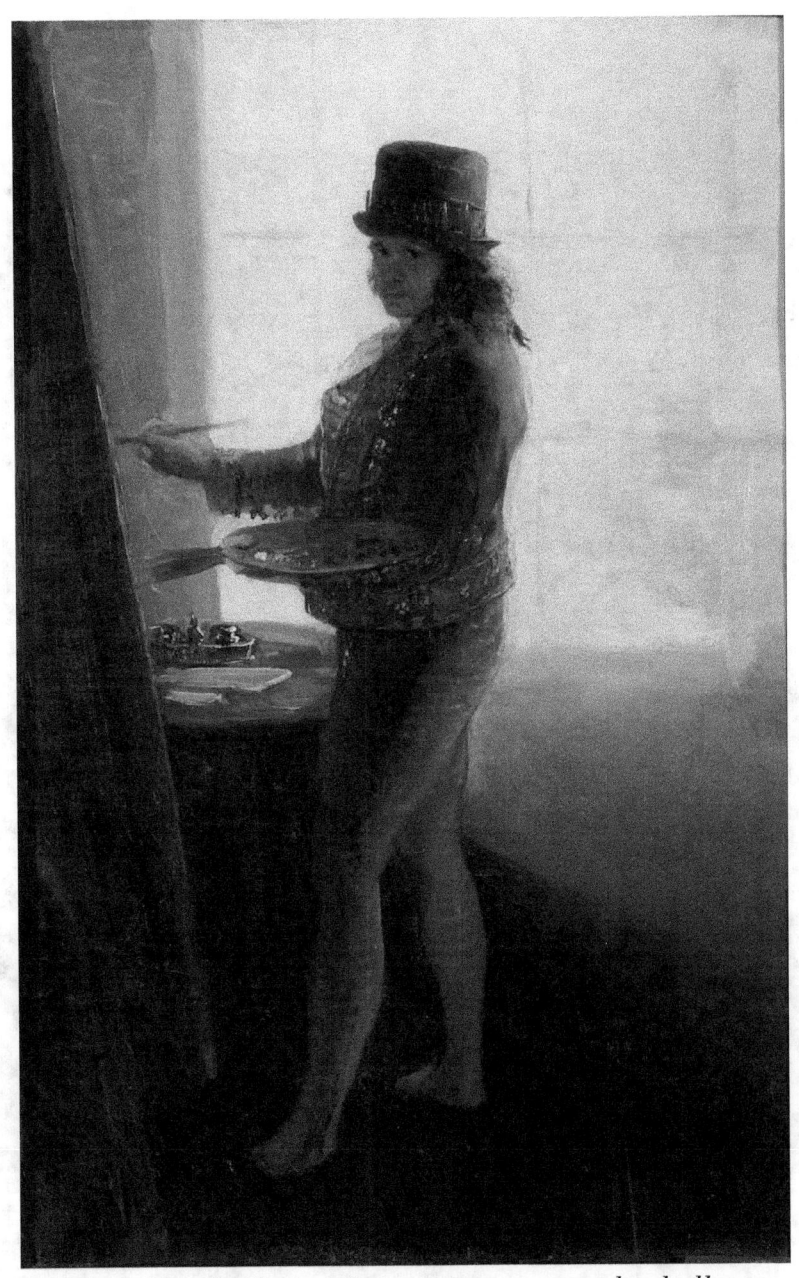

Francisco de Goya, *Autorretrato ante el caballete*

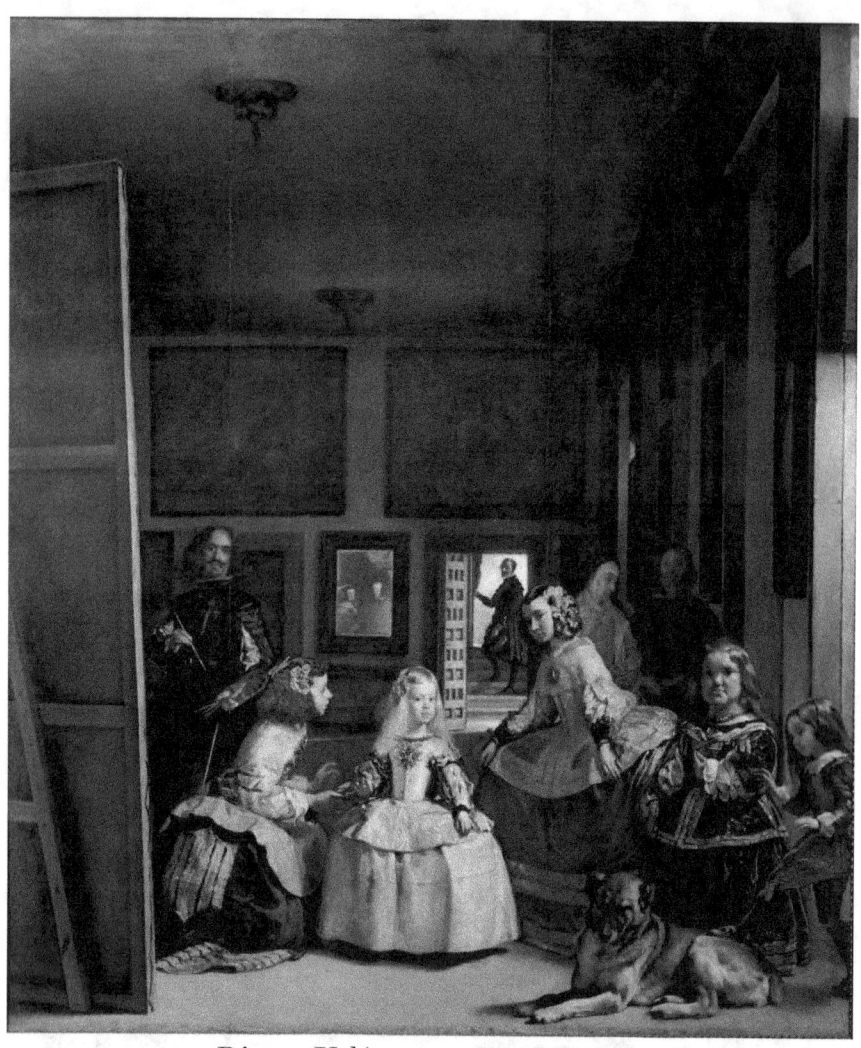

Diego_Velázquez, *Las Meninas*

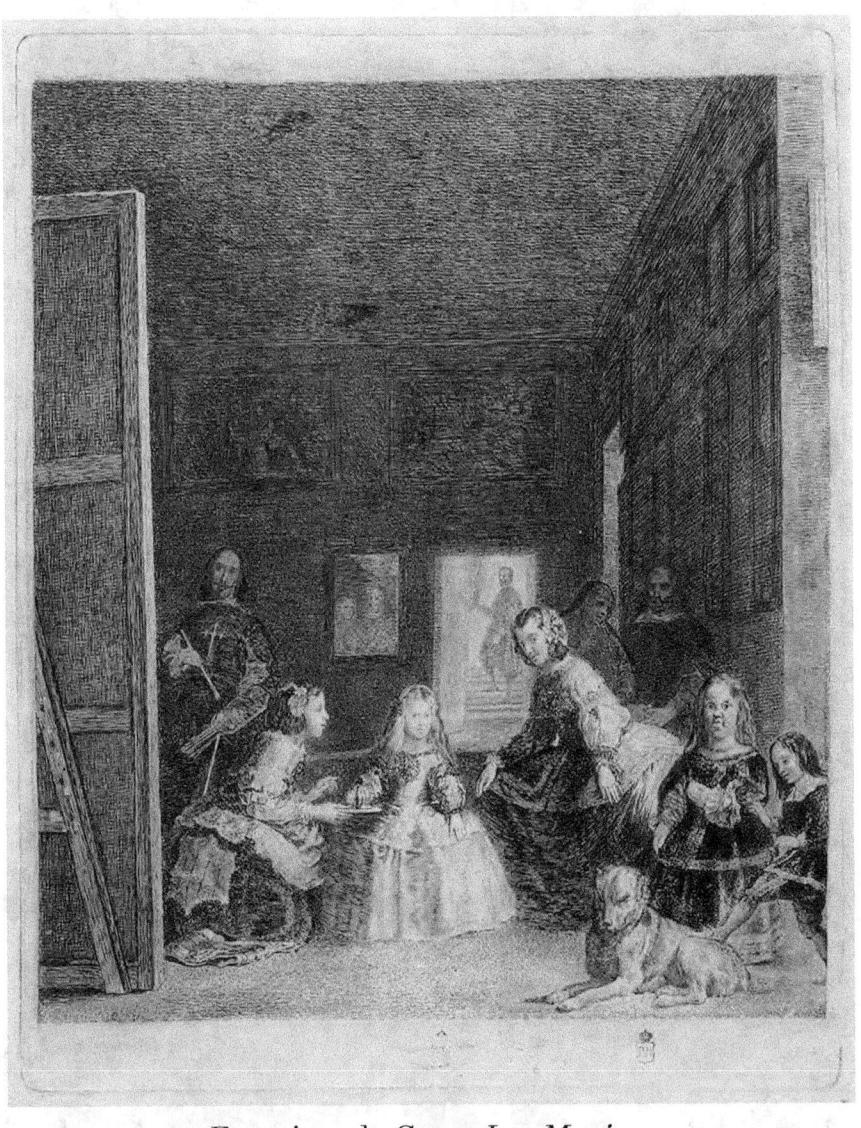

Francisco de Goya, *Las Meninas*

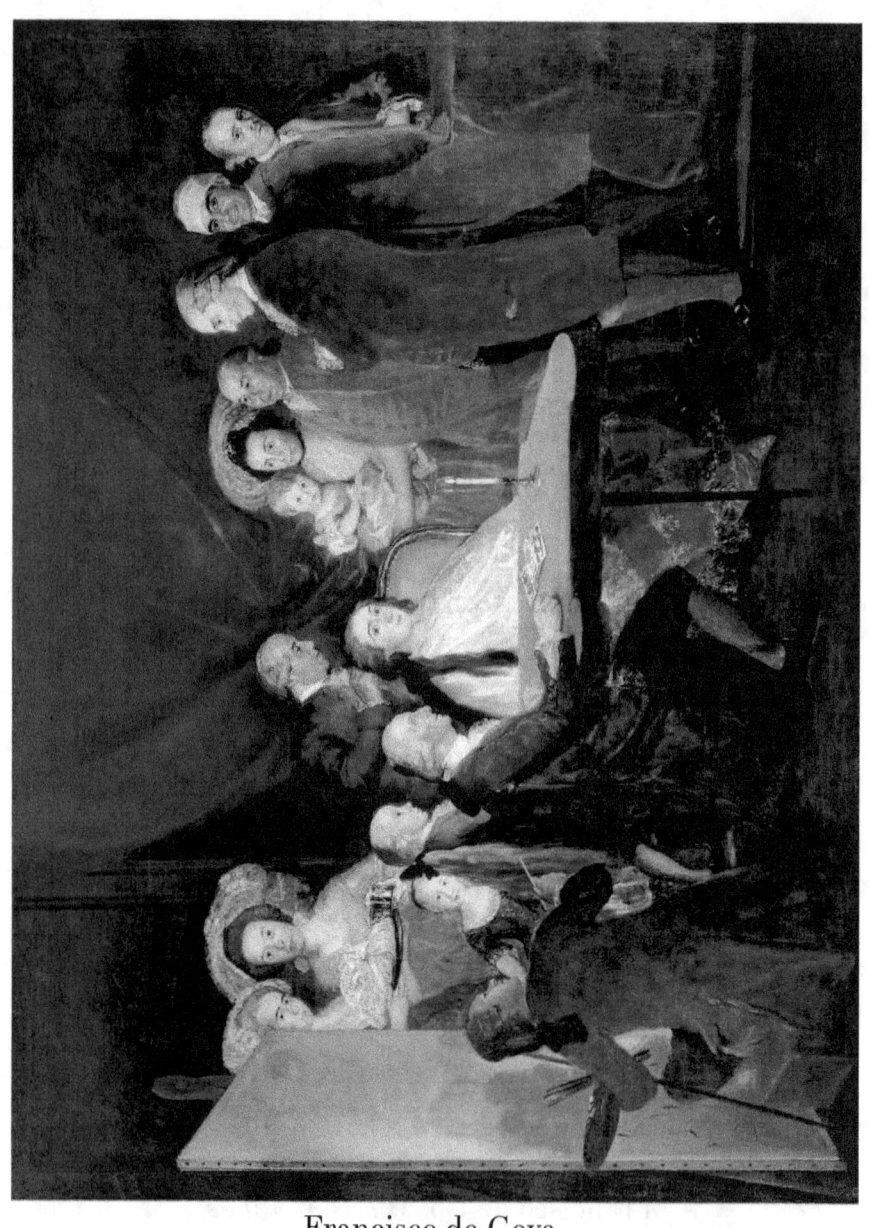

Francisco de Goya,
La familia del infante don Luis de Borbón

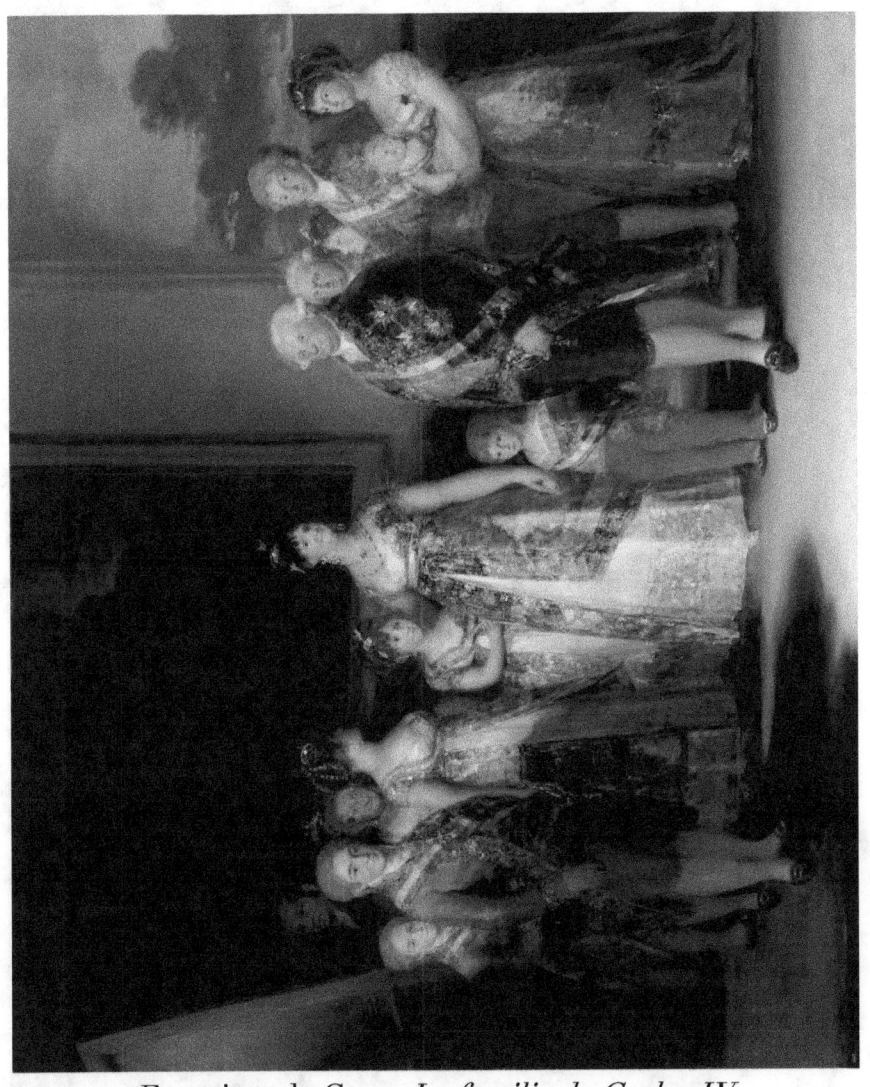

Francisco de Goya, *La familia de Carlos IV*

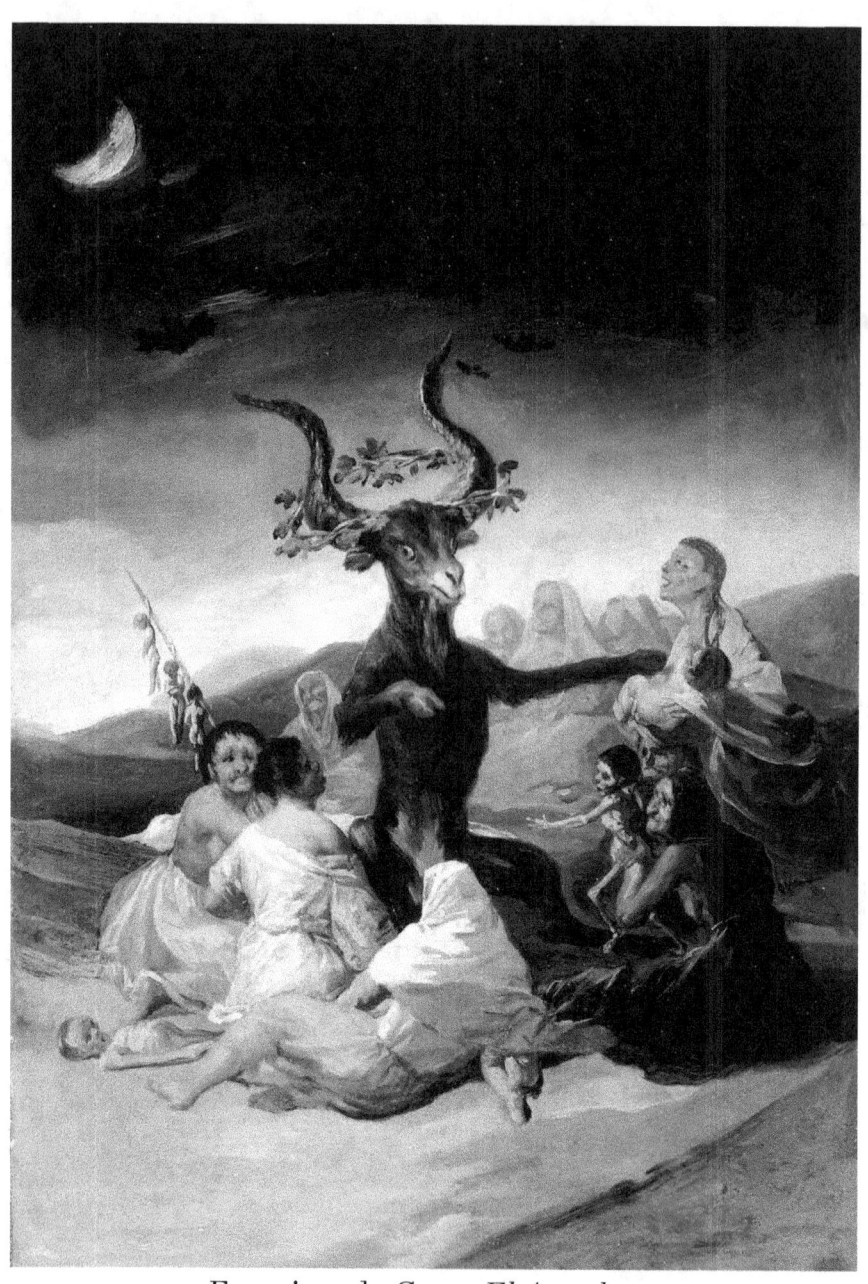

Francisco de Goya, *El Aquelarre*

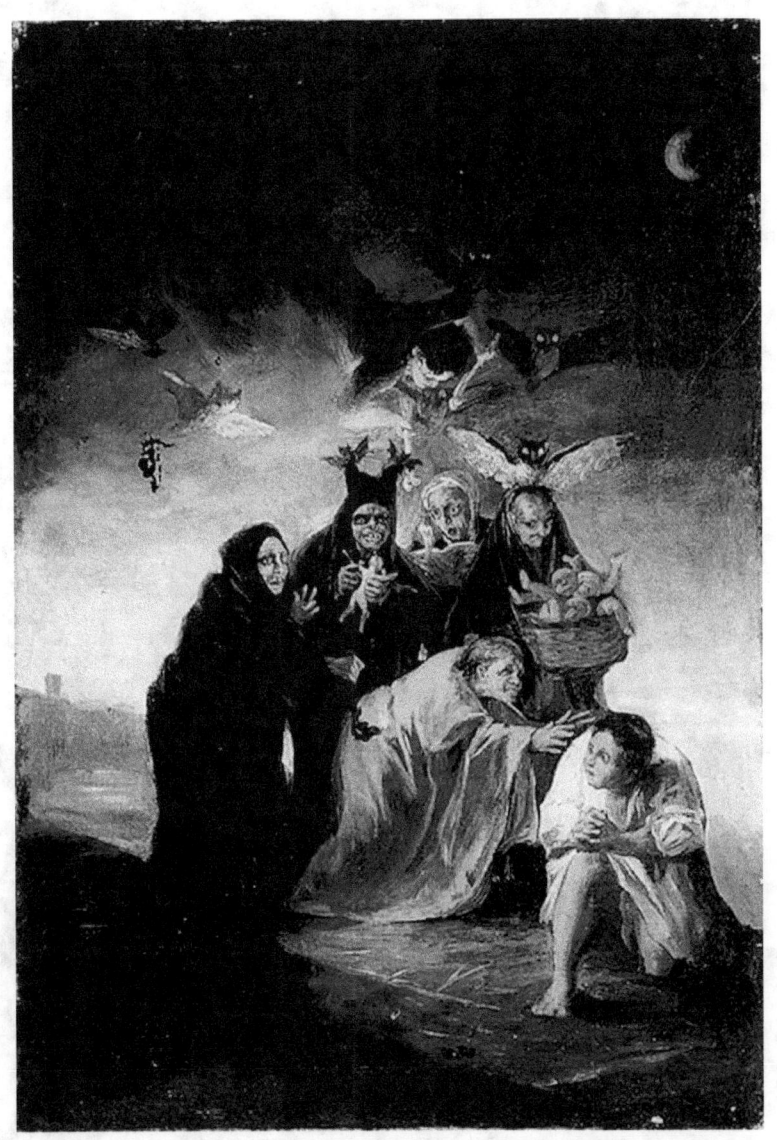
Francisco de Goya, *El Conjuro o Escena de brujas*

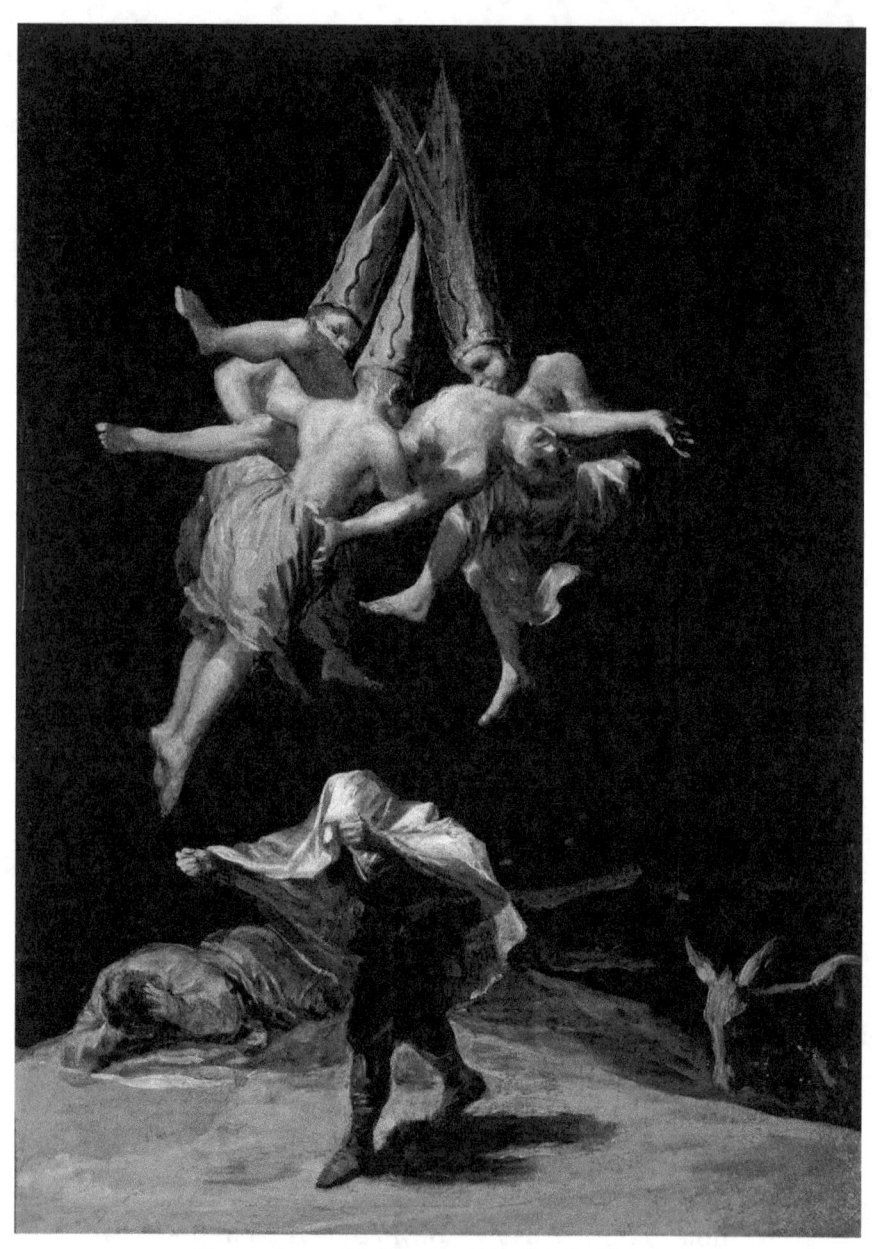

Francisco de Goya, *Vuelo de Brujas*

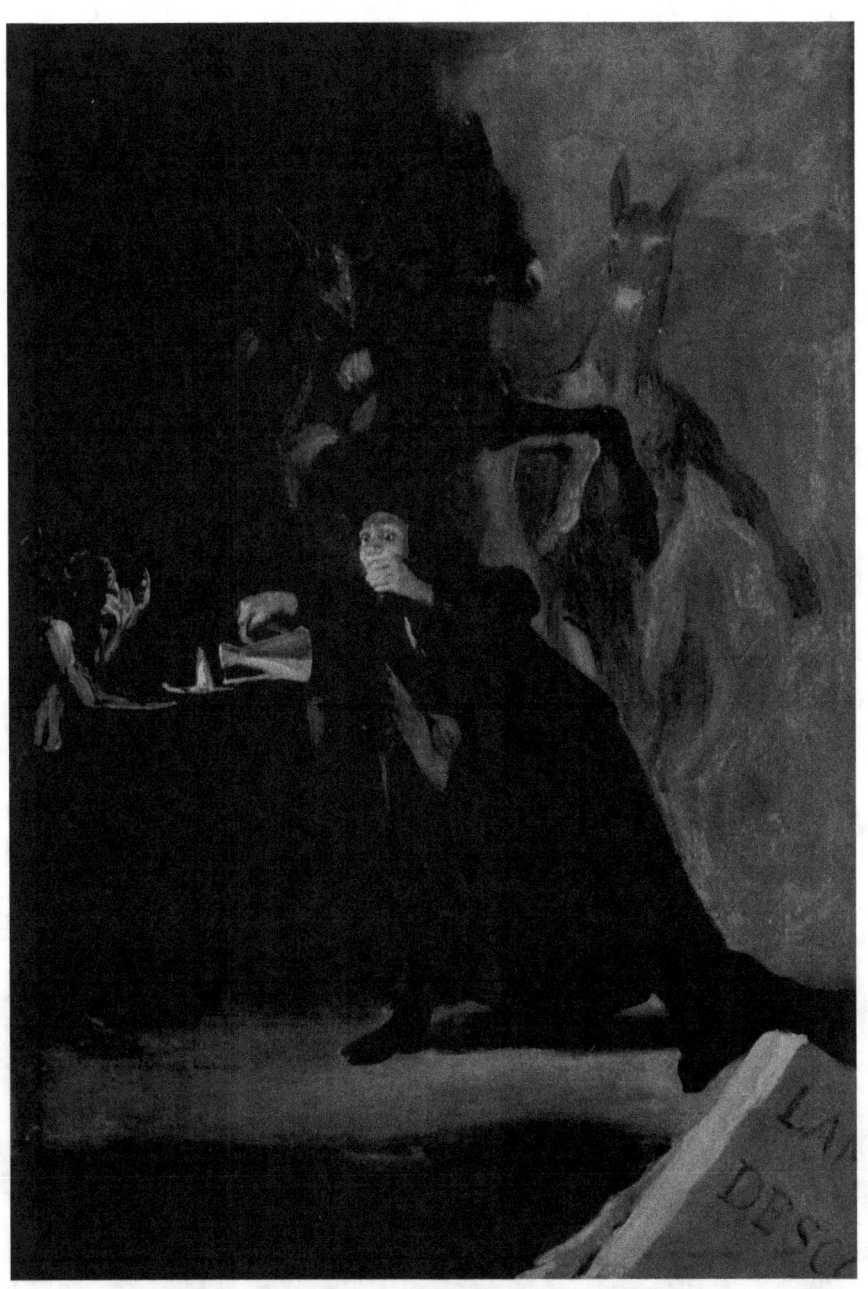

Francisco de Goya, *El hechizado por fuerza o La lámpara del Diablo*

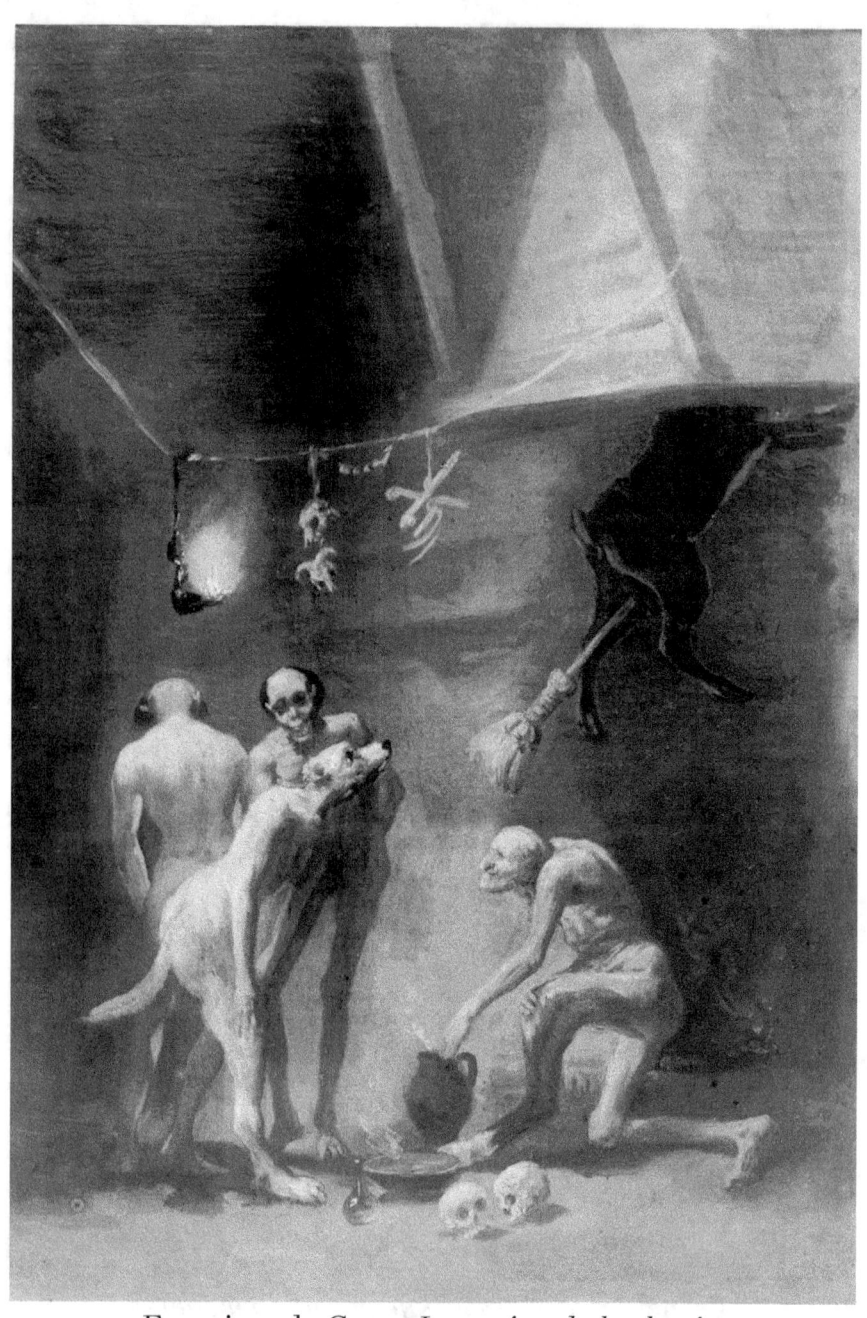

Francisco de Goya, *La cocina de las brujas*

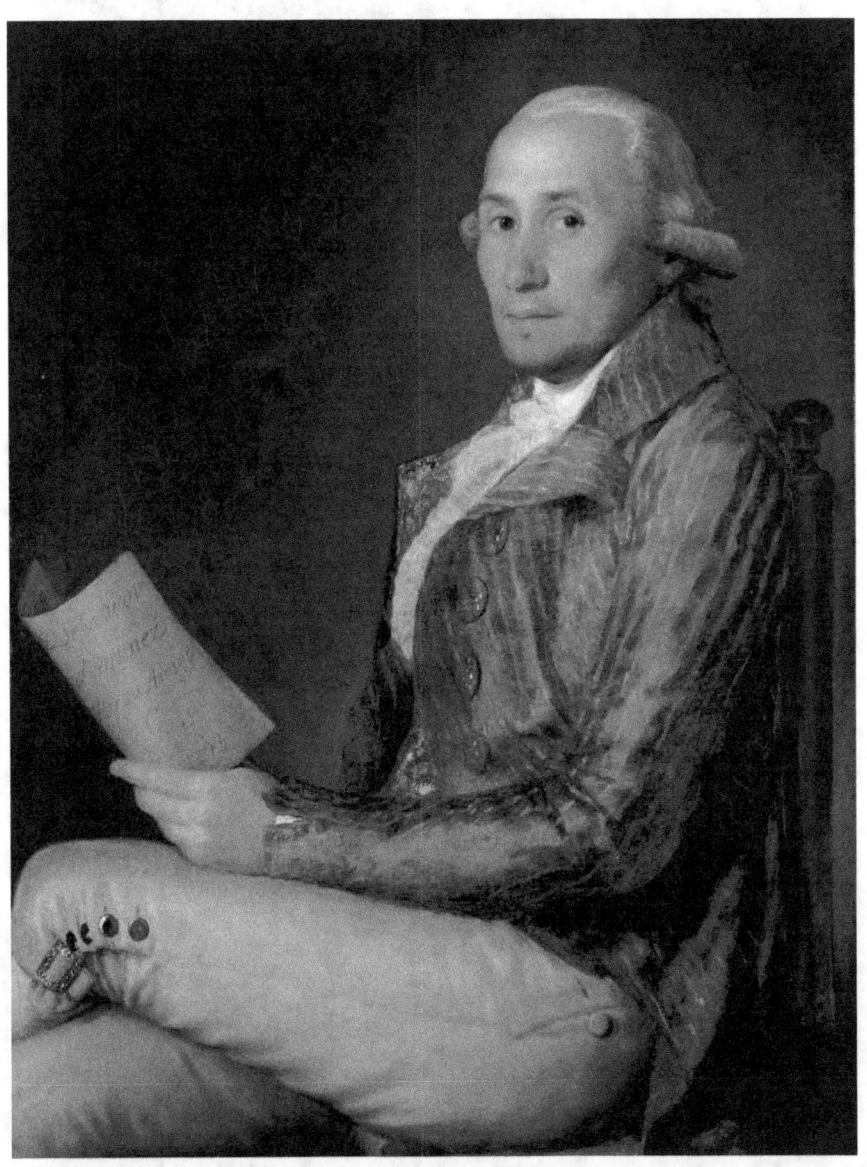

Francisco de Goya, *Retrato de Sebastián Martínez y Pérez*

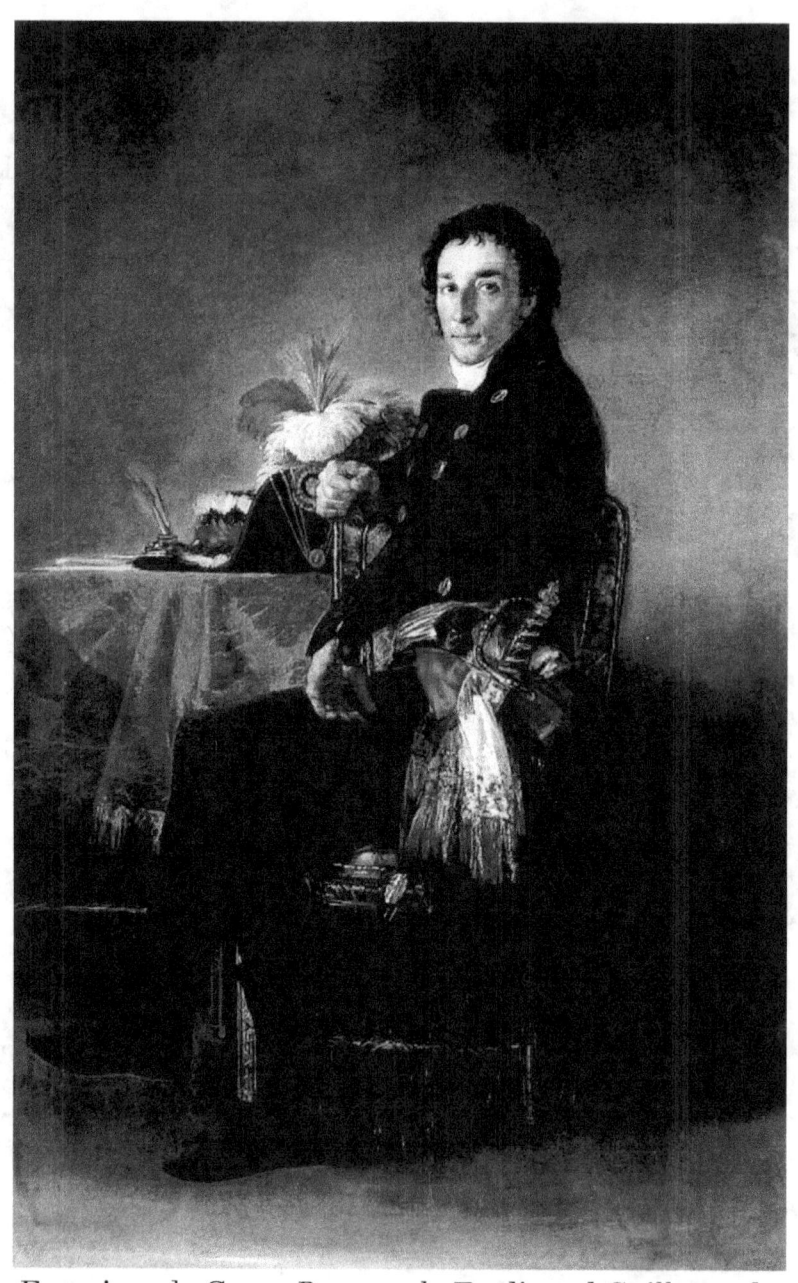

Francisco de Goya, *Retrato de Ferdinand Guillemardet*

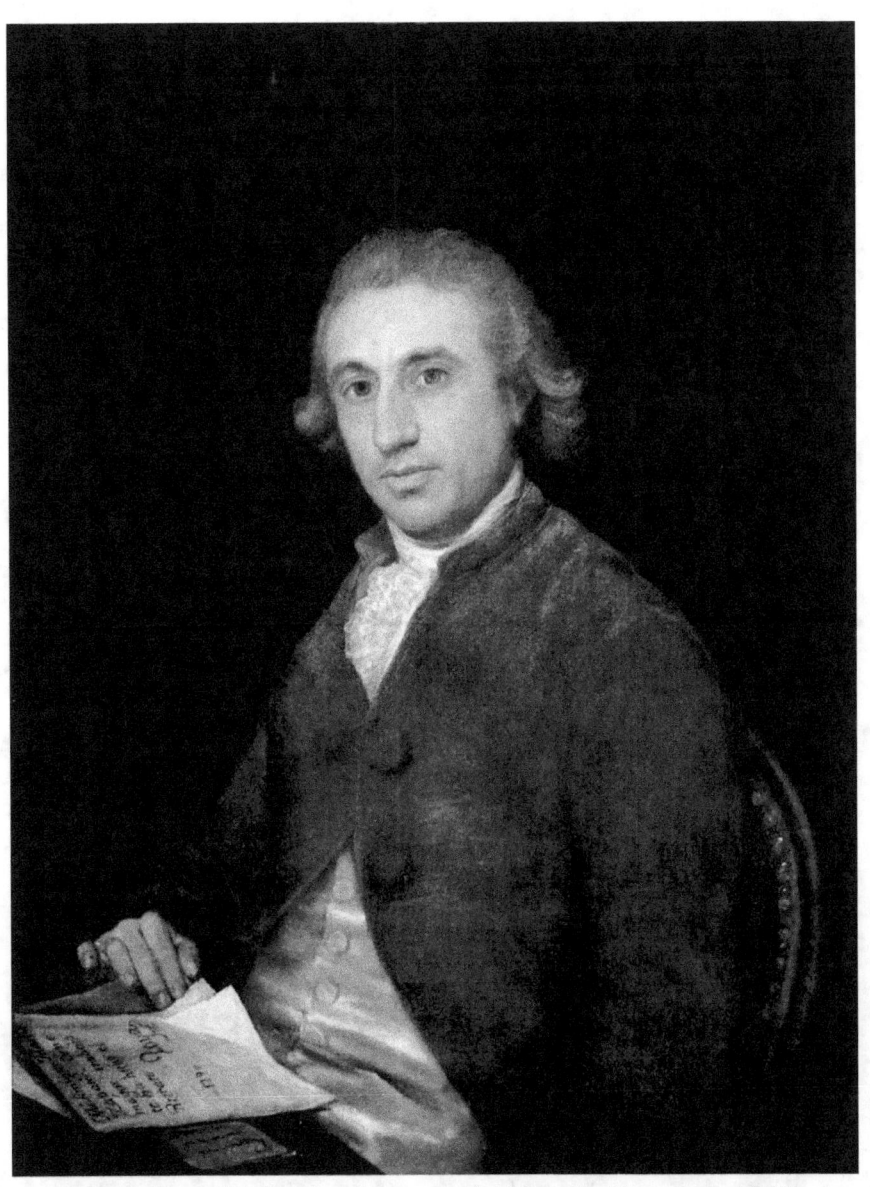

Francisco de Goya, *Retrato de Martín Zapater*, 1790

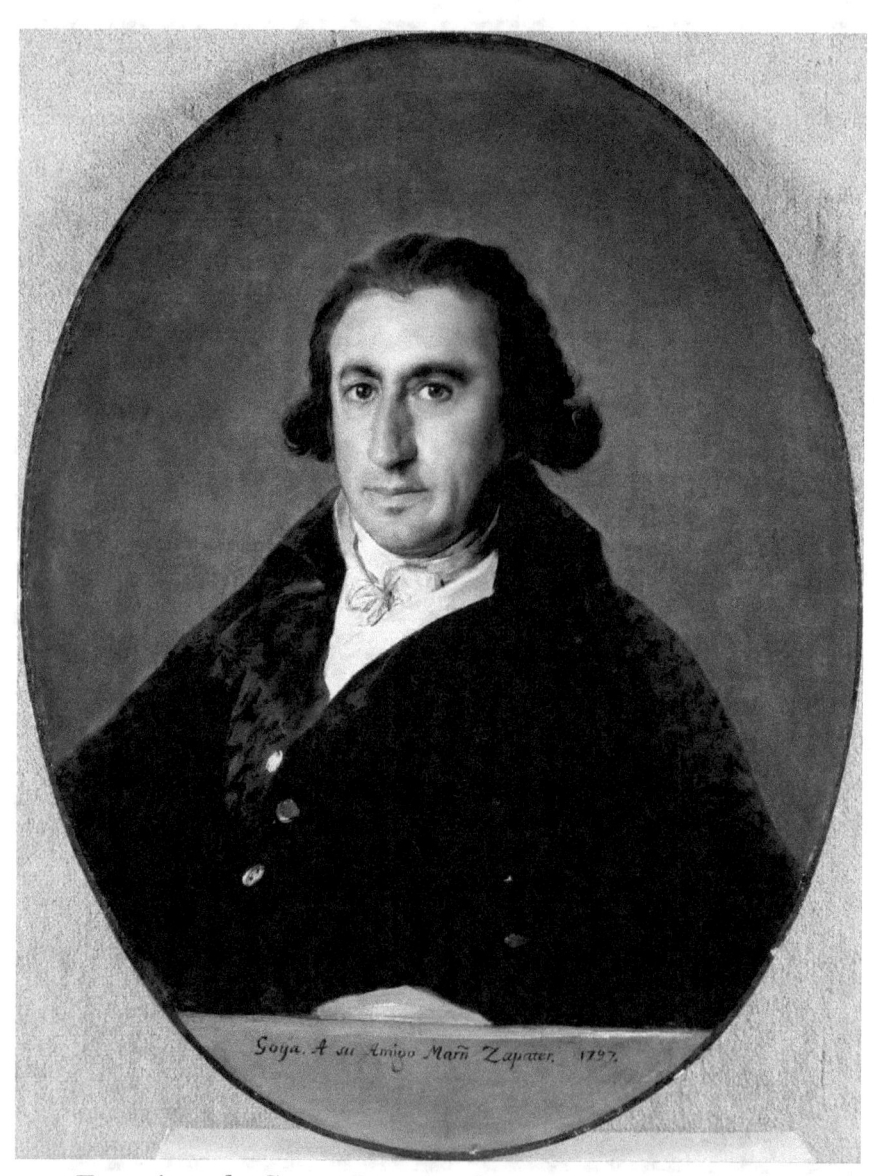

Francisco de Goya, *Retrato de Martín Zapater*, 1797

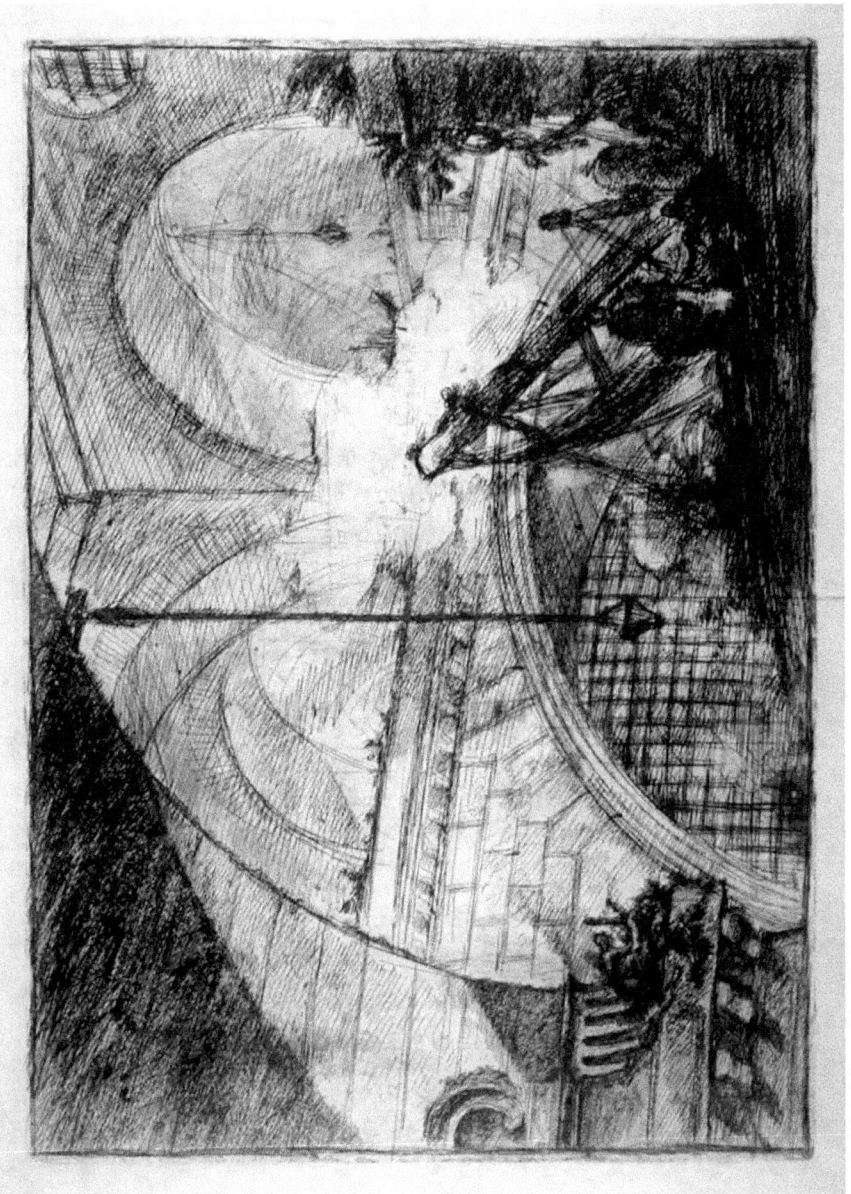

Giovanni Battista Piranesi, *Le Carceri d'invenzione*, Pl. IV

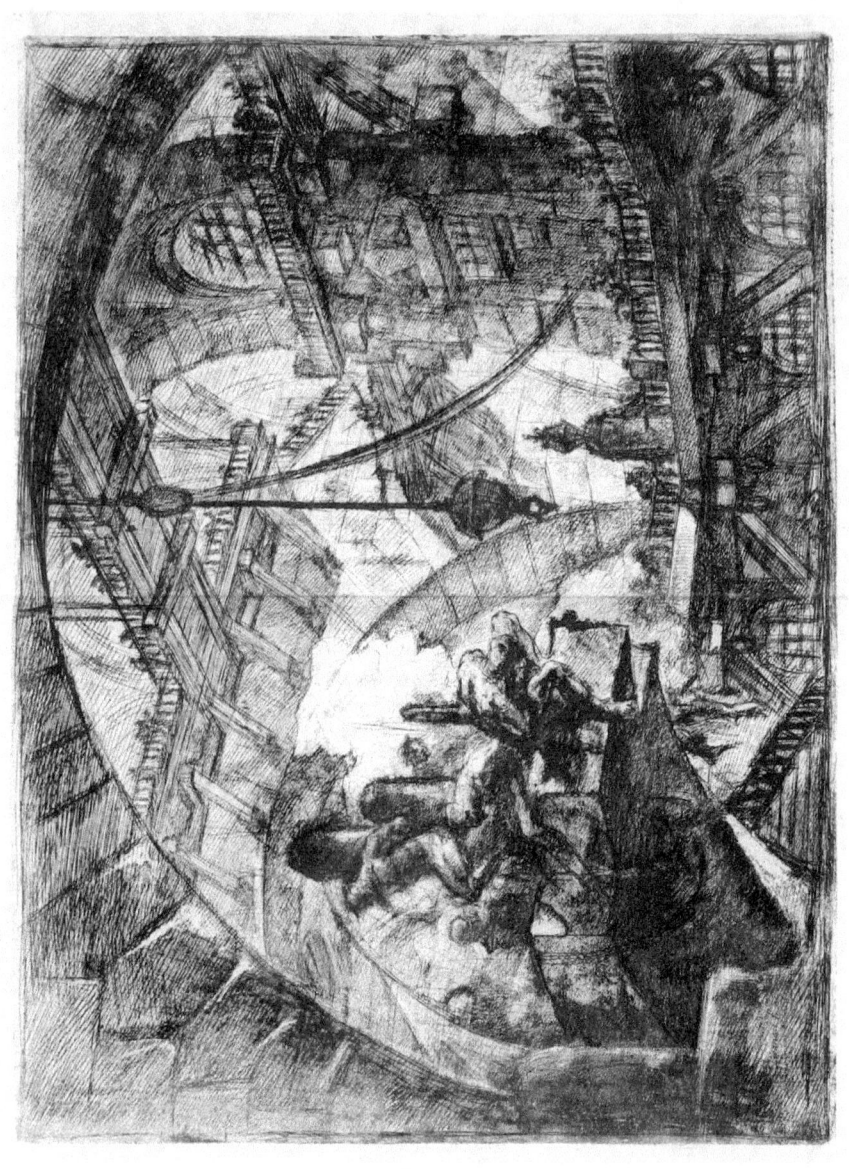

Giovanni Battista Piranesi, *Le Carceri d'invenzione*, Pl. VIII

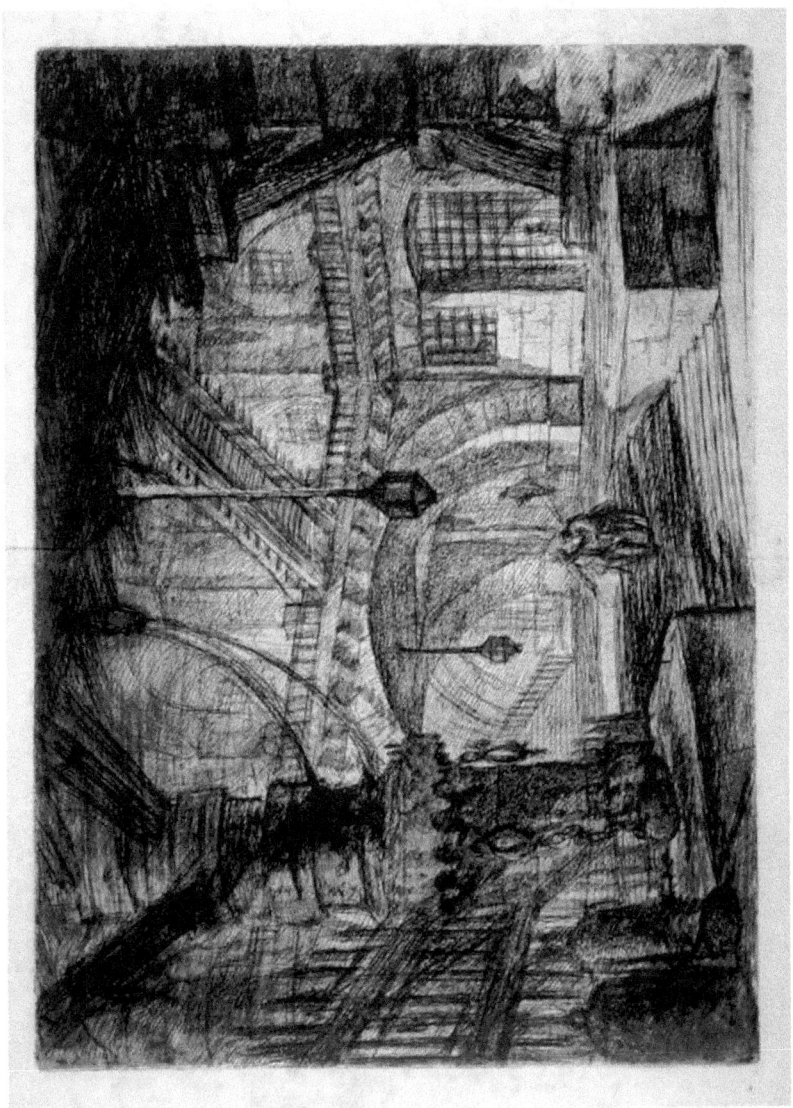
Giovanni Battista Piranesi, *Le Carceri d'invenzione*, Pl. XVI

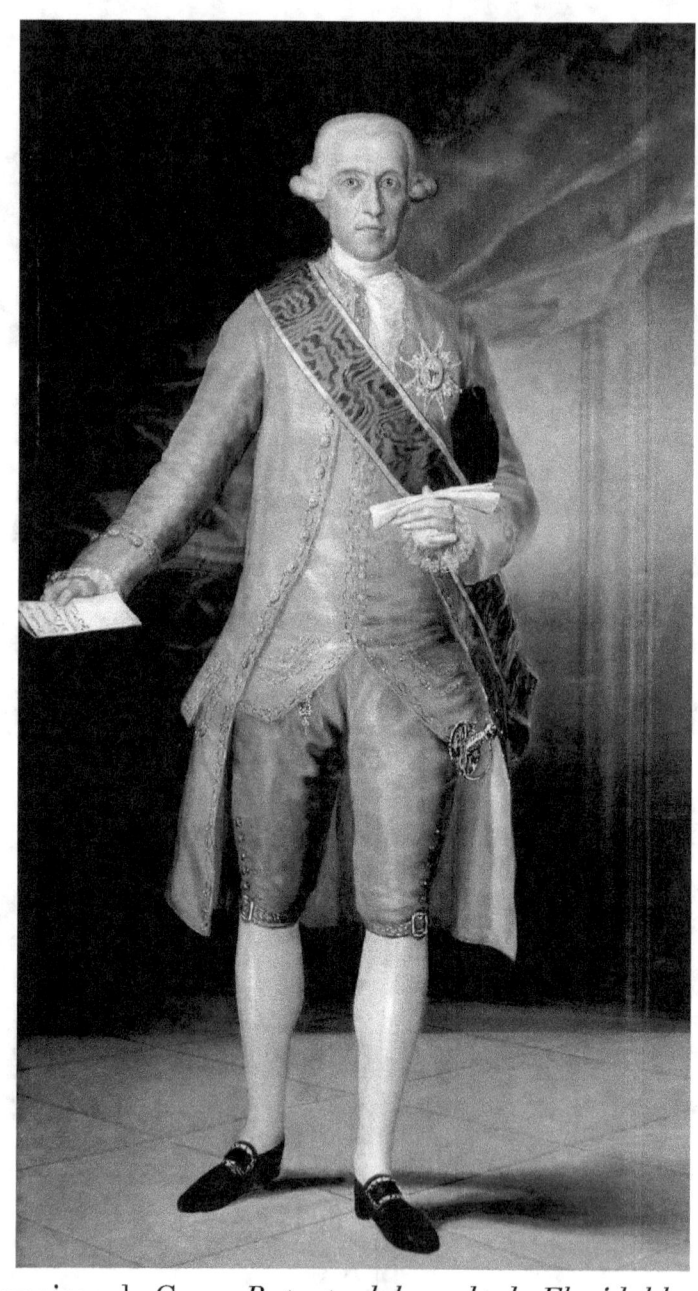

Francisco de Goya, *Retrato del conde de Floridablanca*, Museo del Prado

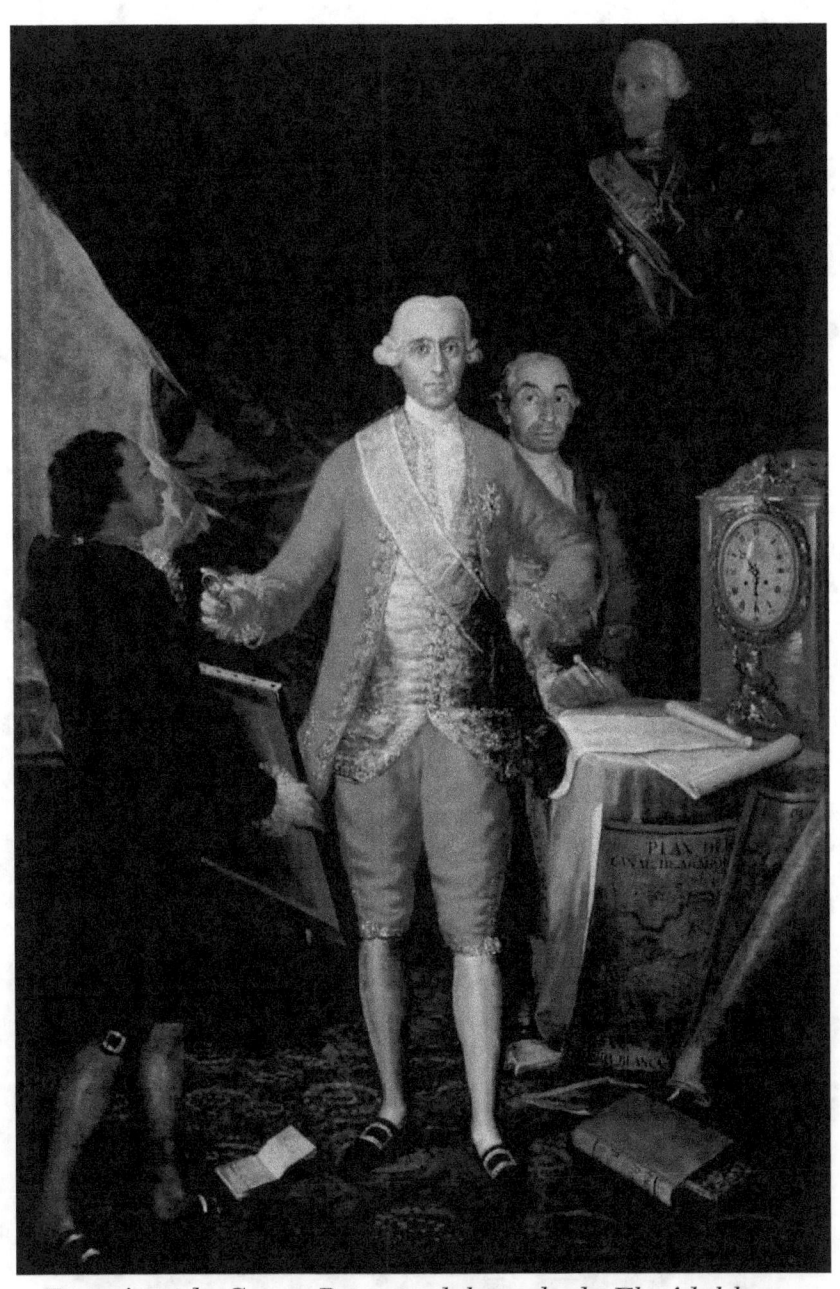

Francisco de Goya, *Retrato del conde de Floridablanca*, Banco de España

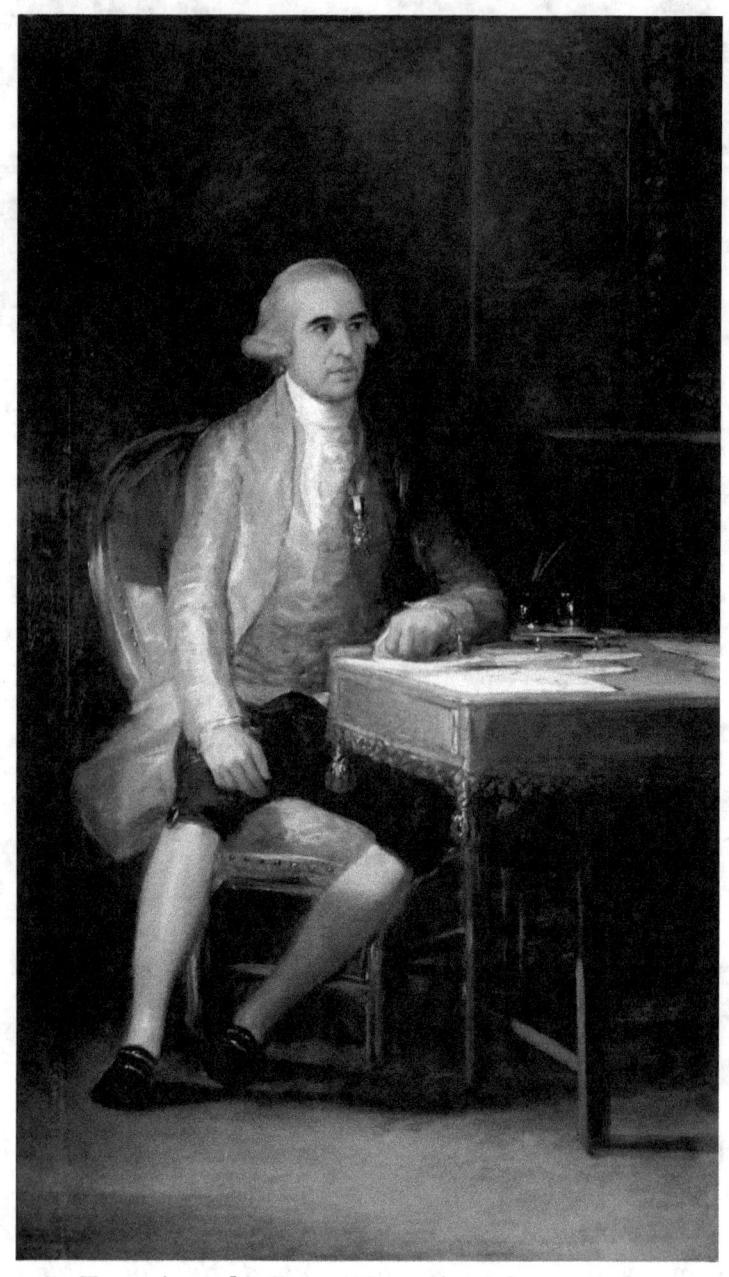

Francisco de Goya, *Francisco de Saavedra*

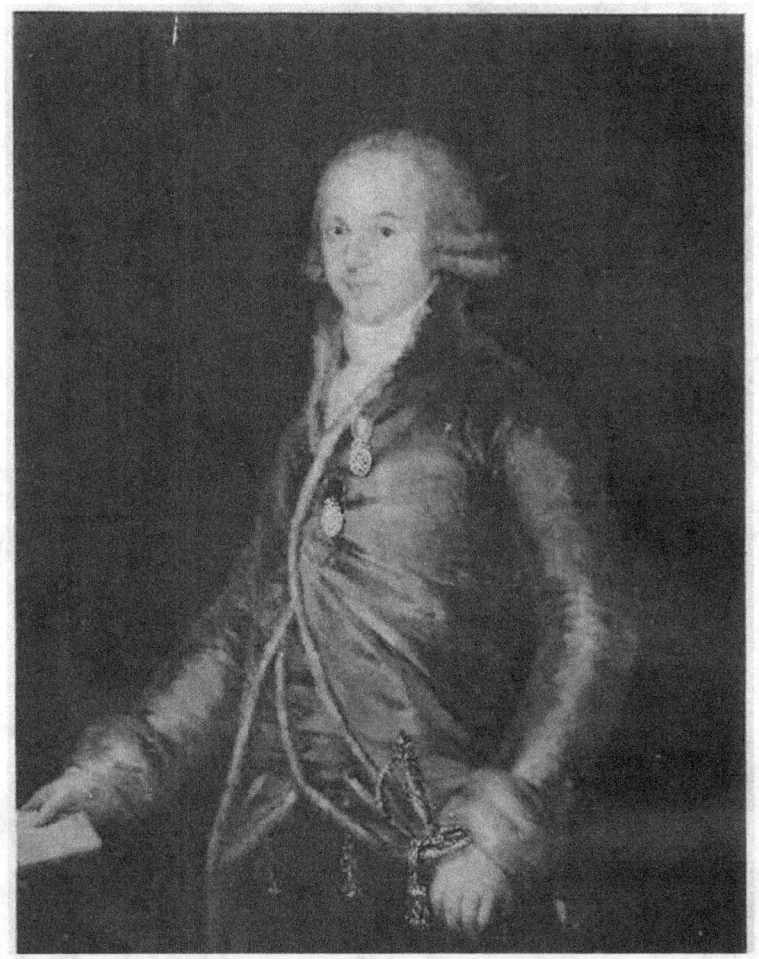
Francisco de Goya, *Retrato de Mariano Luis de Urquijo*

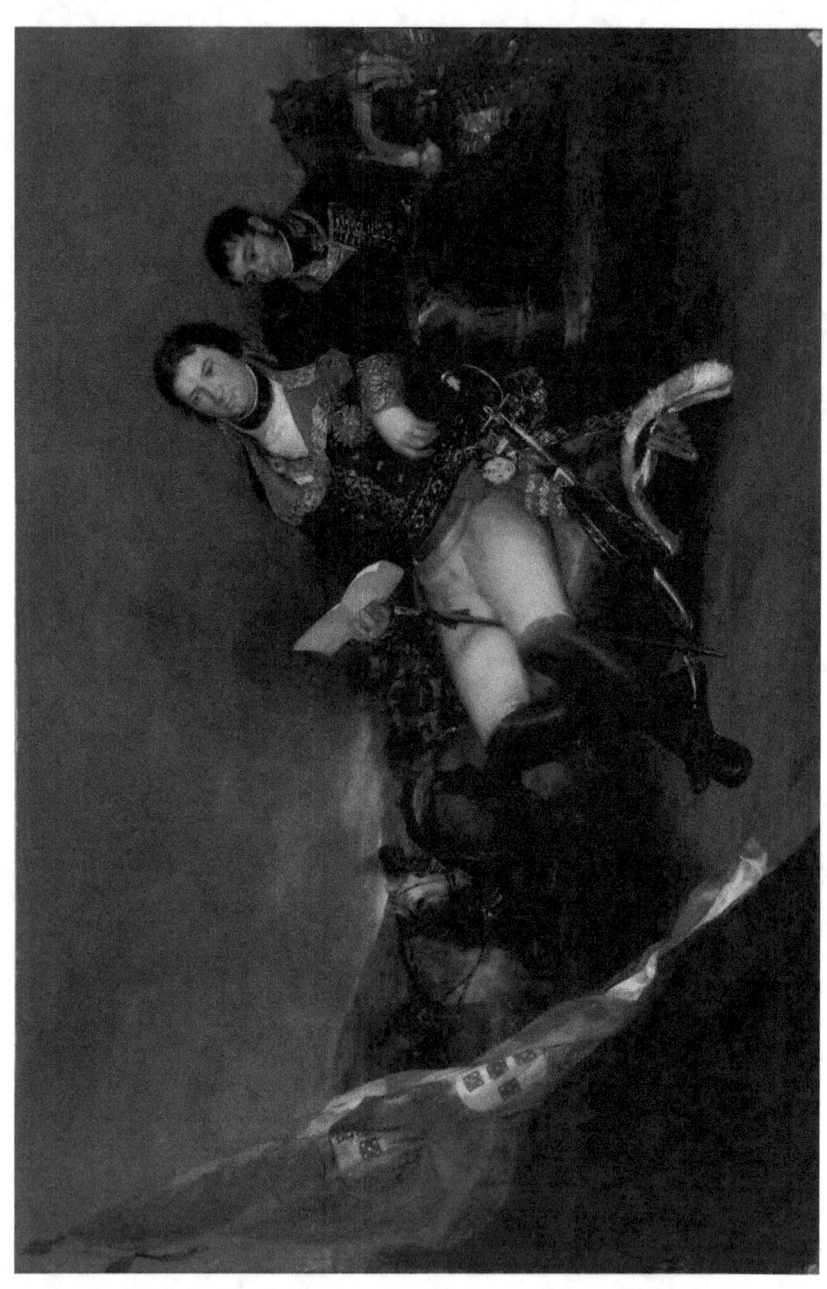

Francisco de Goya, *Godoy como general*

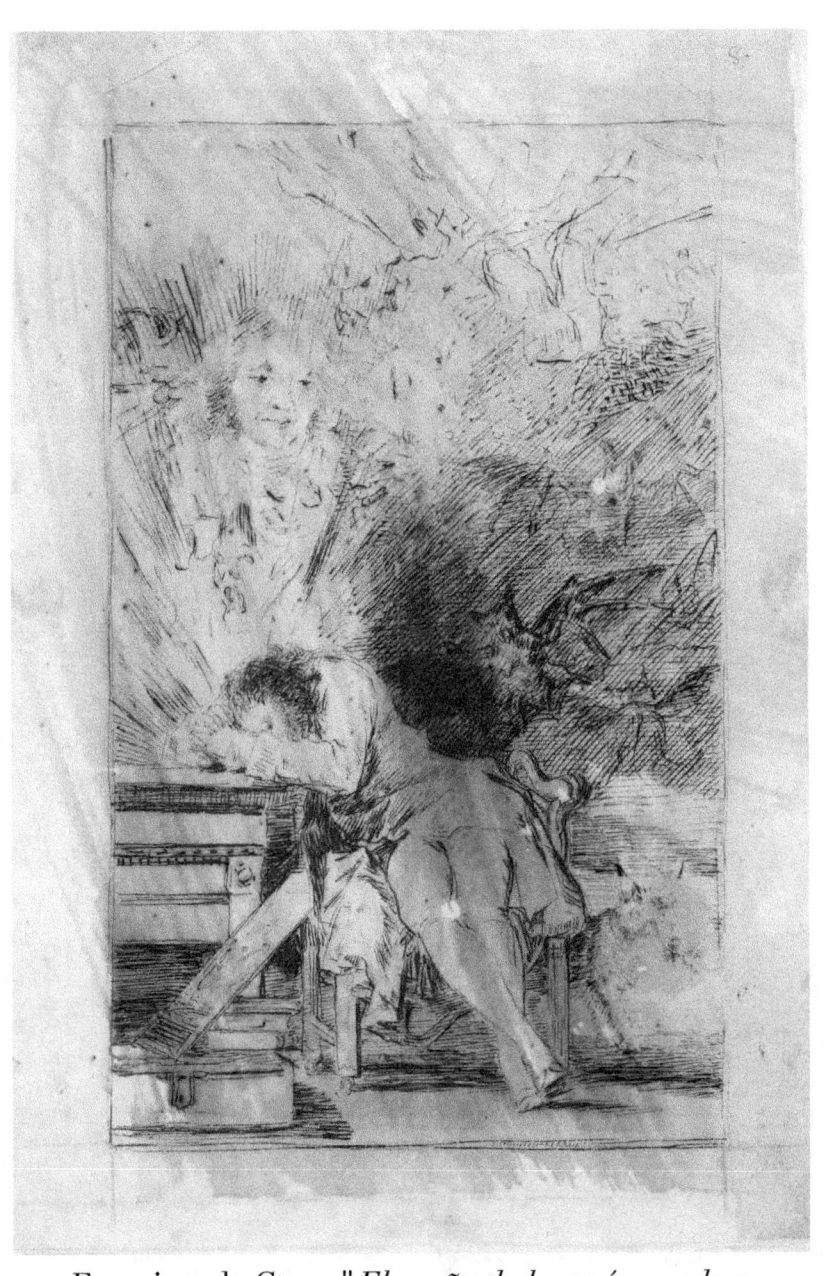

Francisco de Goya, "*El sueño de la razón produce monstruo*", dessin préparatoire, 1796-1797

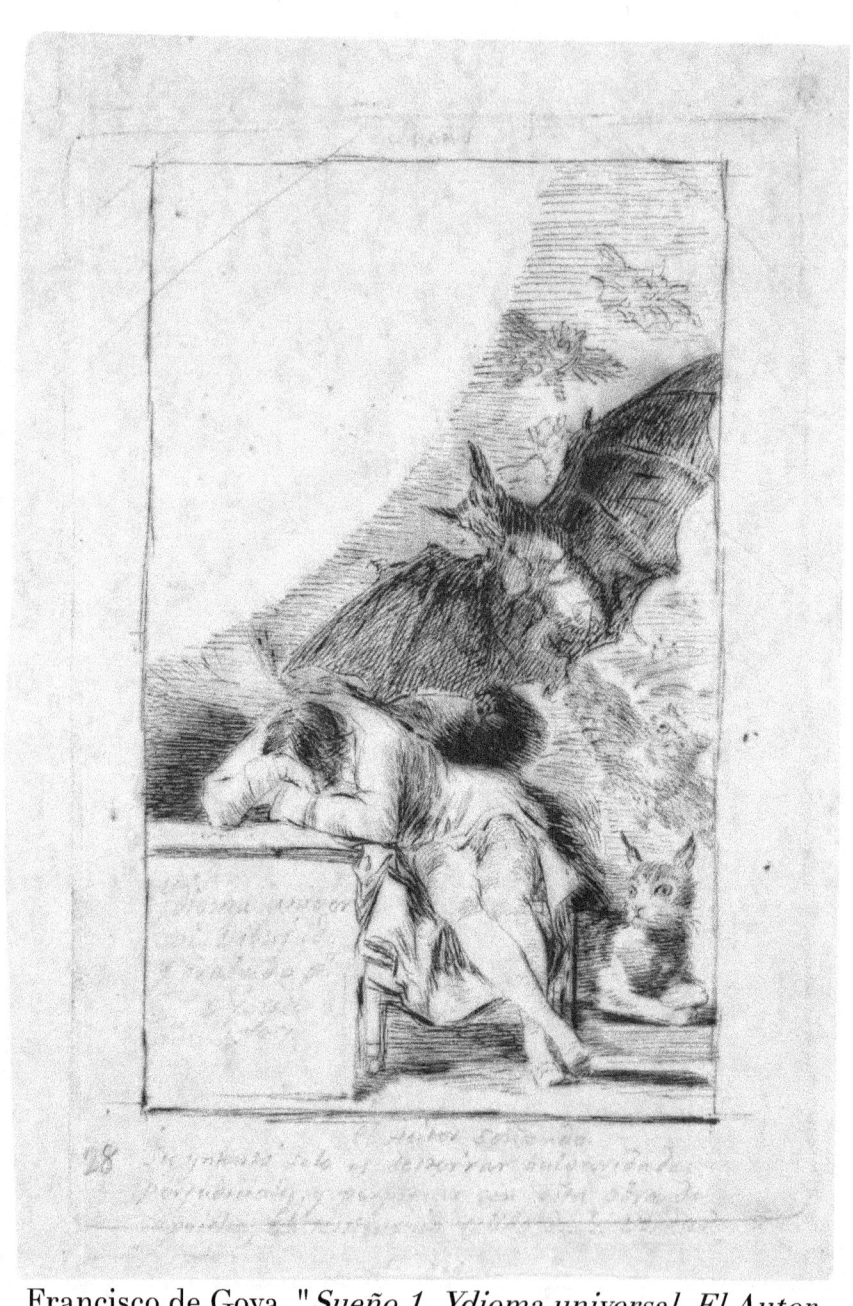

Francisco de Goya, "*Sueño 1. Ydioma universal. El Autor soñando.*", dessin préparatoire, 1797

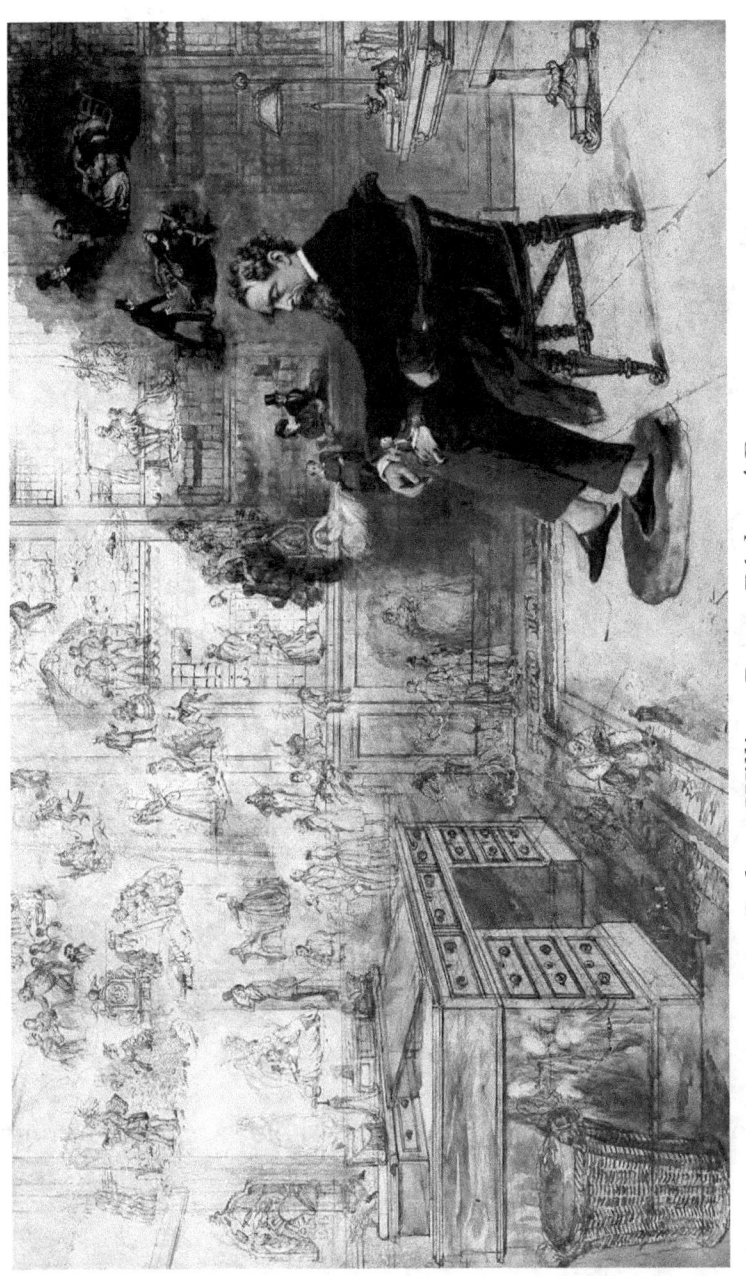

Robert William Buss, *Dickens' Dream*

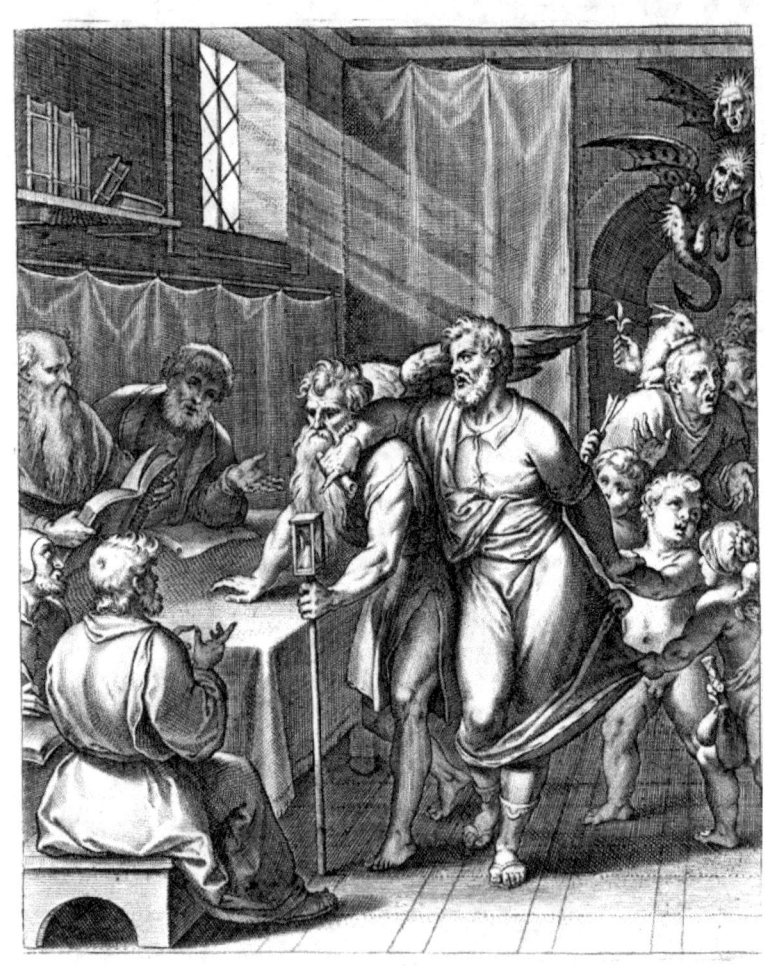

Otto van Veen, "*L'etude de la Vertu eft la fin de l'Homme*"

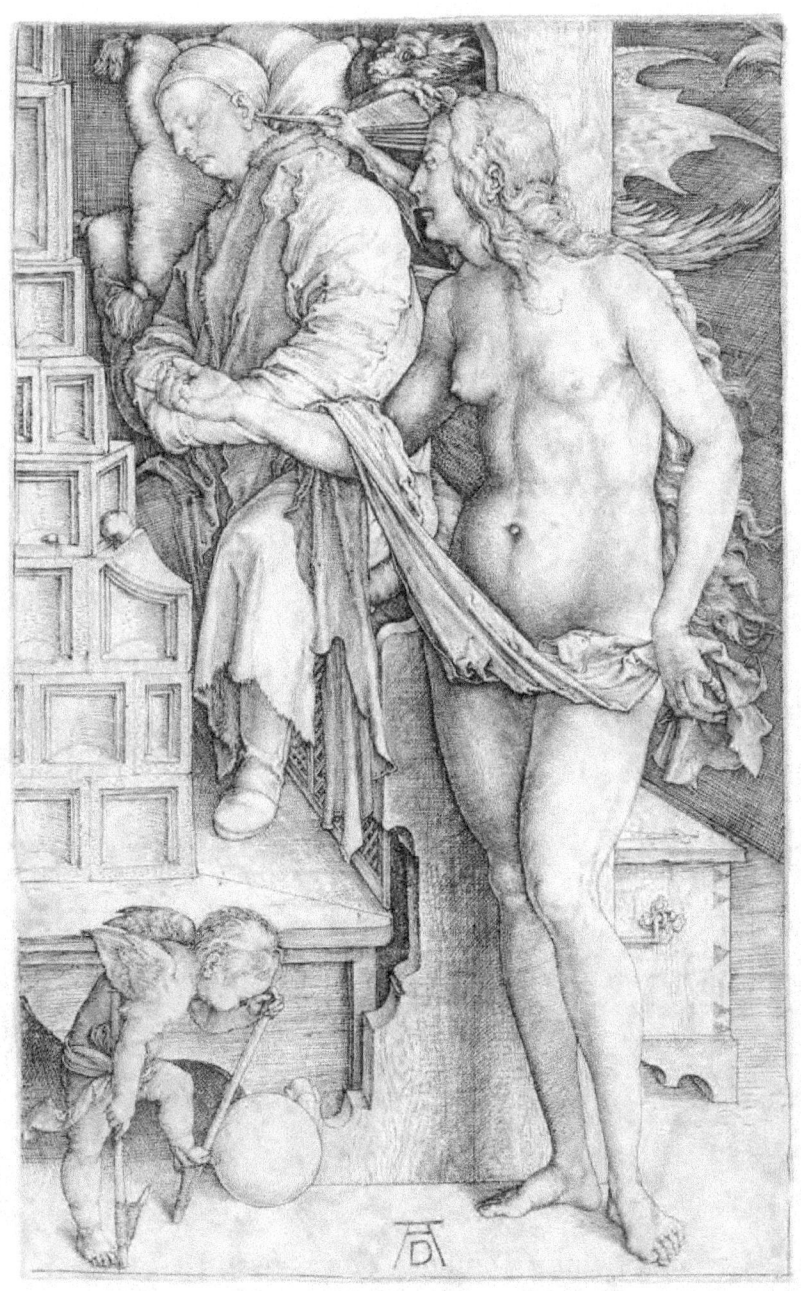

Albrecht Dürer, *Le Songe du Docteur*

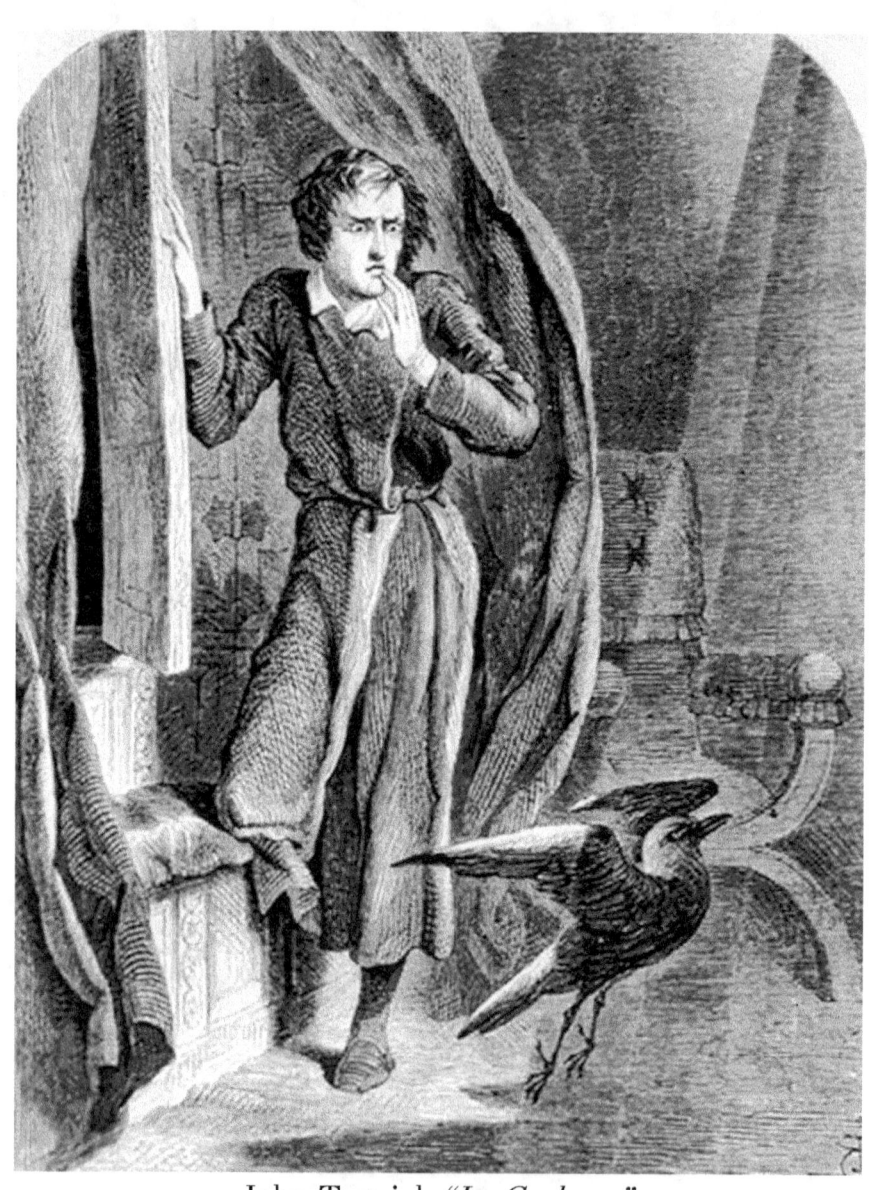

John Tenniel, *"Le Corbeau"*

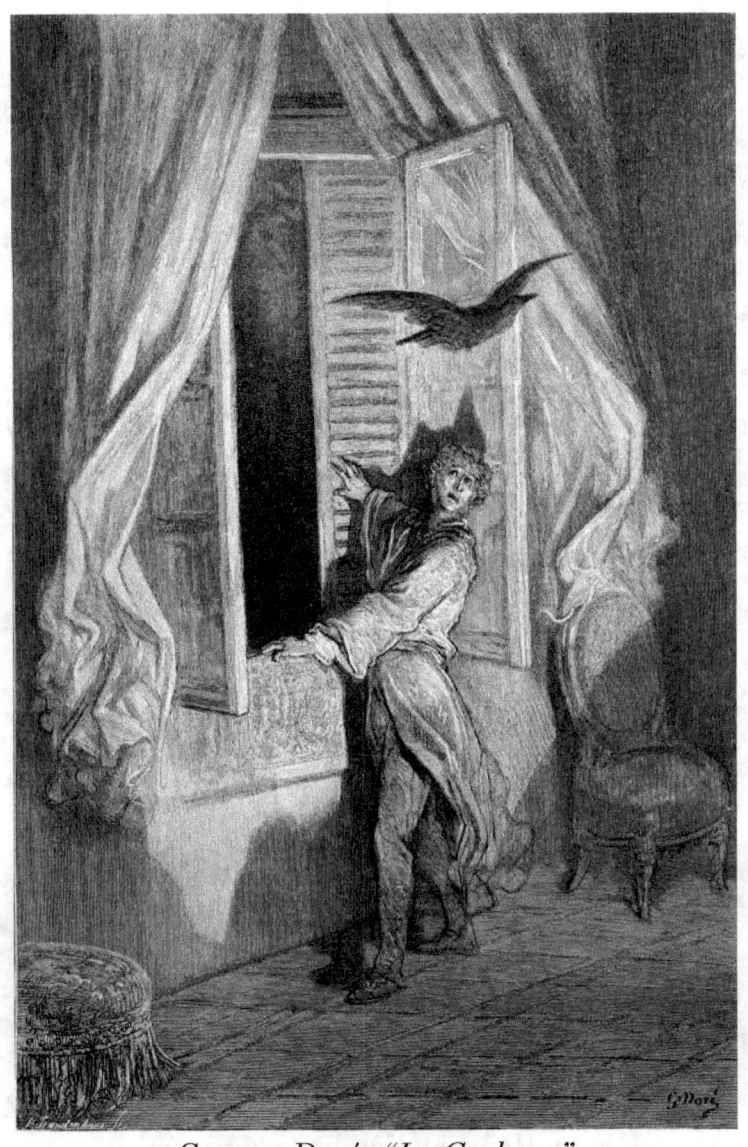

Gustave Doré, *"Le Corbeau"*

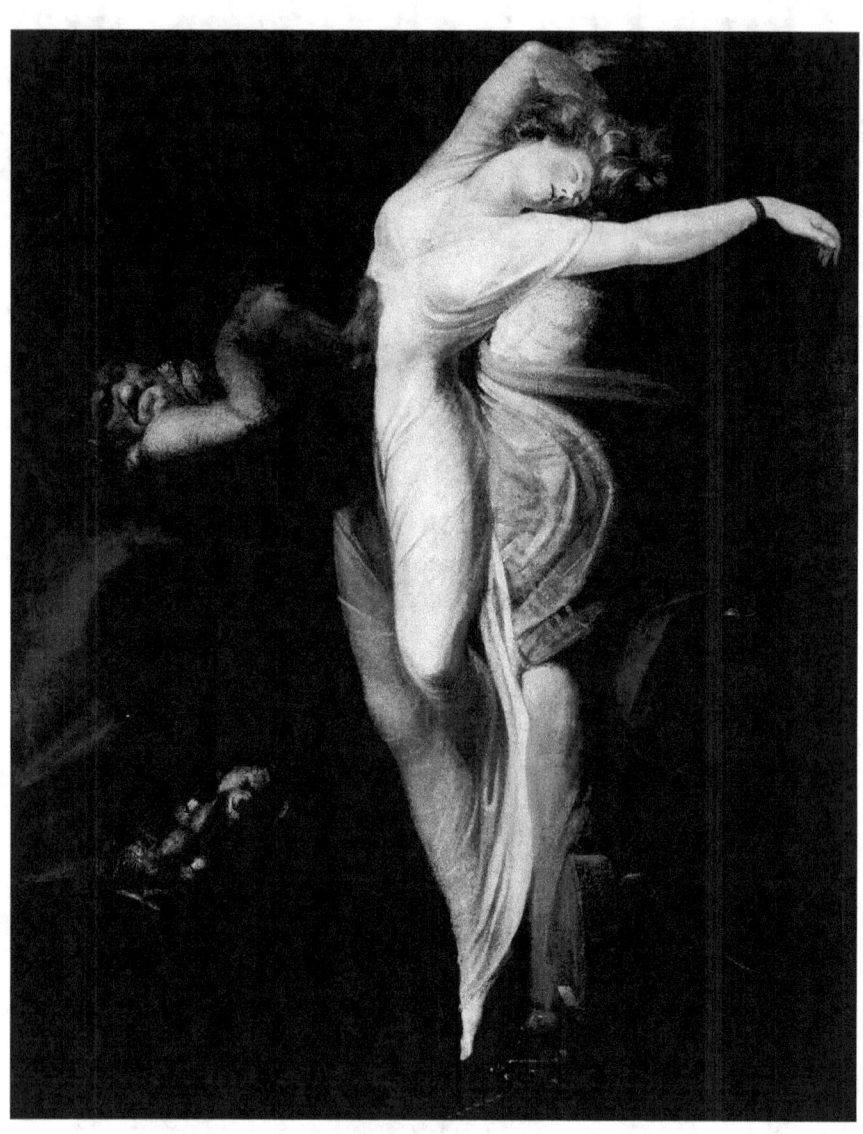
Johann Heinrich Füssli, *Le Cauchemar*

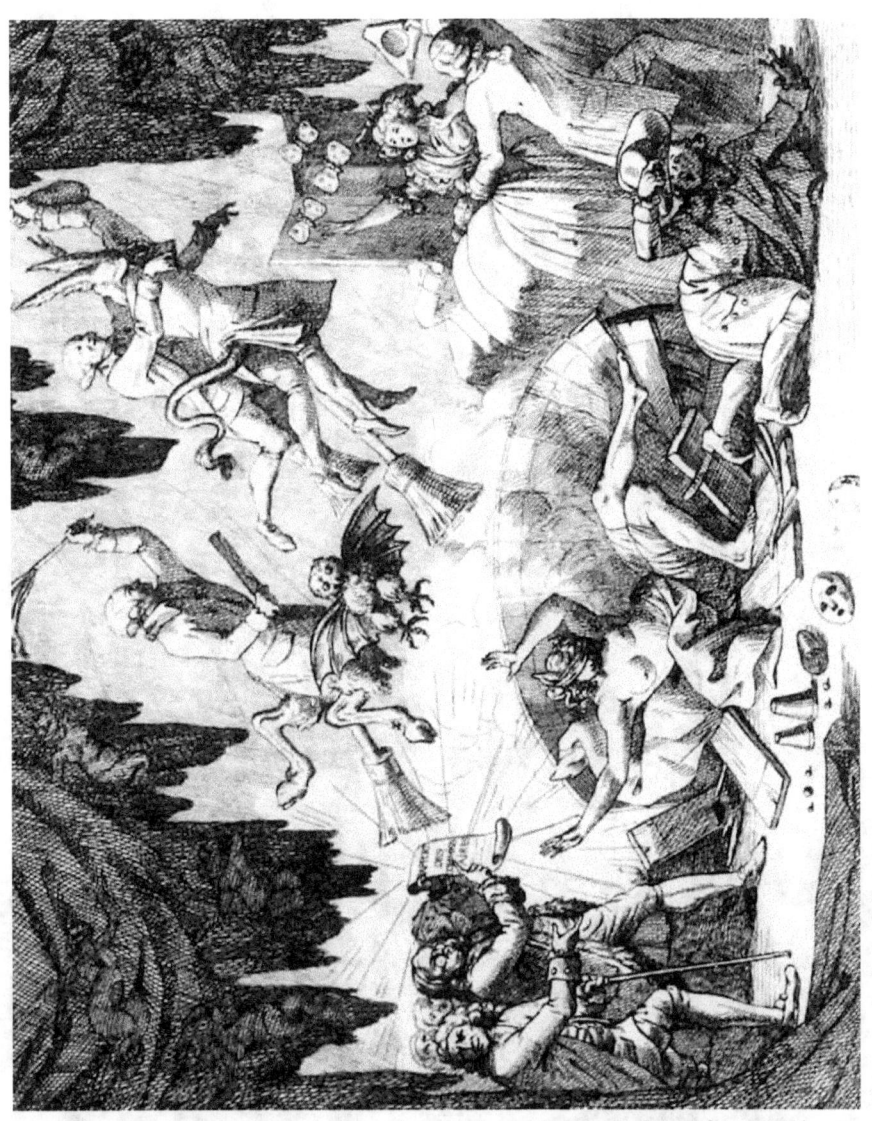

Gravure anonyme française, *Magnétisme dévoilé*, 1784

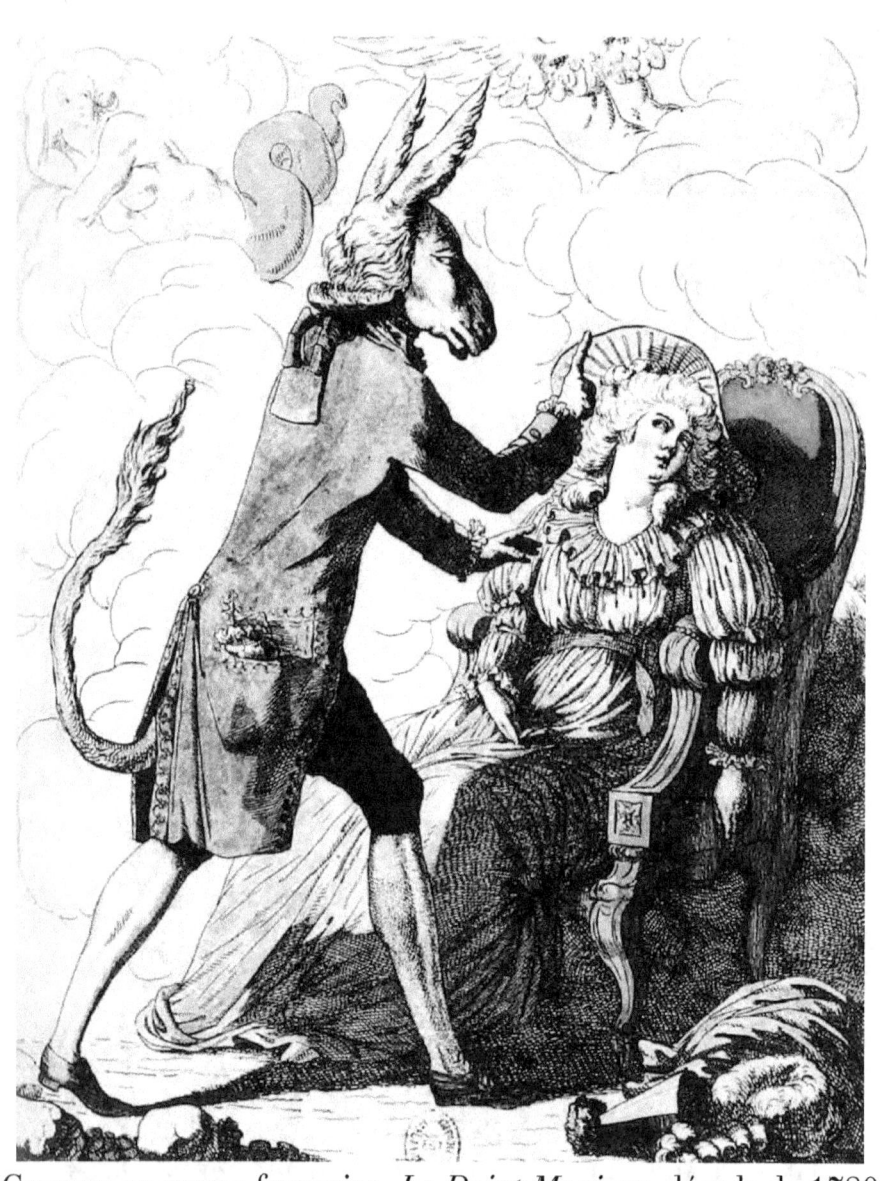

Gravure anonyme française, *Le Doigt Magique*, décade de 1780

Goya
Caprichos

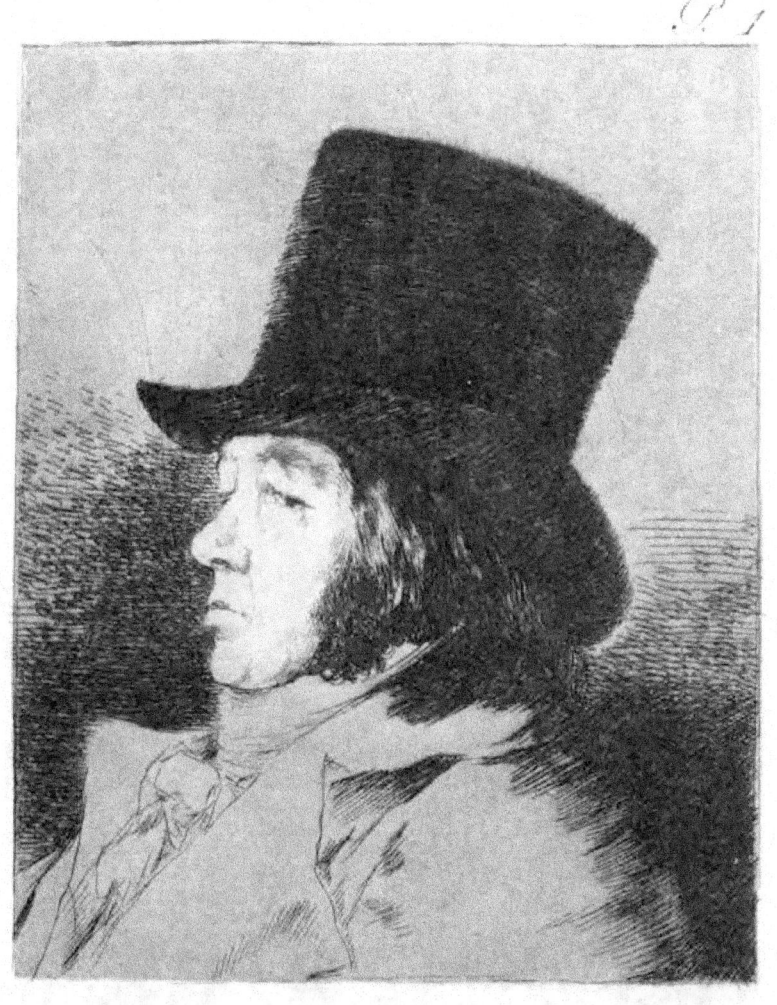

*Fran.co Goya y Lucientes,
Pintor*

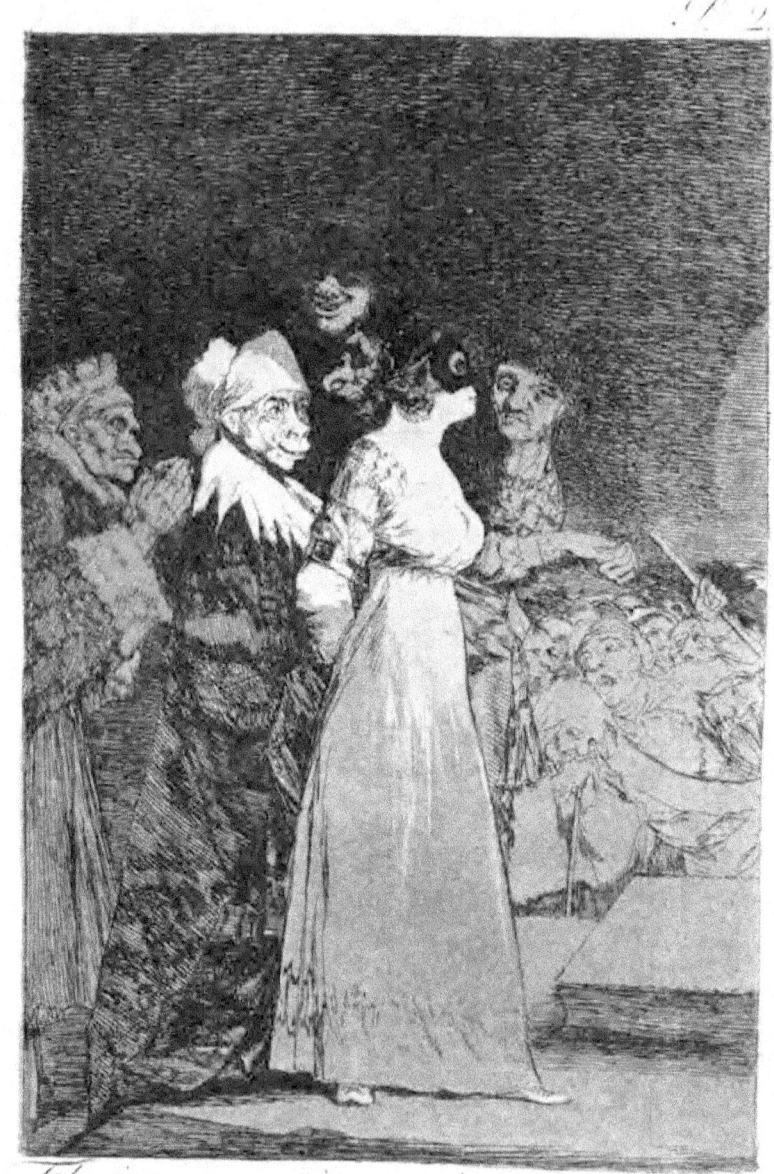

El si pronuncian y la mano alargan al primero que llega

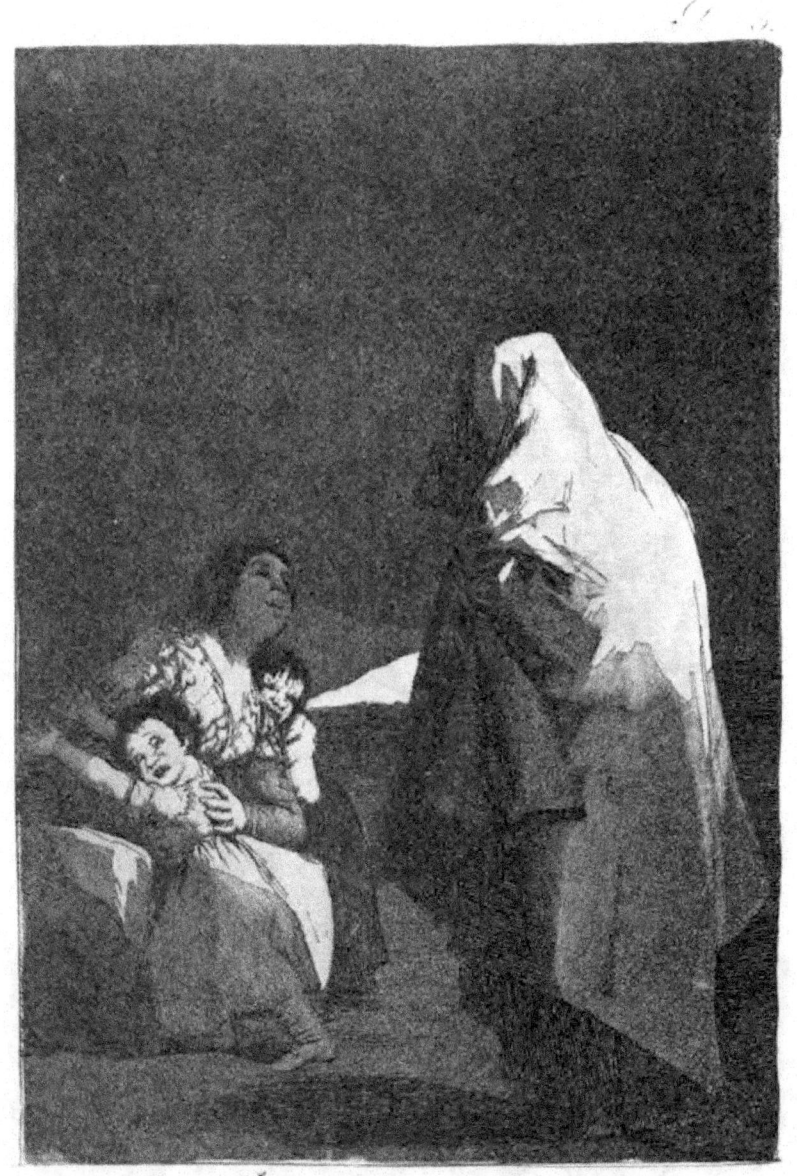

Que viene el Coco.

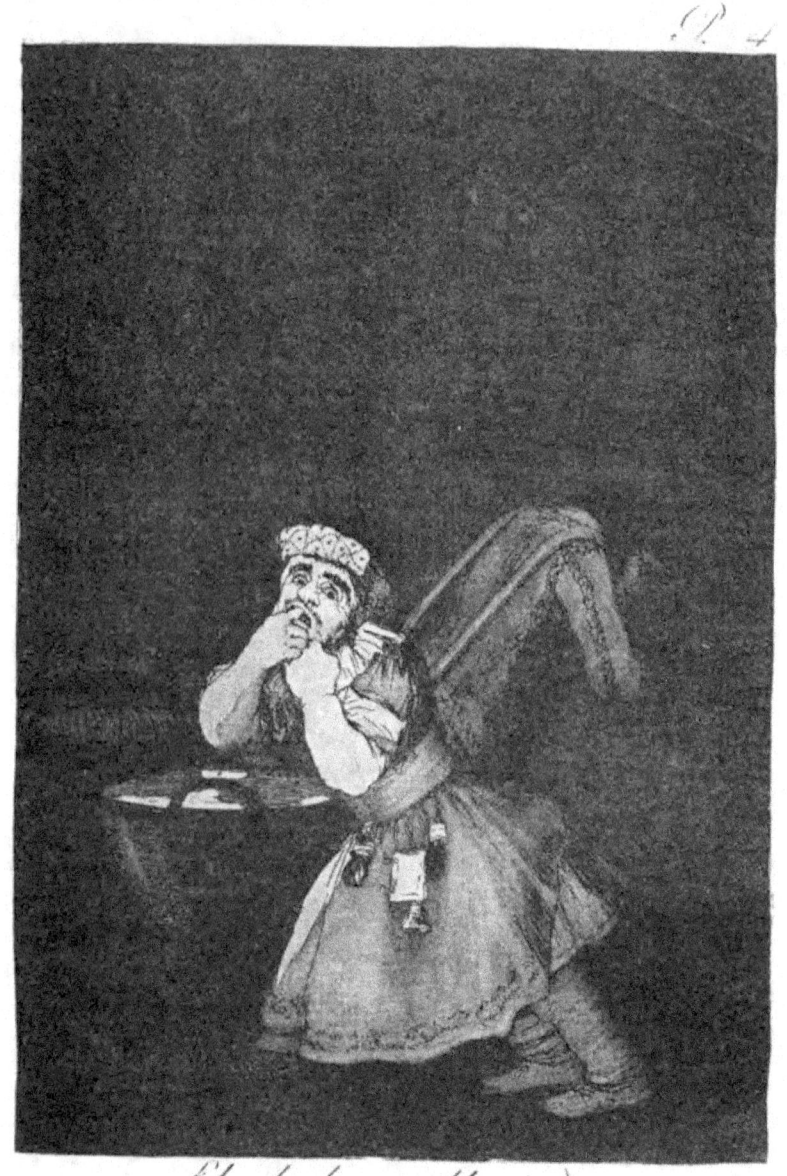

El de la rollona.

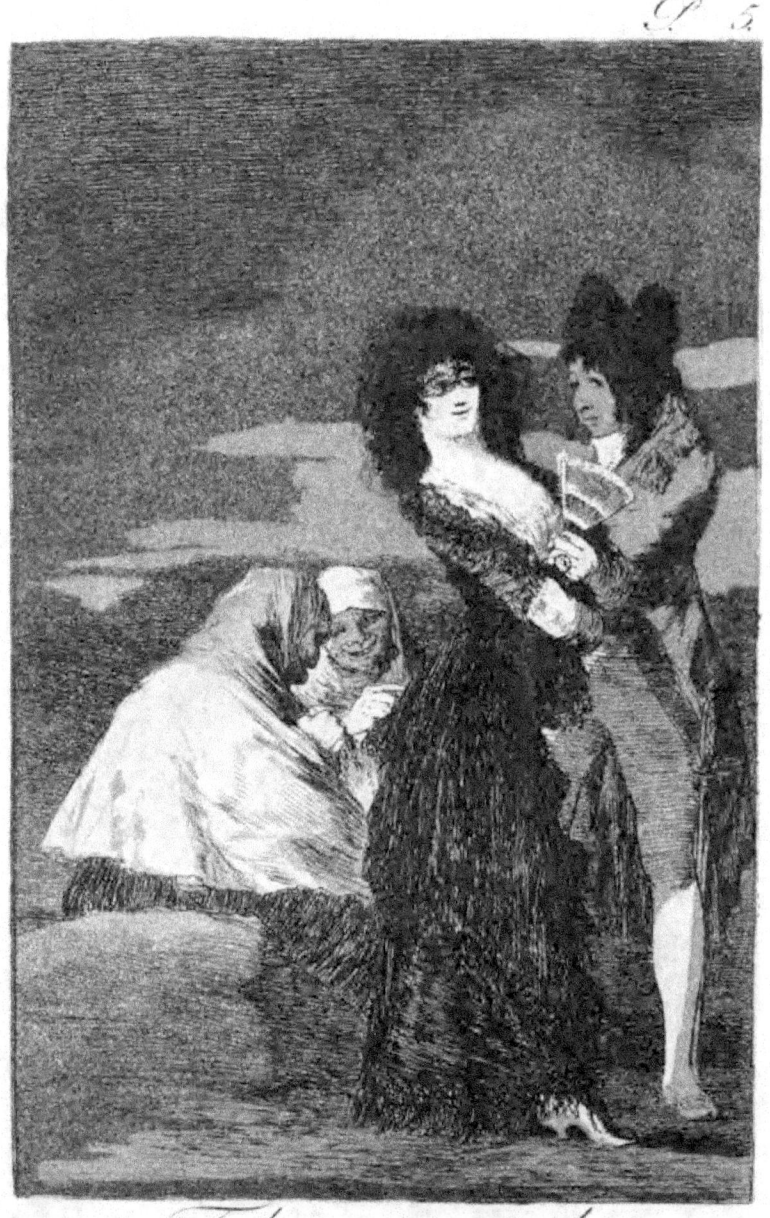

Tal para qual.

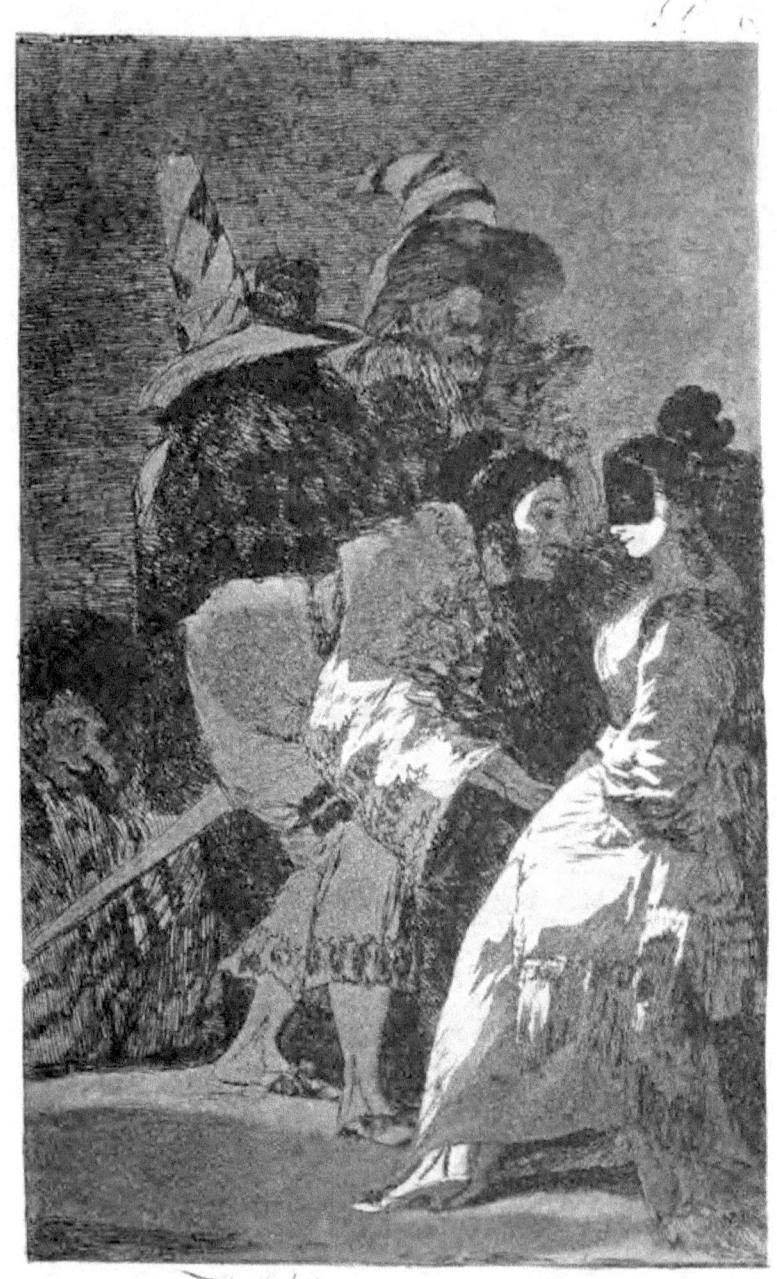

Nadie se conoce.

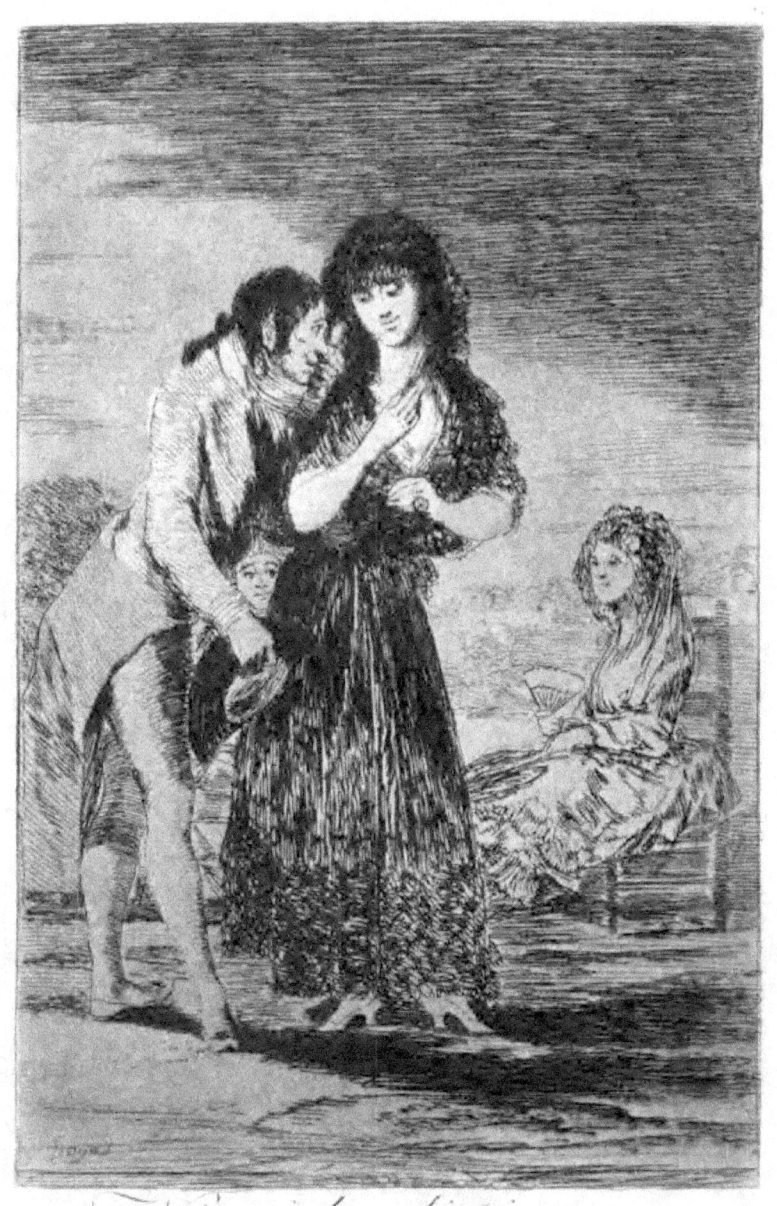

Ni asi la distingue.

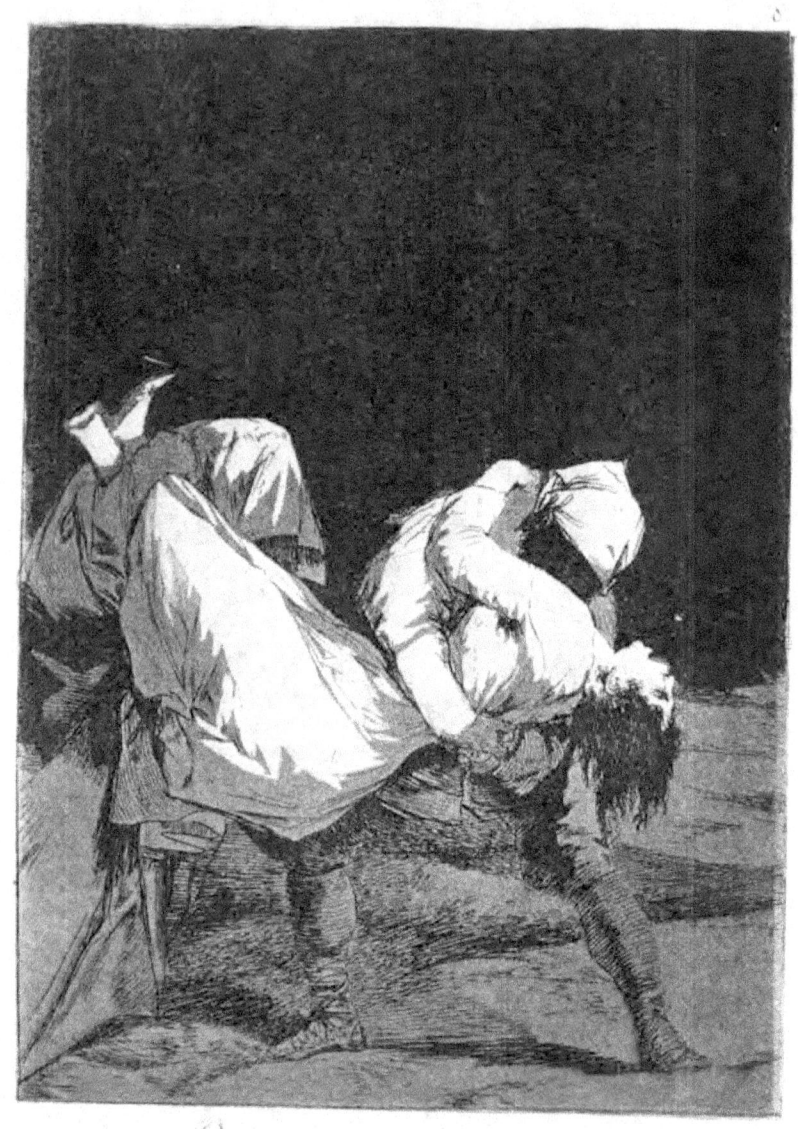

Que se la llevaron!

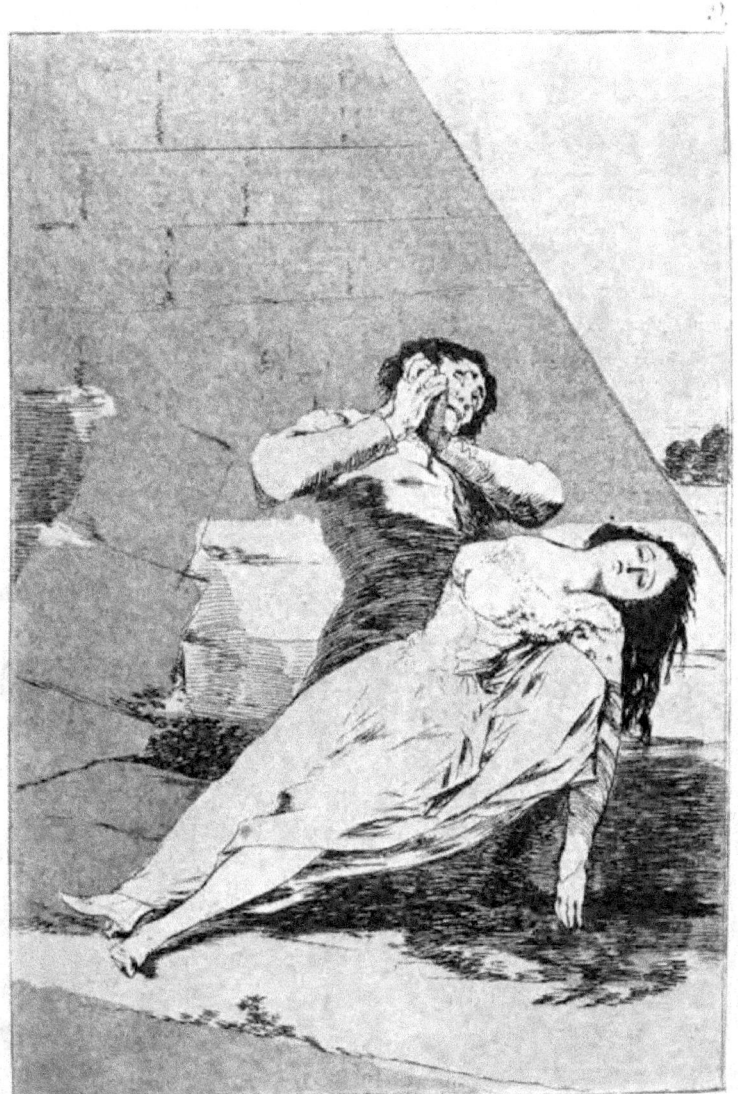
Tantalo.

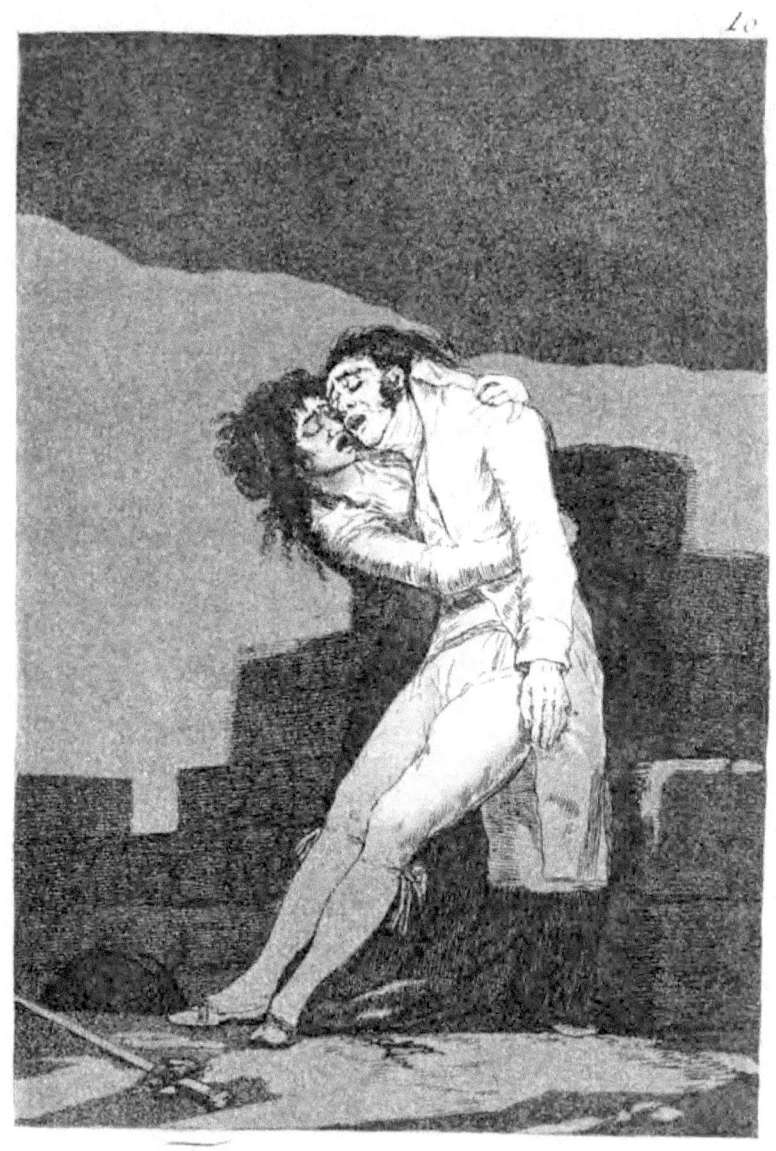

El amor y la muerte

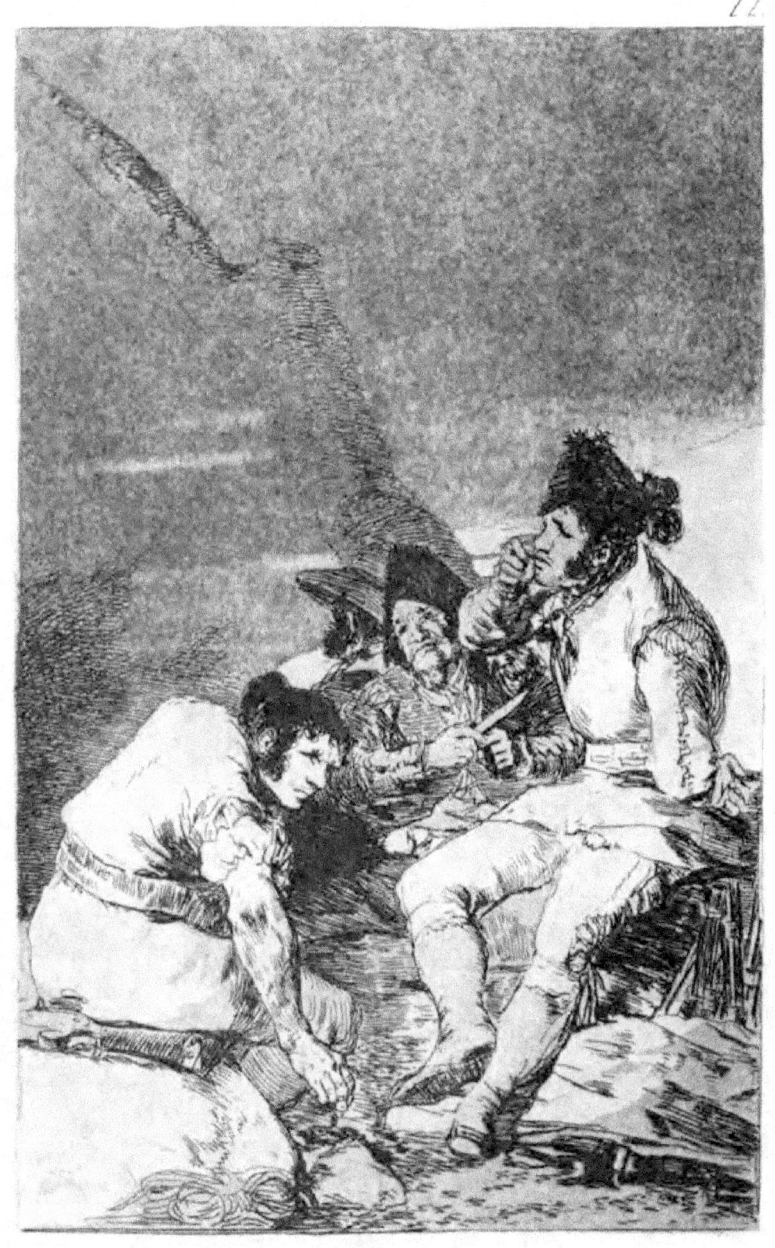

Muchachos al avio.

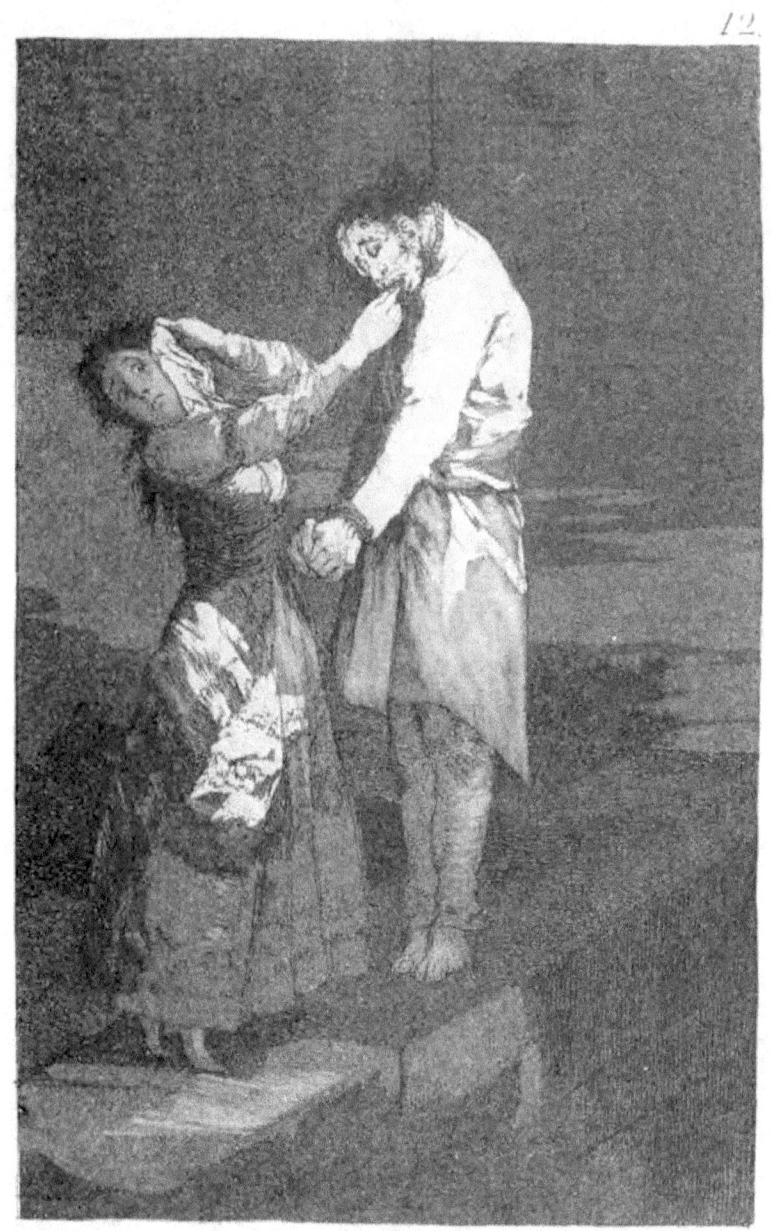

A caza de dientes.

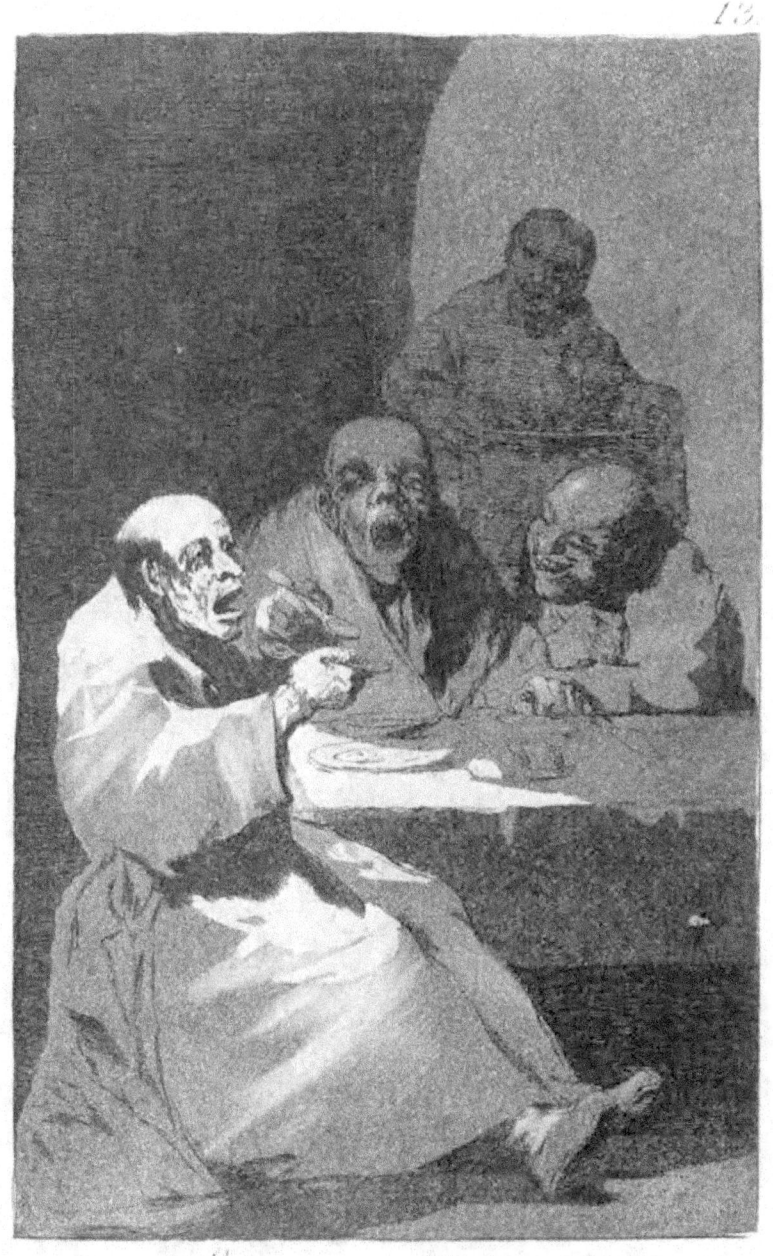

Estan calientes.

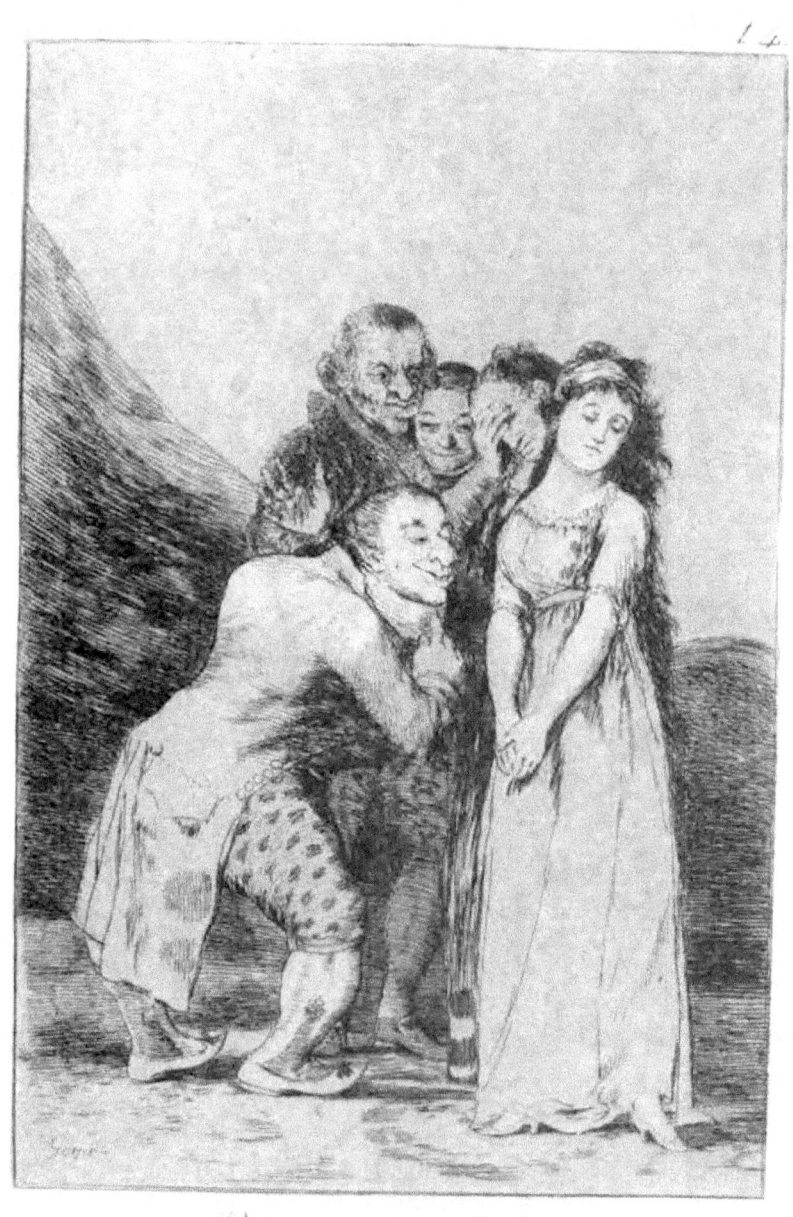

Que sacrificio!

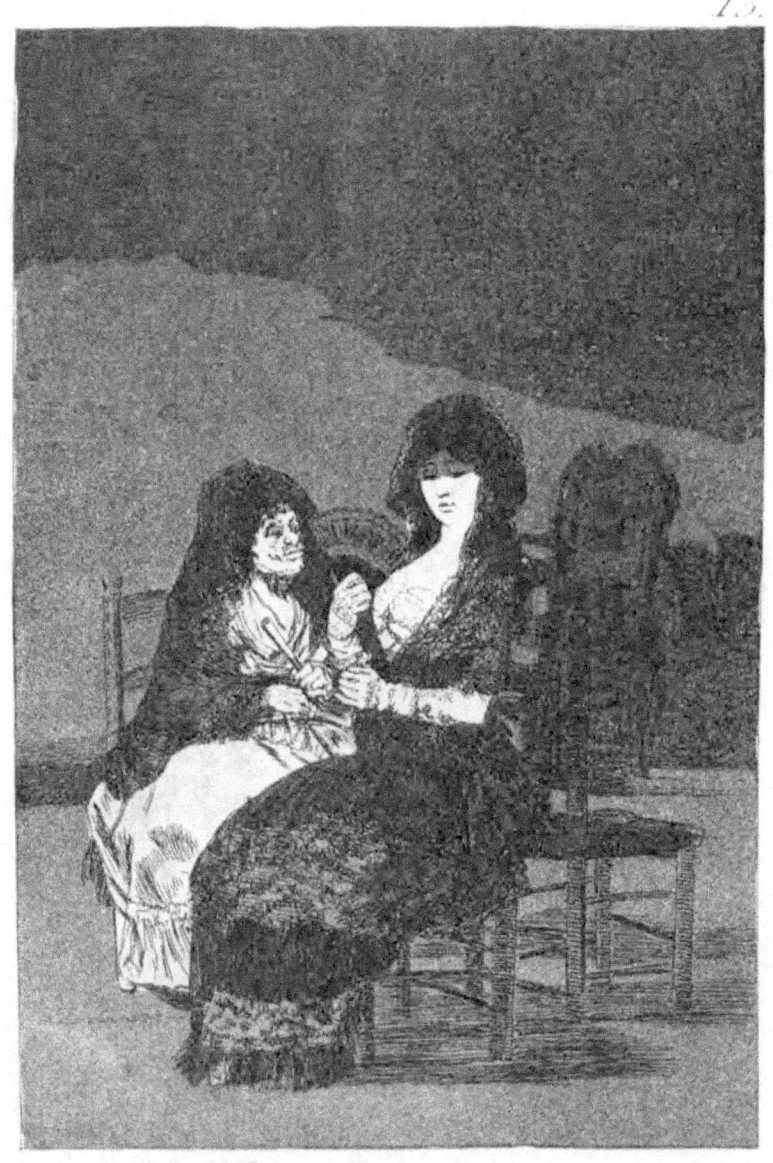

Bellas consejos

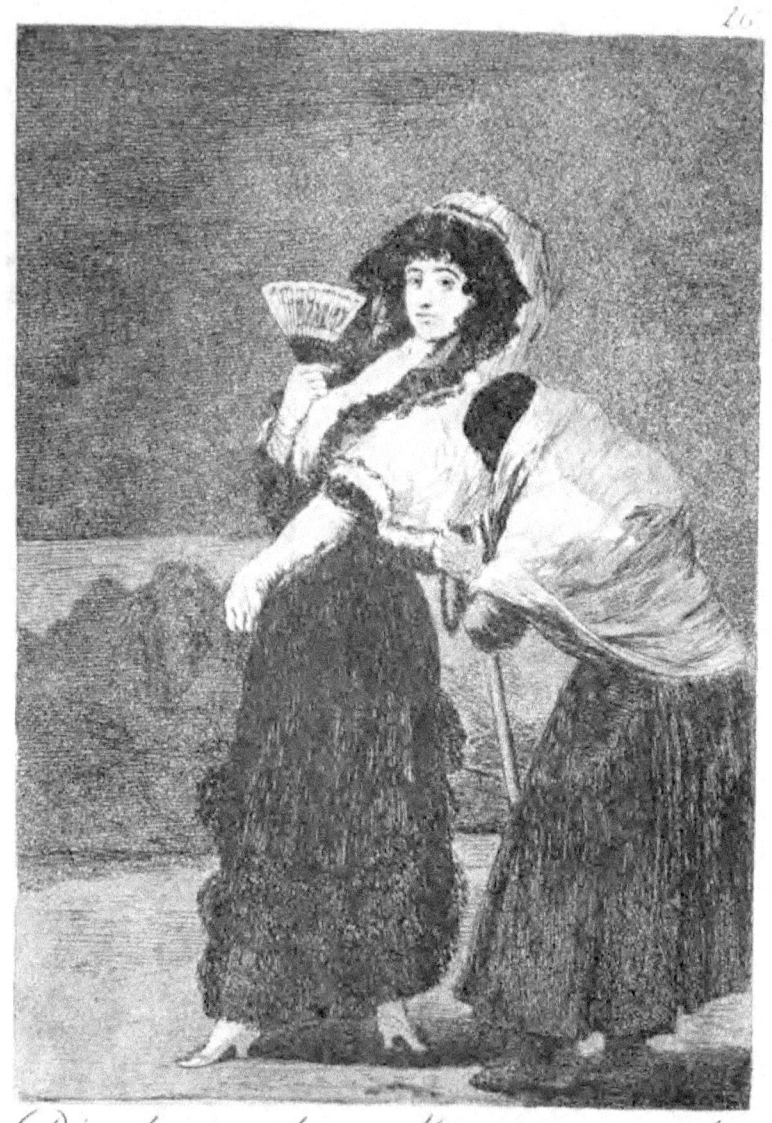

Dios la perdone: Y era su madre.

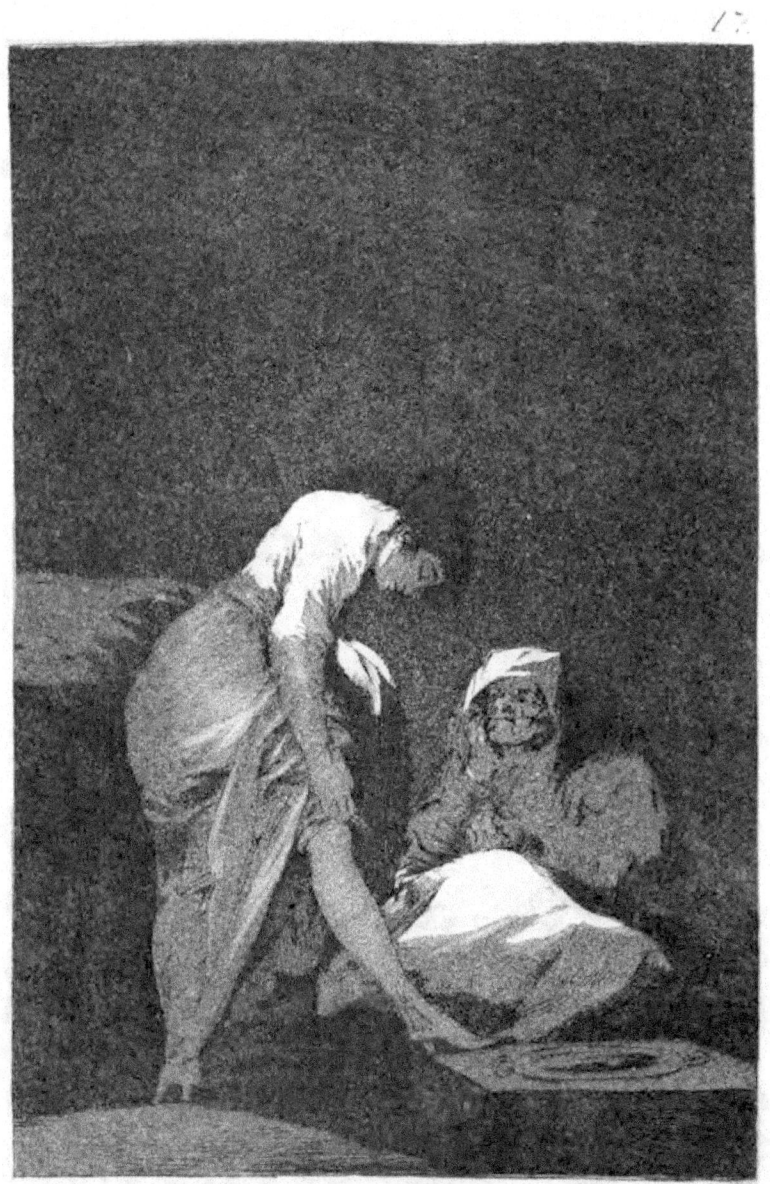

Bien tirada está.

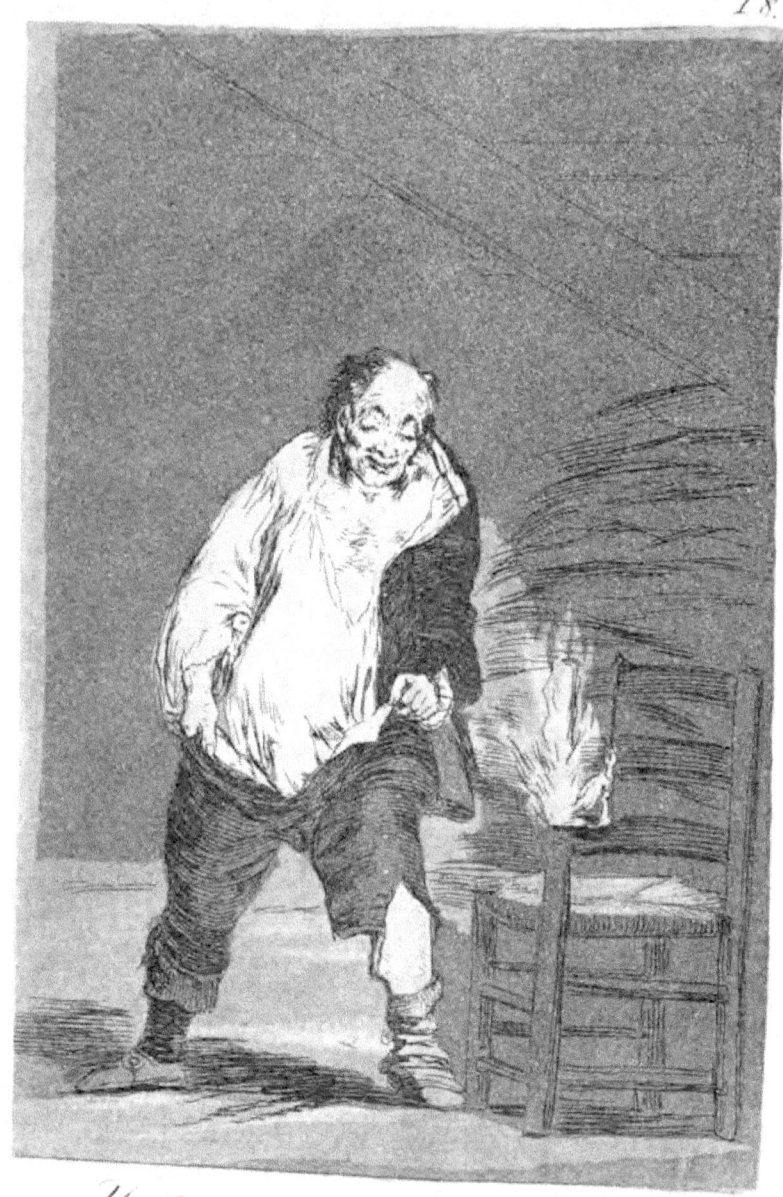

Ysele quema la Casa.

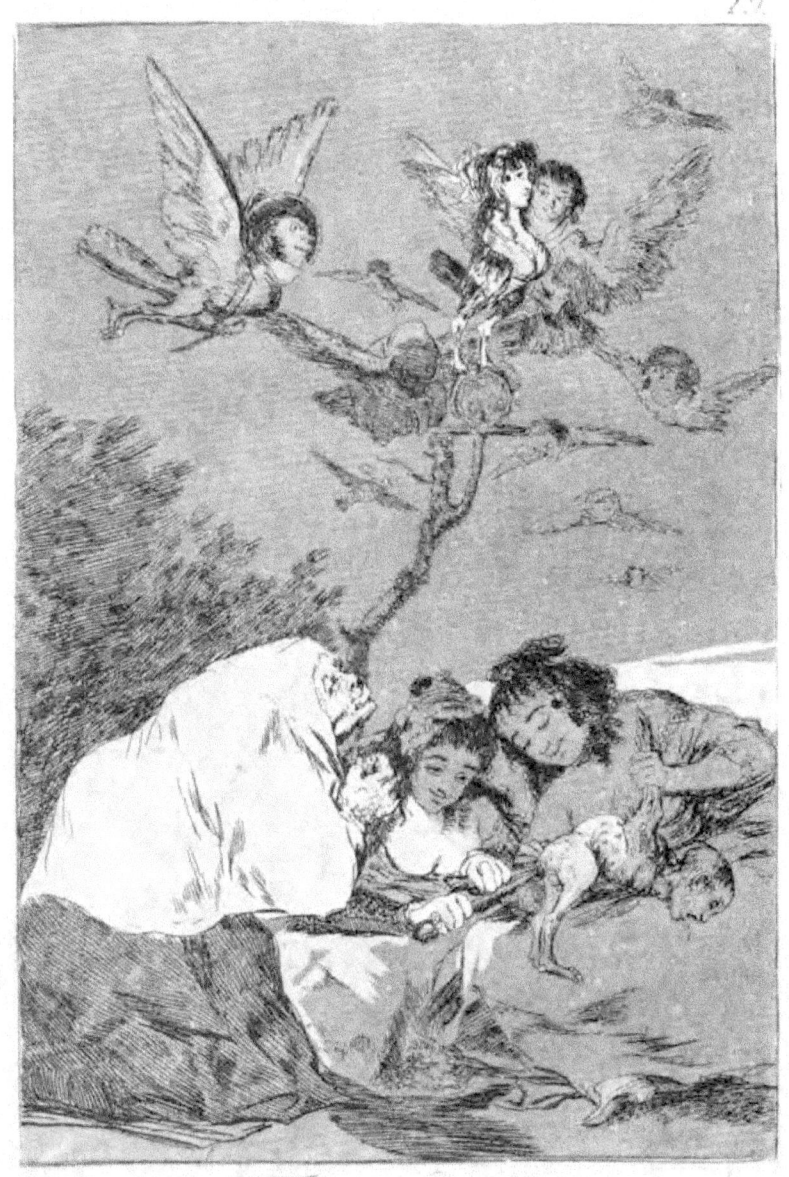

Todas Caerán.

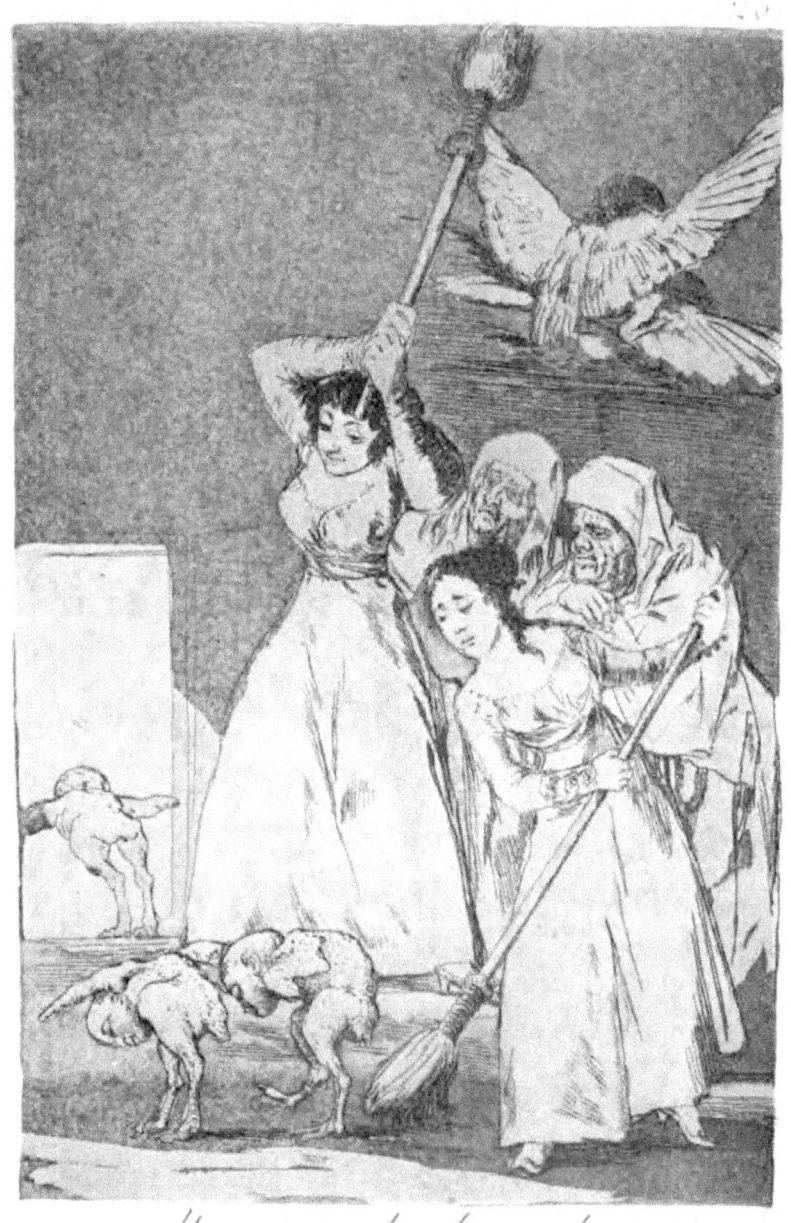

Ya van desplumados

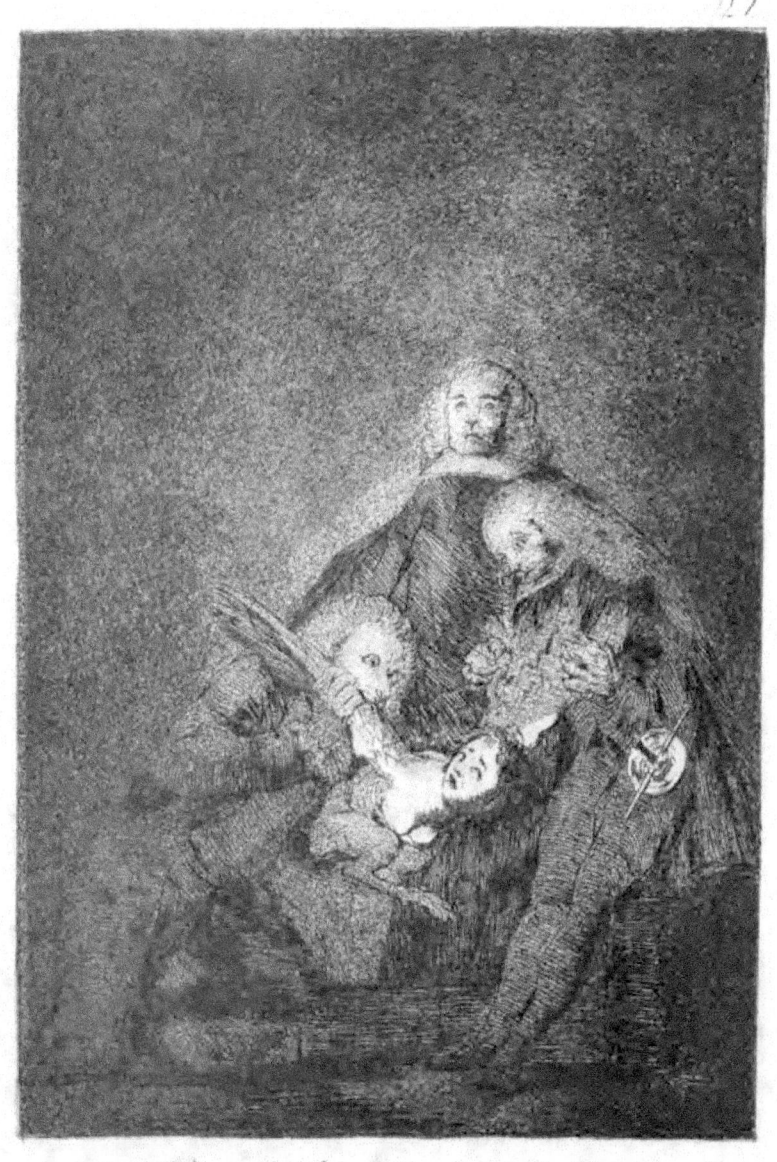

¡Qual la descañonan!

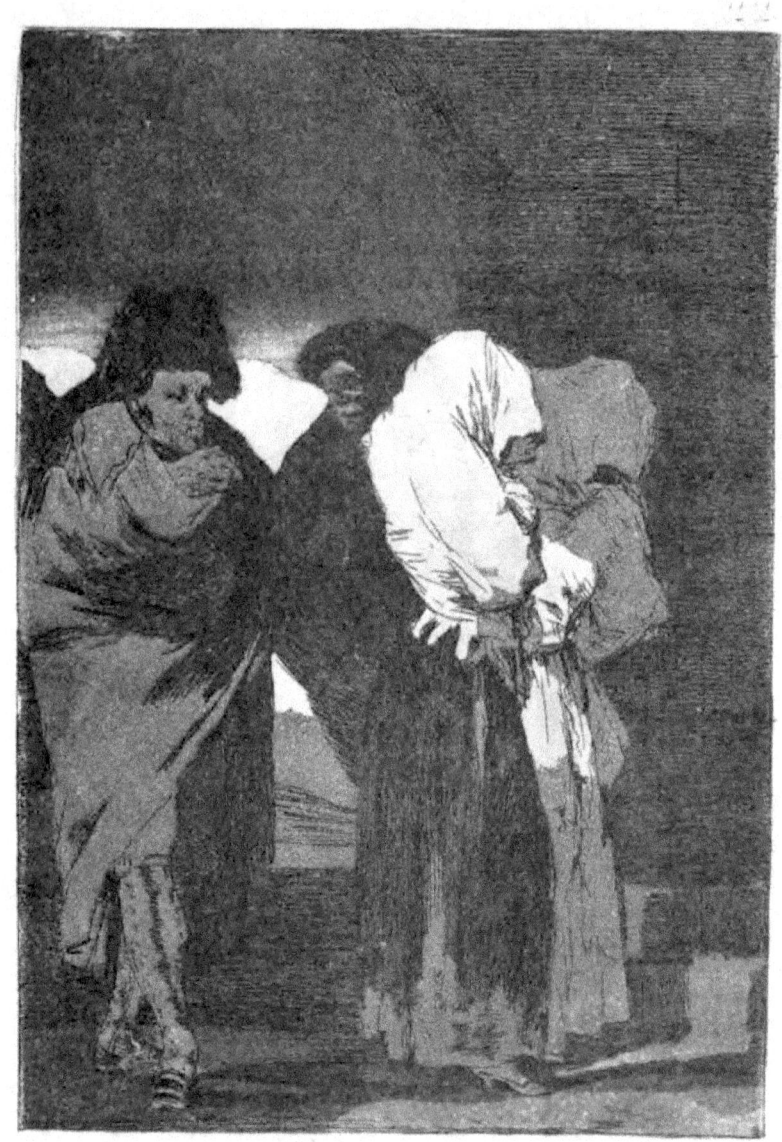

Pobrecitas.

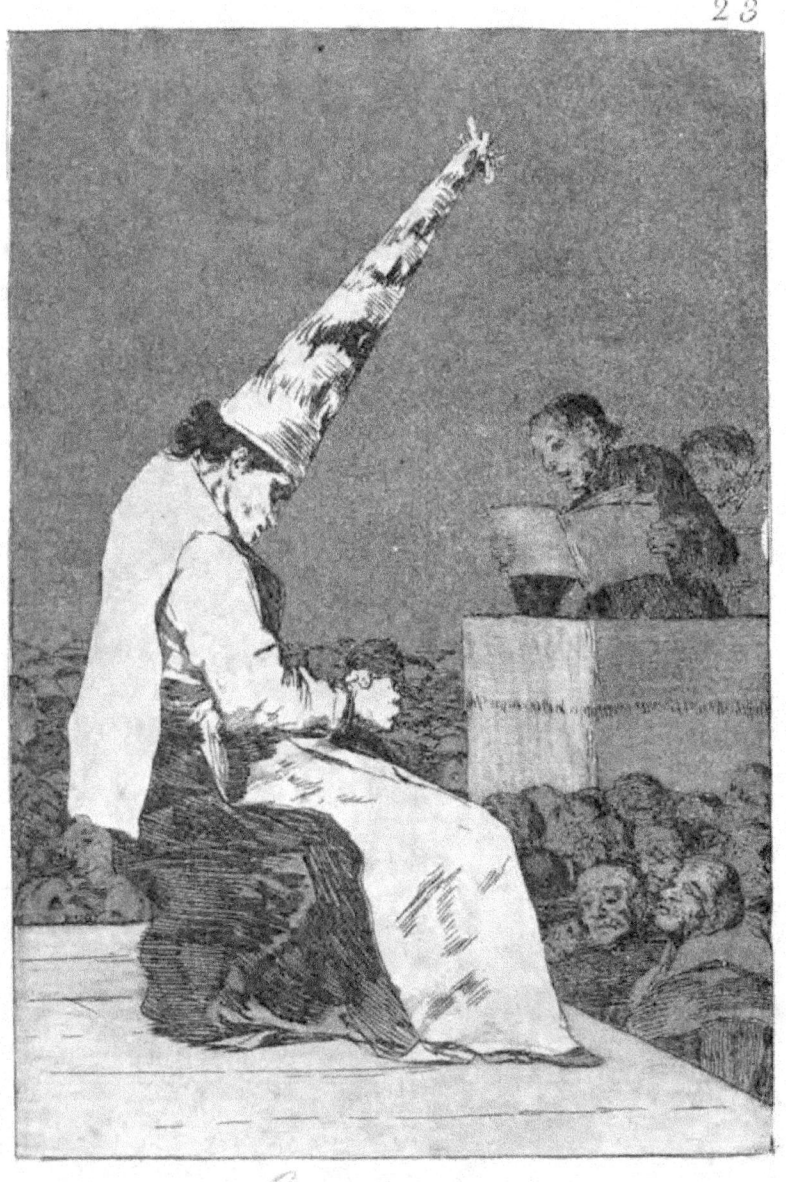

Aquellos polbos.

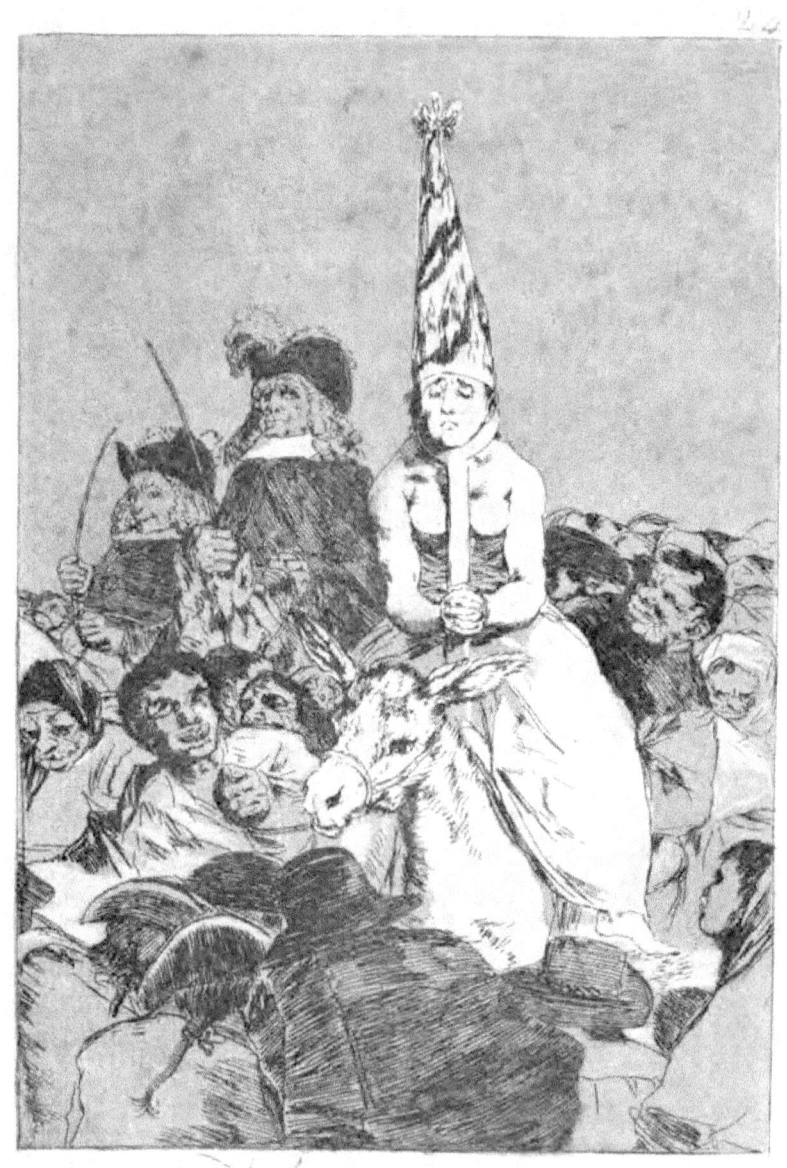

Nohubo remedio.

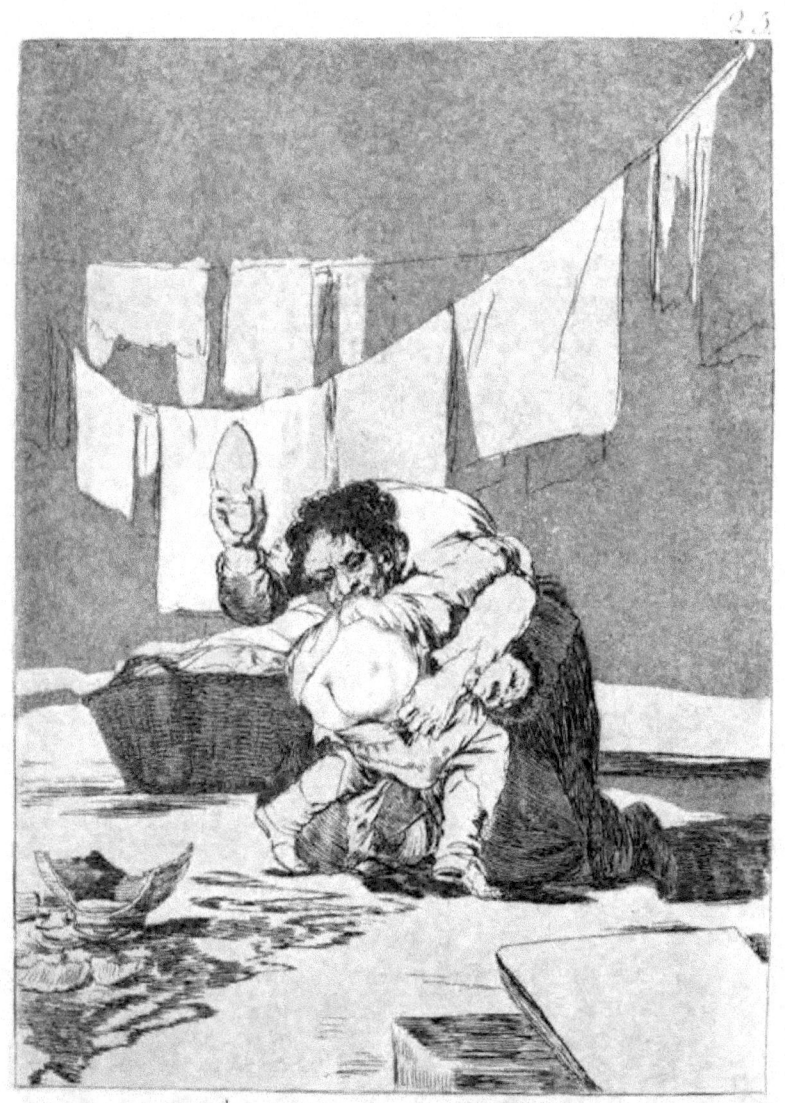

Si quebró el Cantaro.

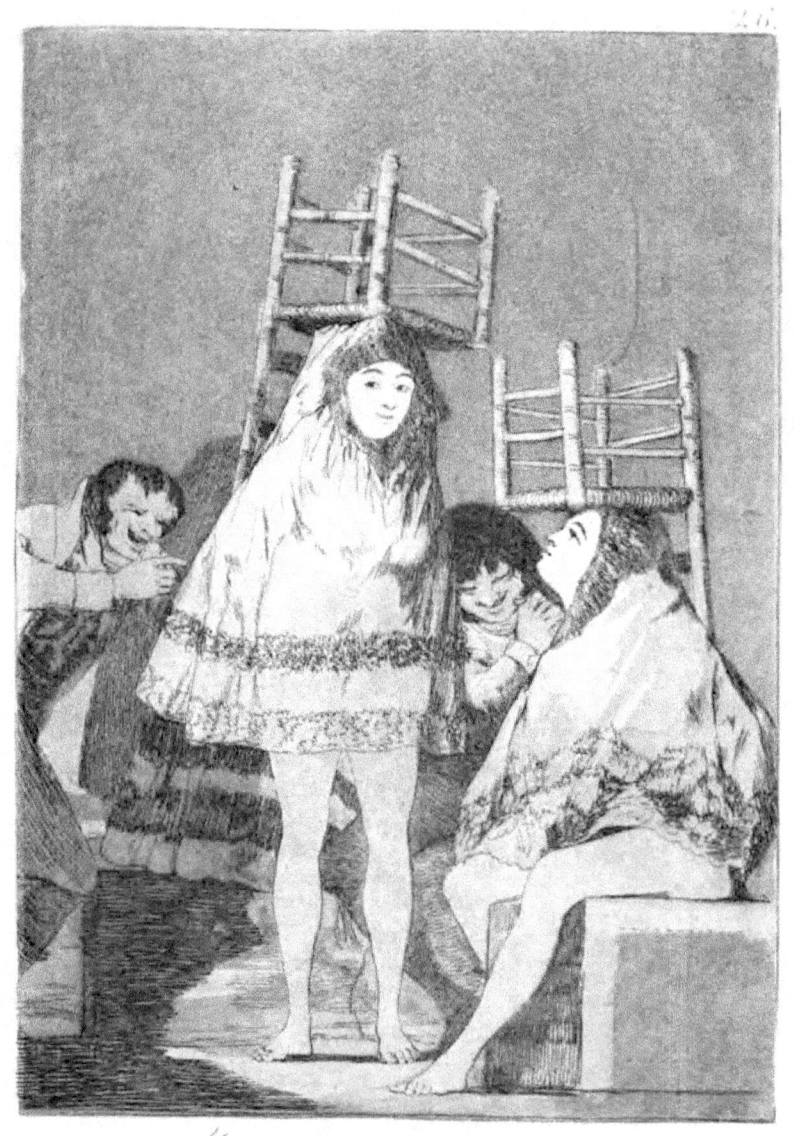

Quien mas rendido?

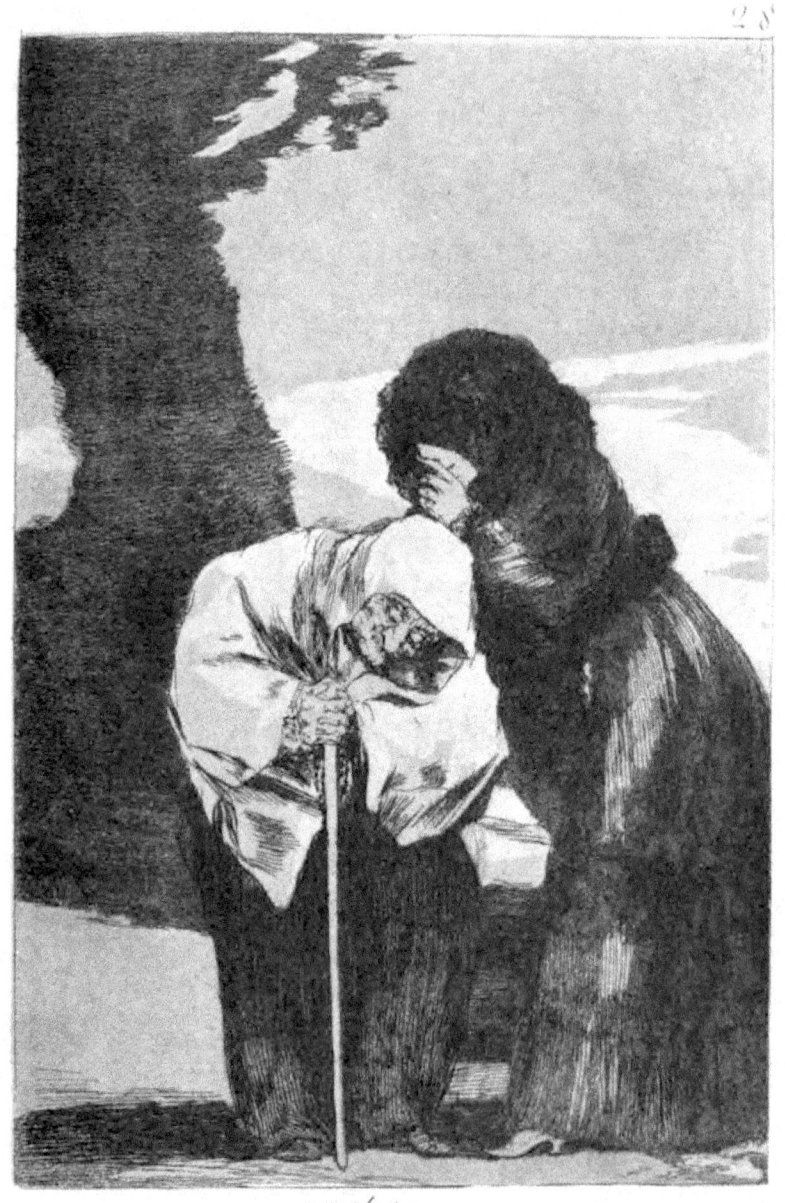

Chiton

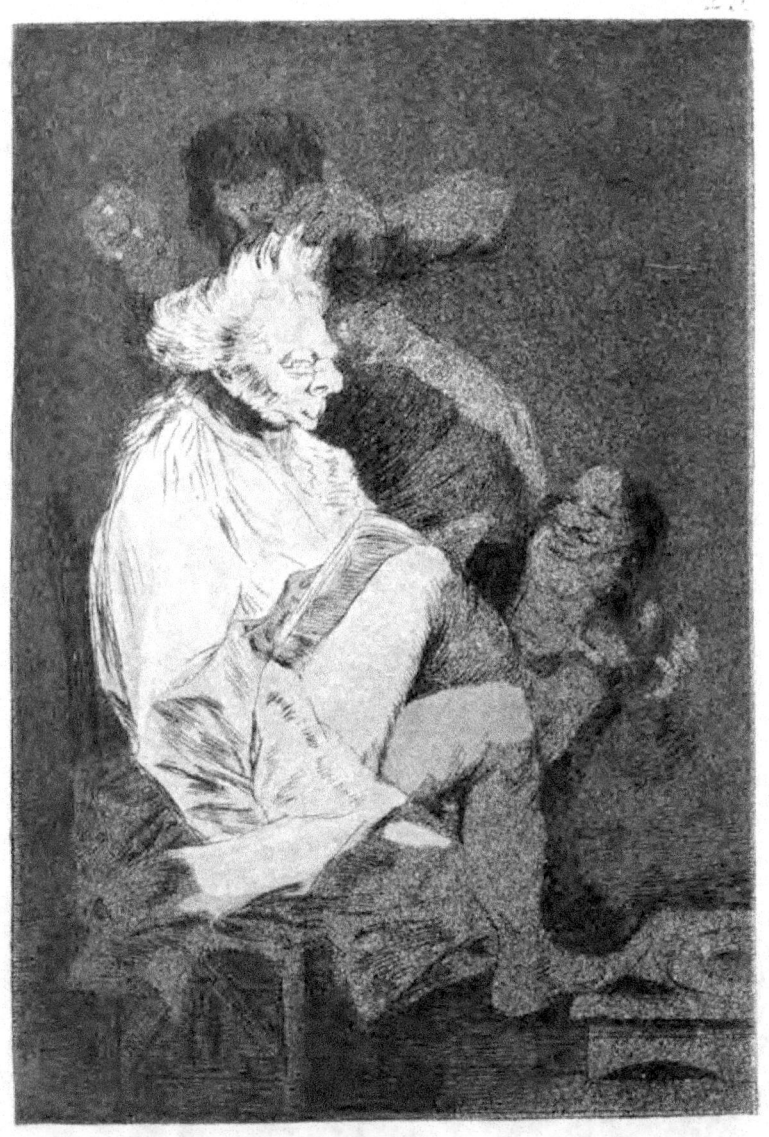

Esto si que es leer.

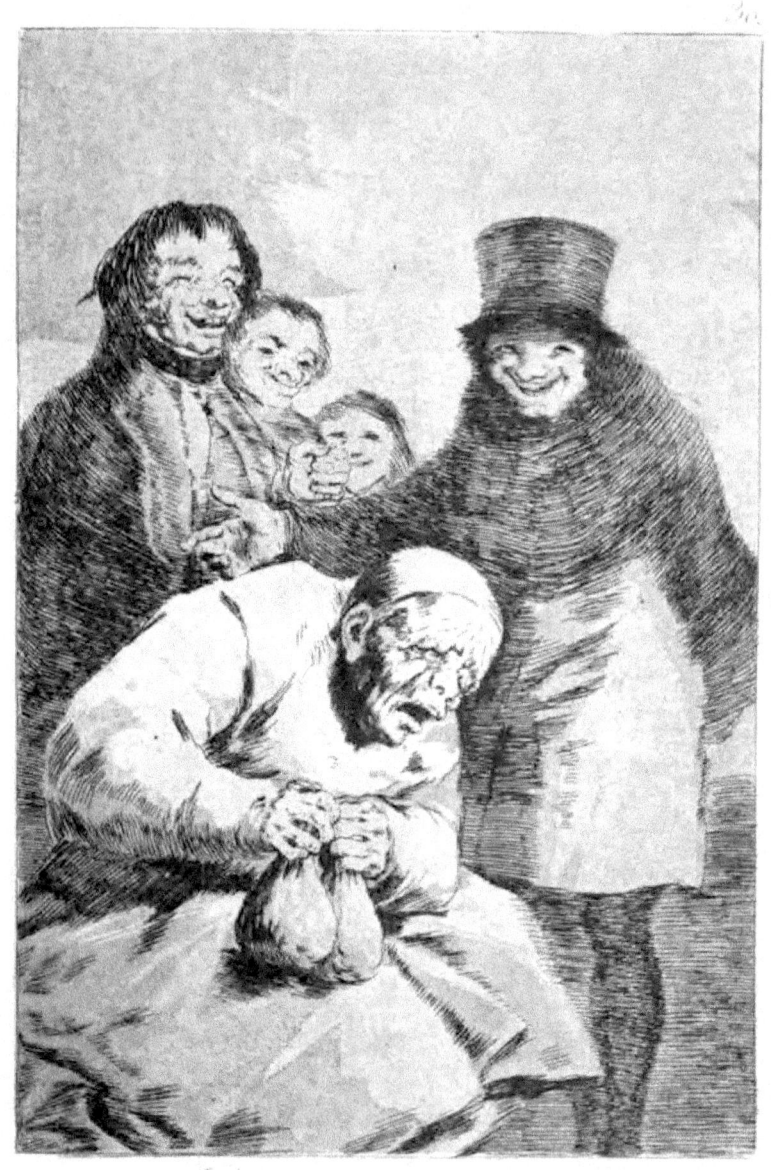

¿Porque esconderlas?

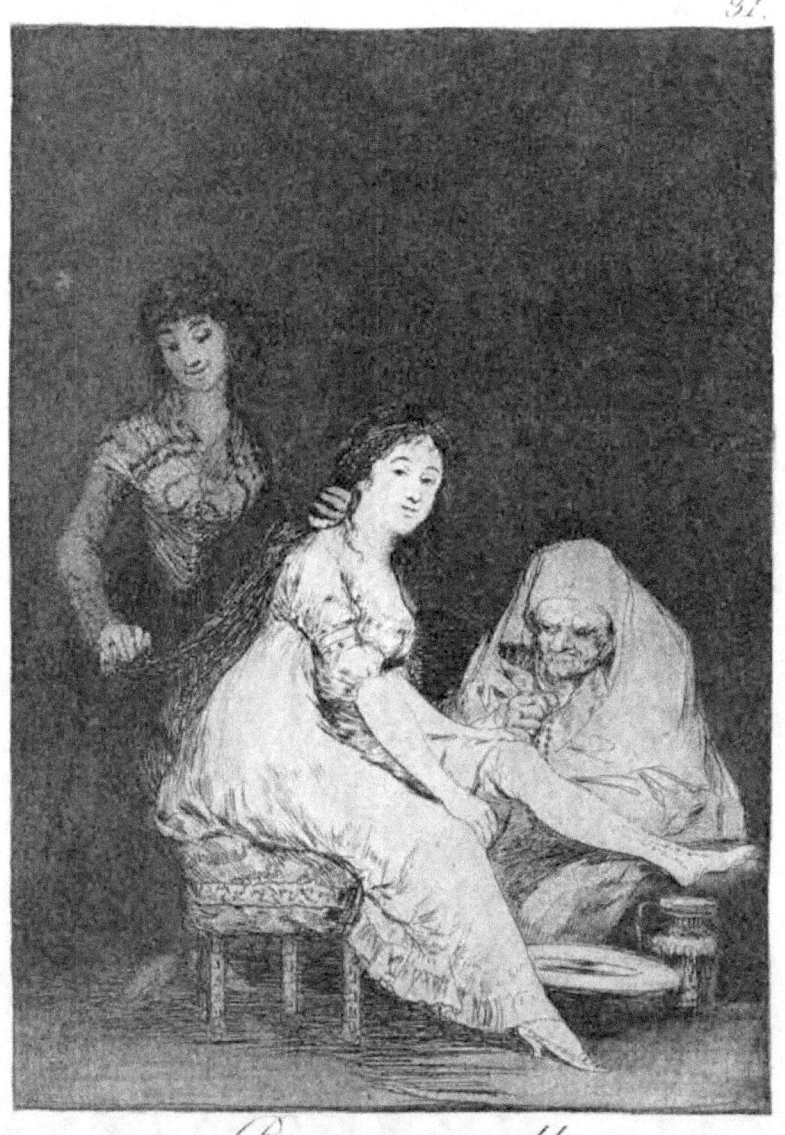

Ruega por ella.

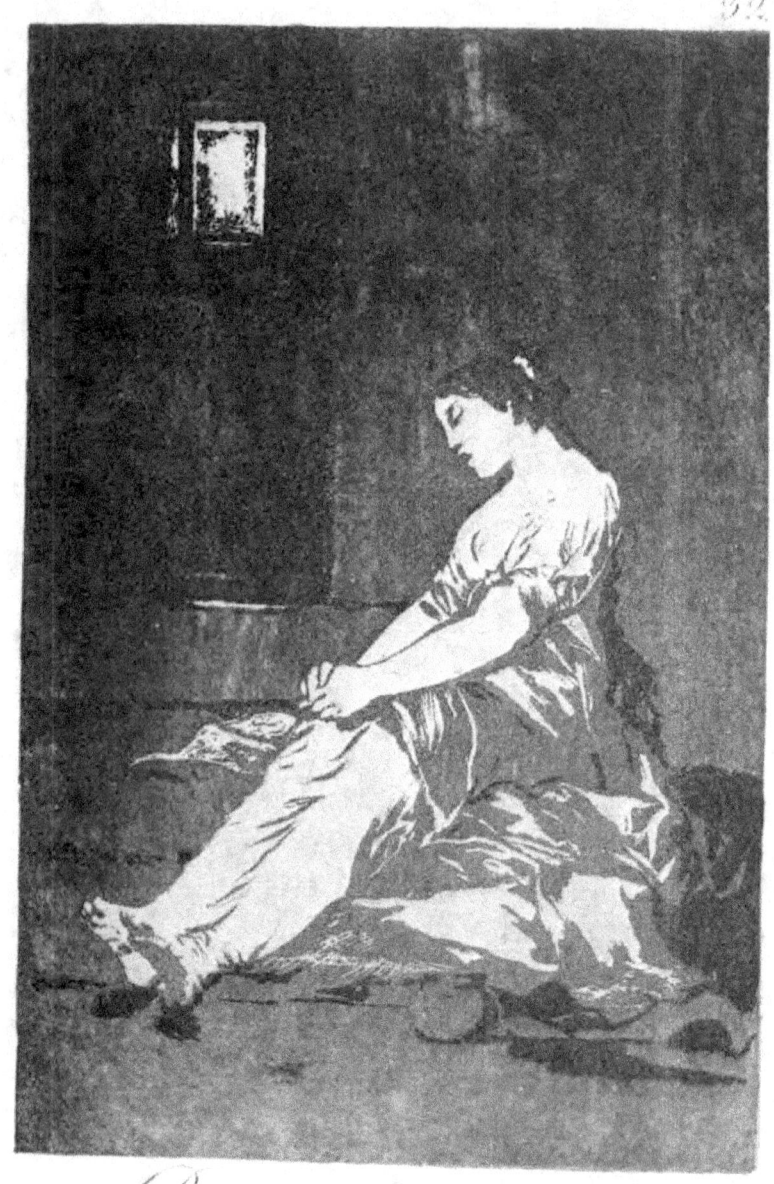

Por que fue sensible.

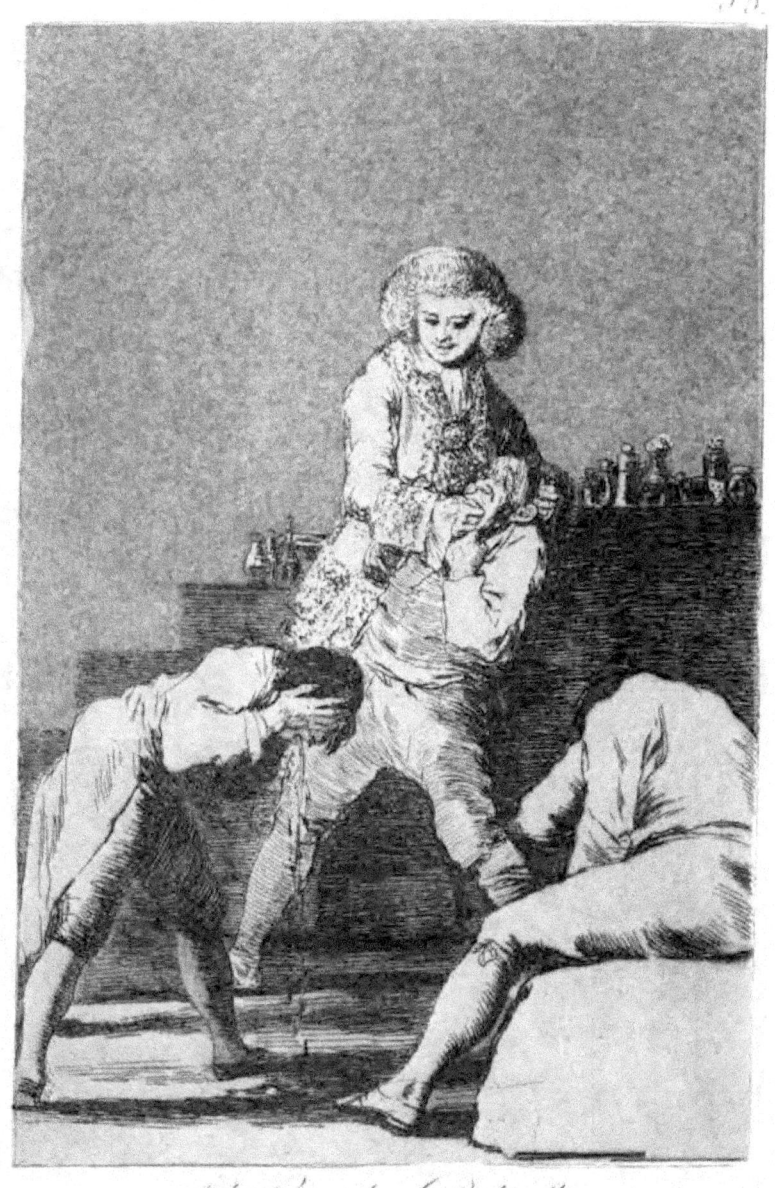

Al Conde Palatino.

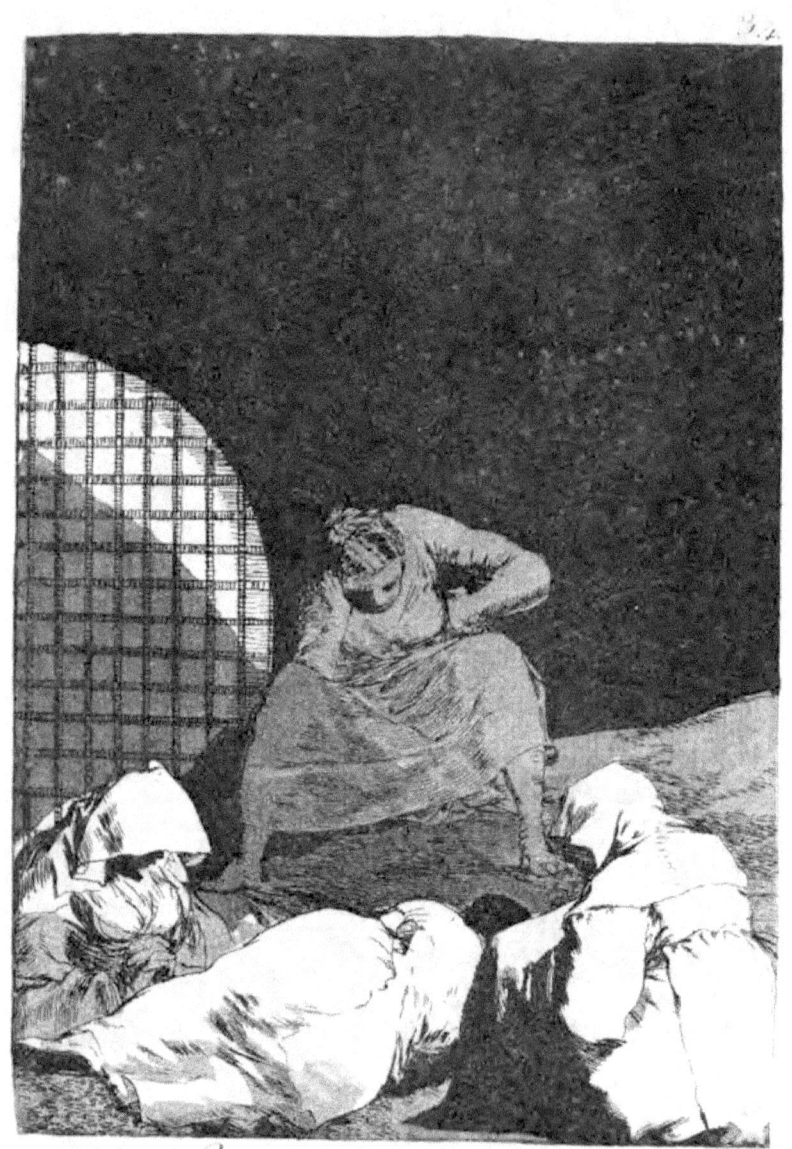

Las rinde el Sueño.

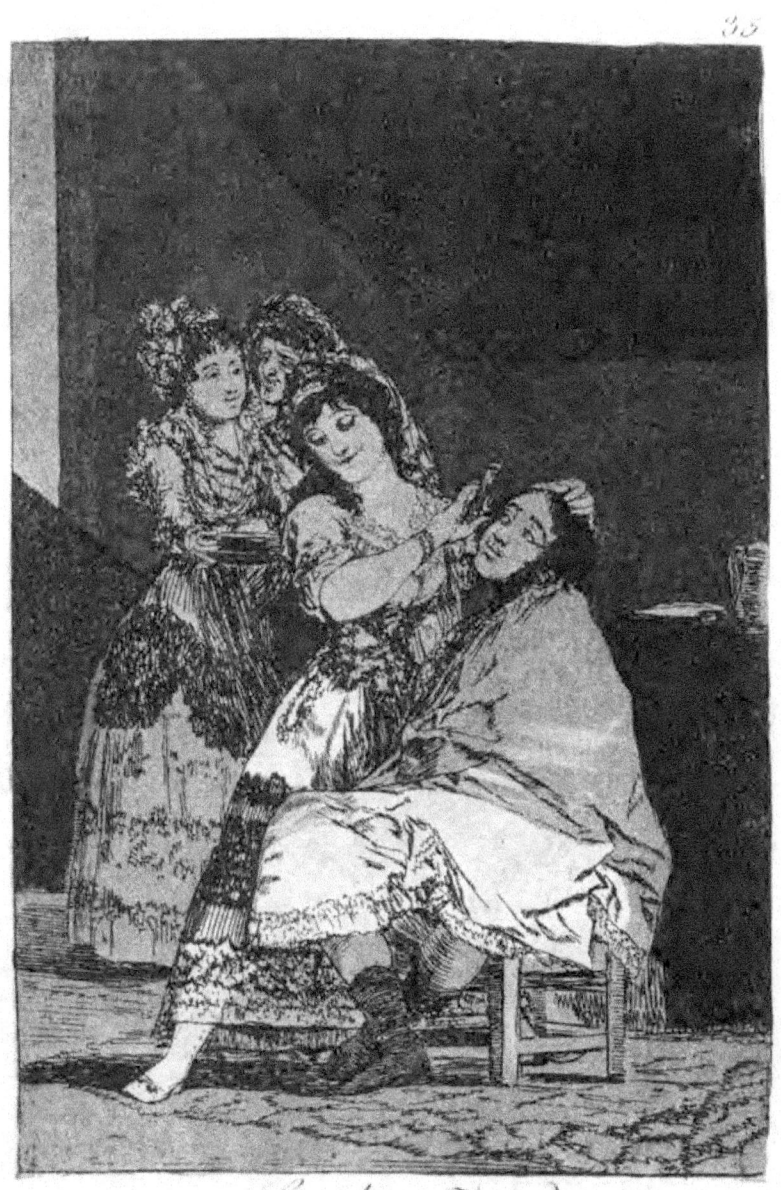

Le descañona.

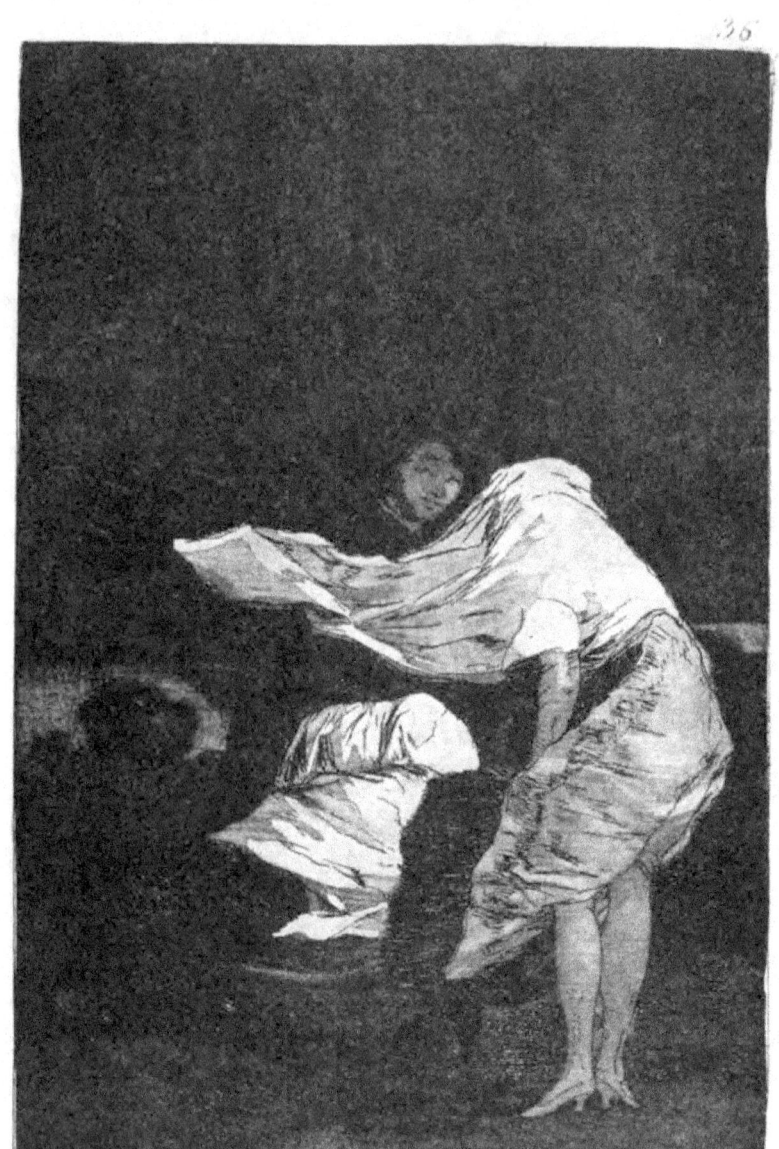

Mala noche.

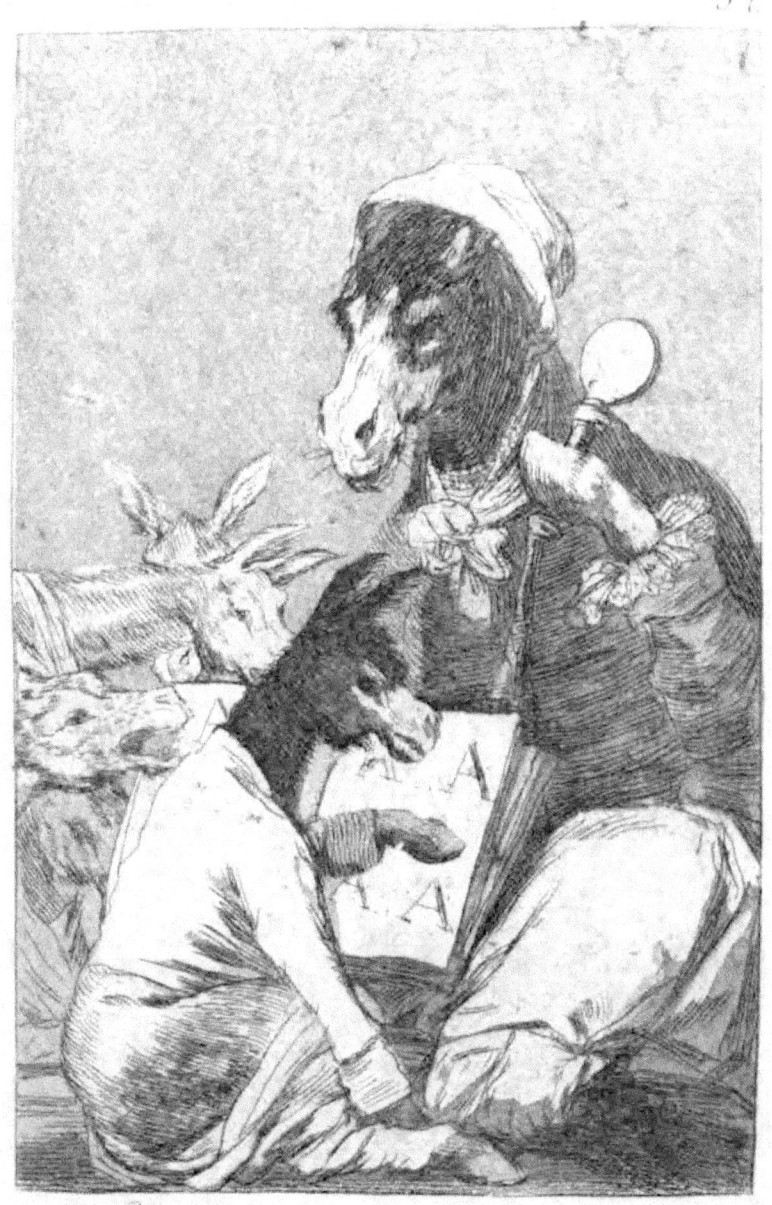

¿Si sabrá mas el discipulo?

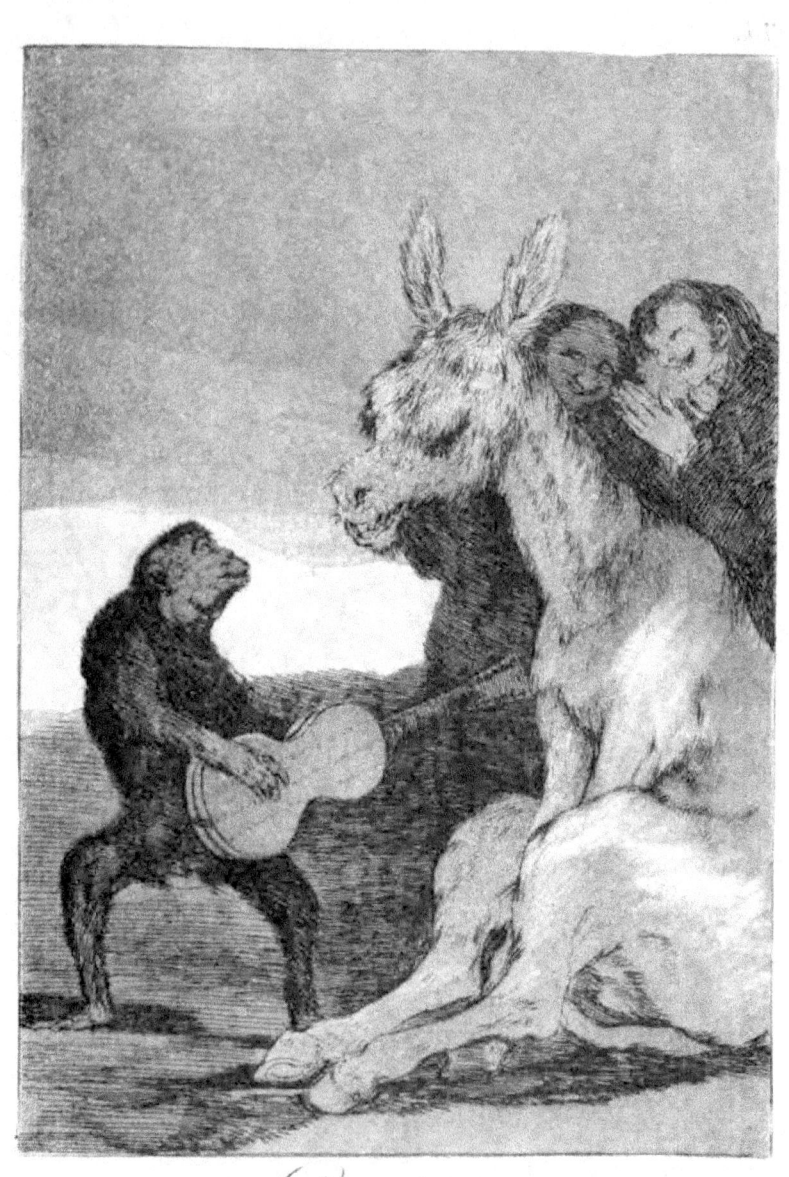

¡Brabisimo!

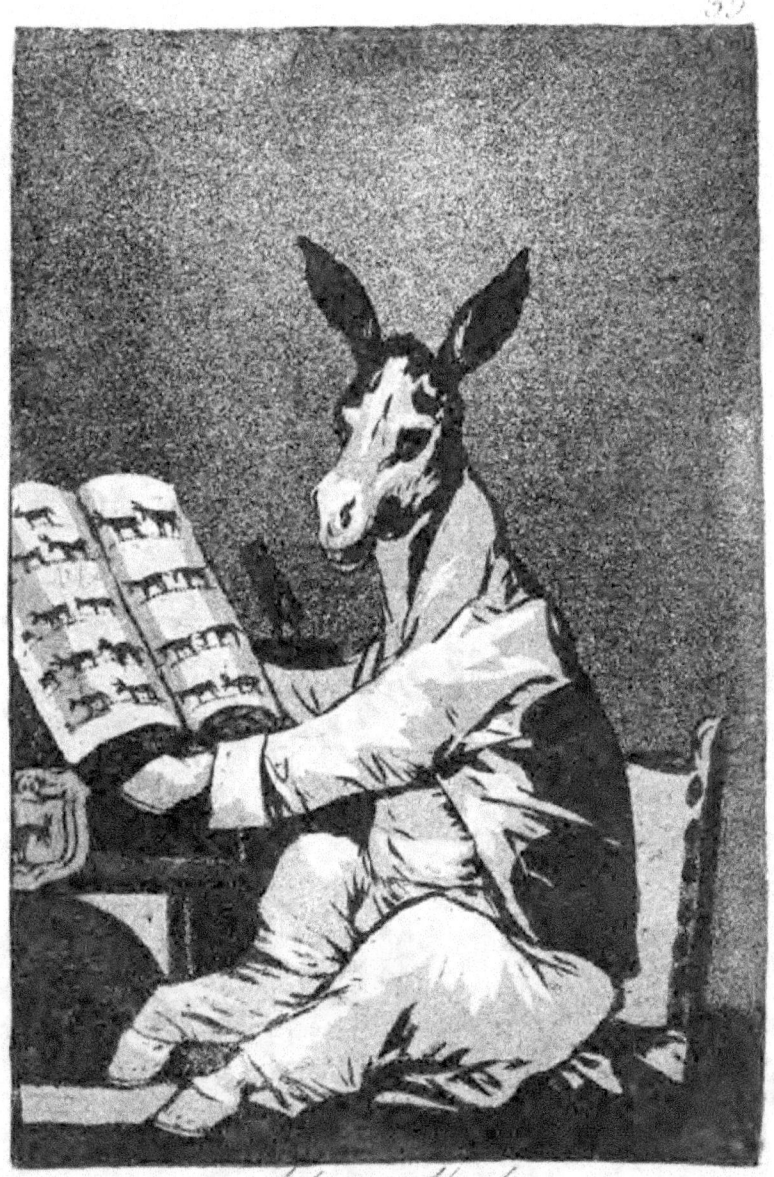
Asta su Abuelo.

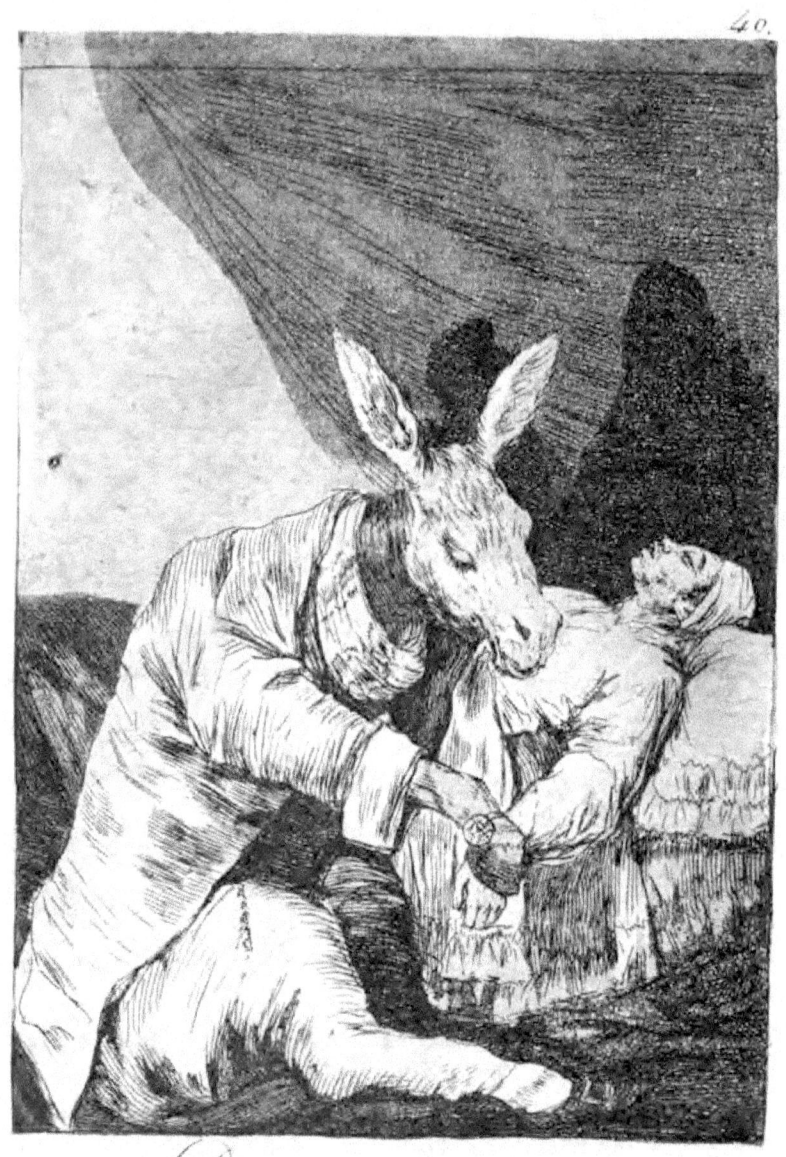

¿De que mal morira?

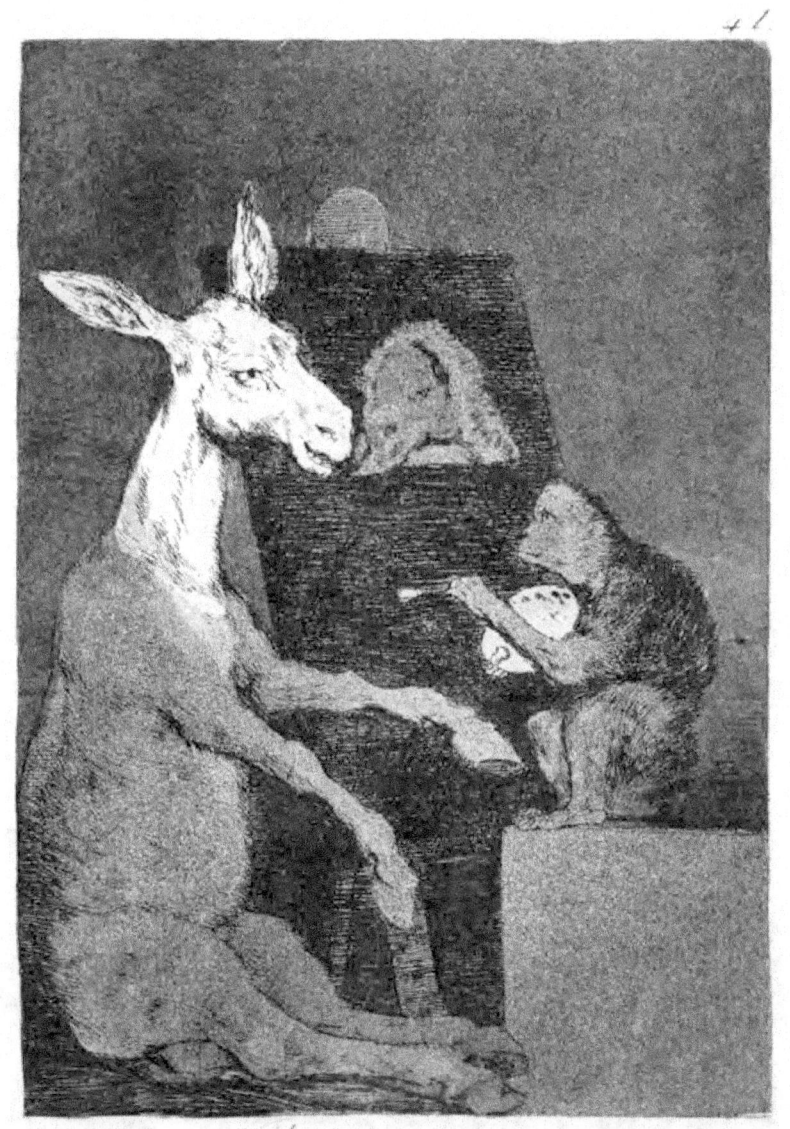

Ni mas ni menos.

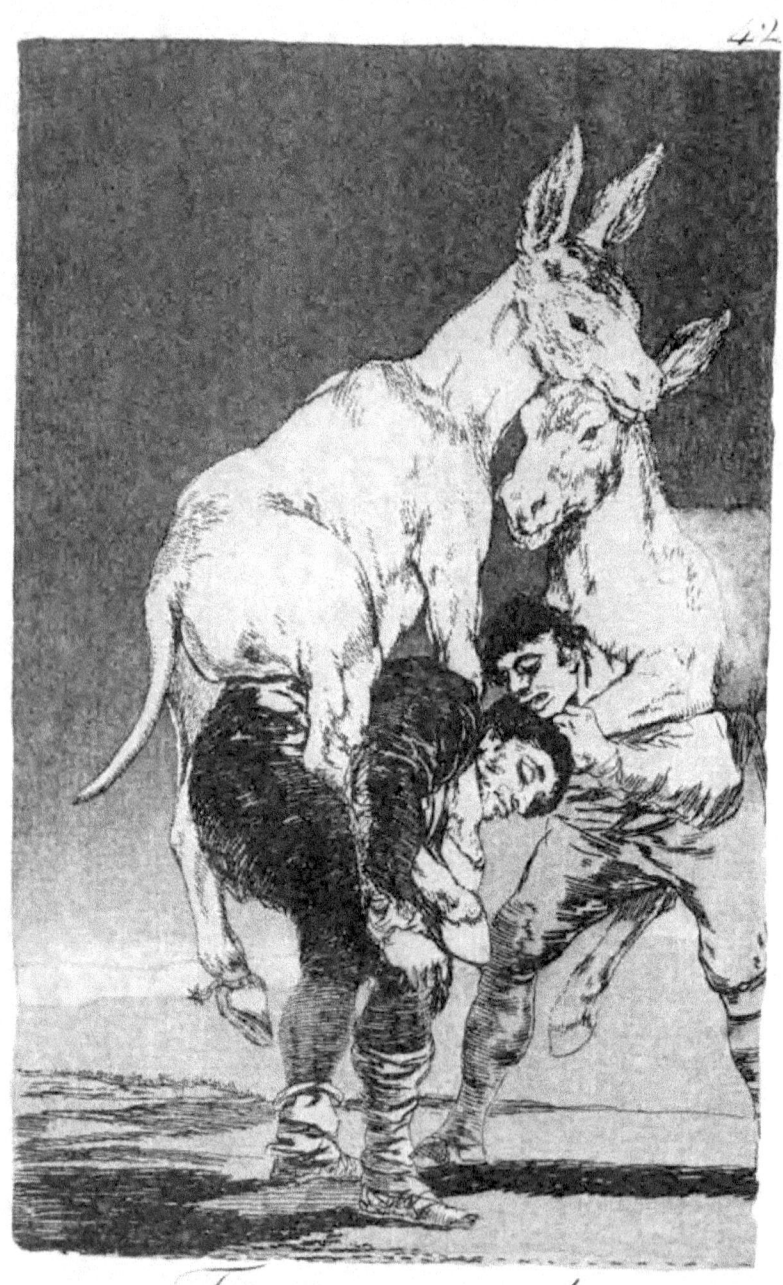

Tu que no puedes.

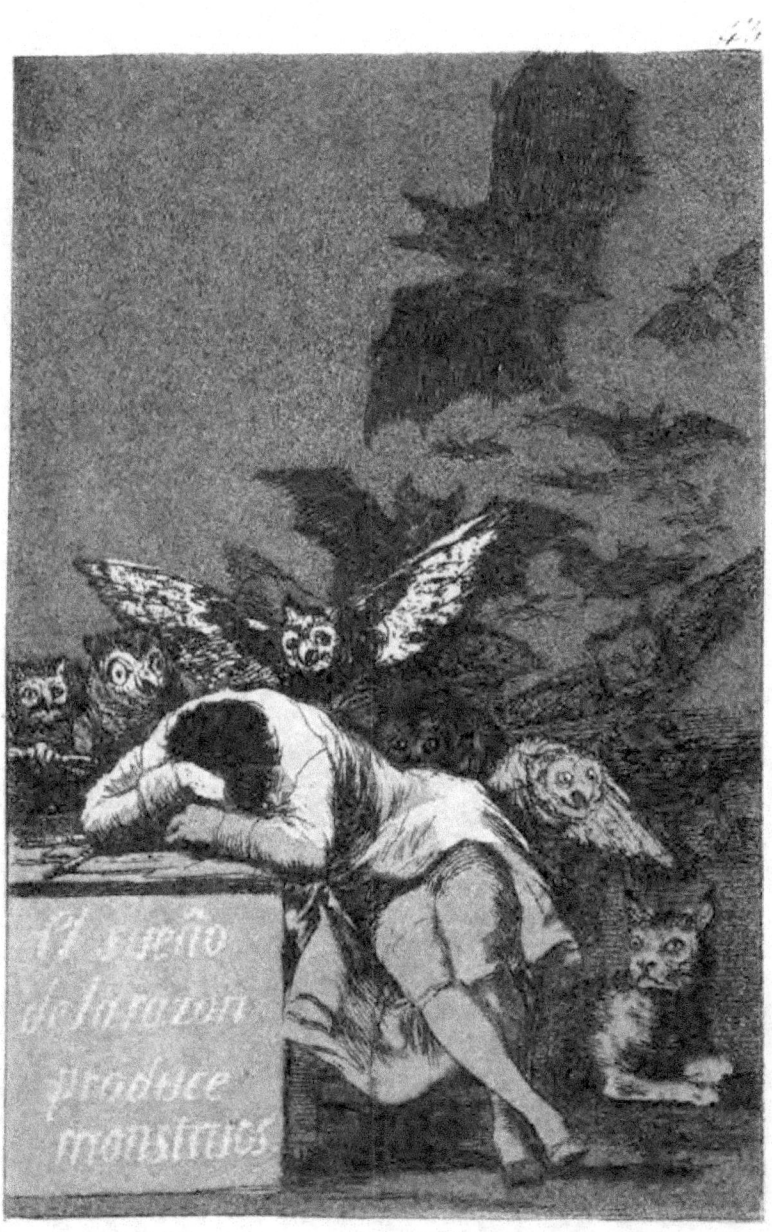

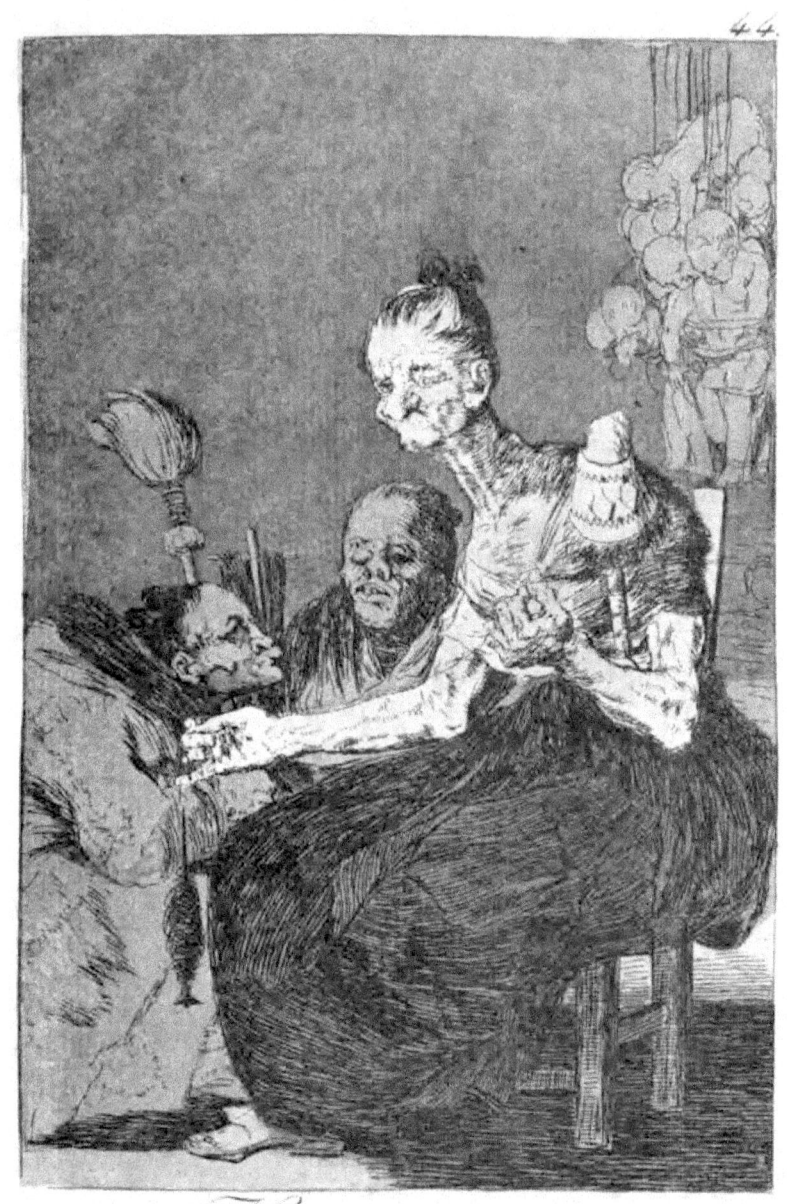

Hilan delgado.

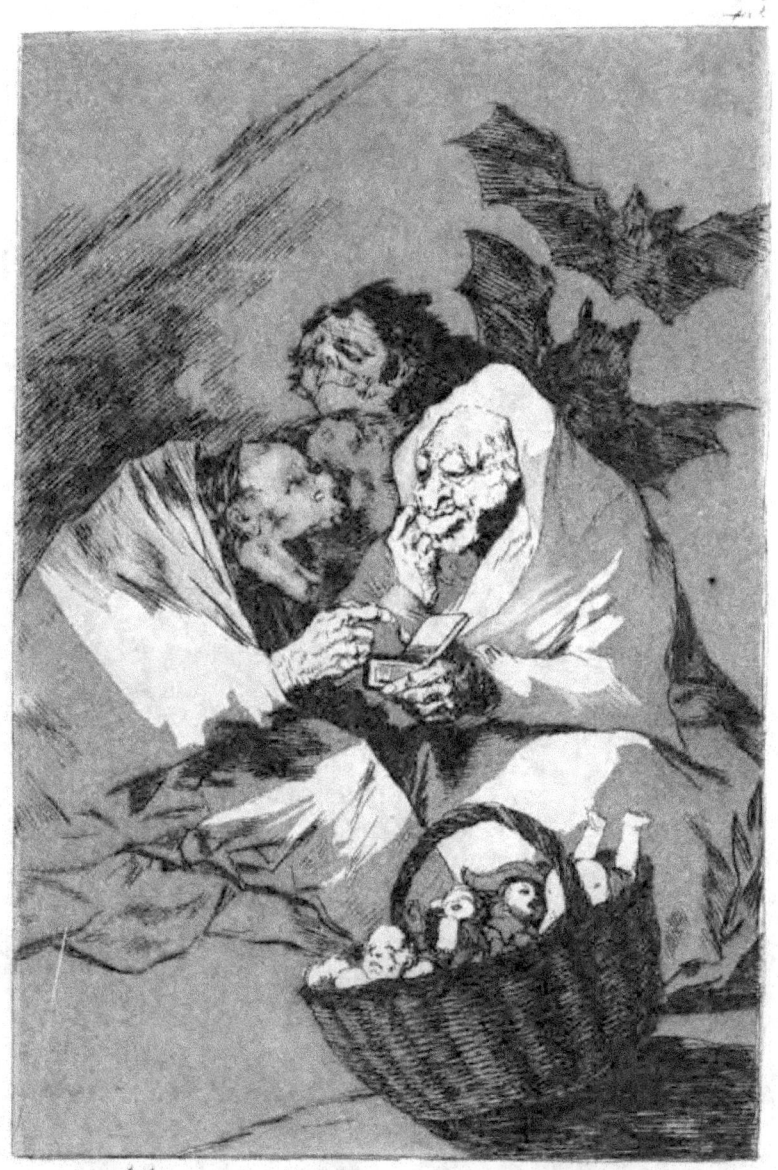

Mucho hay que chupar

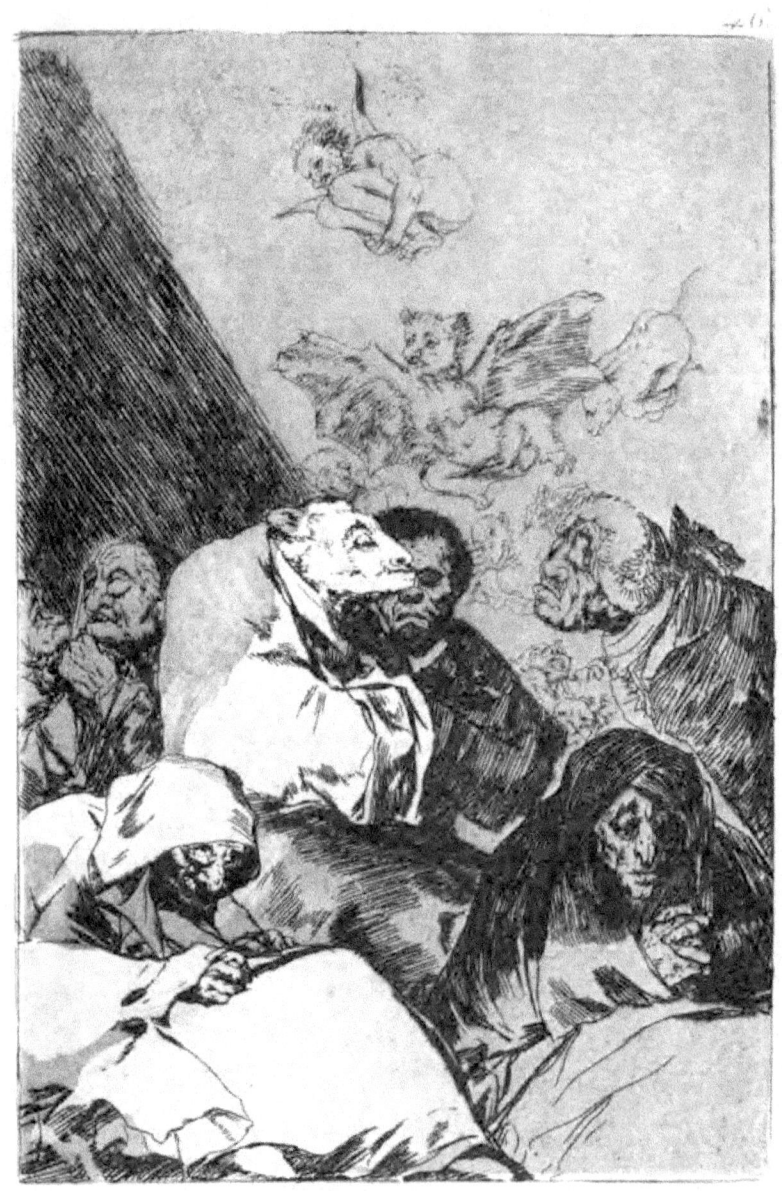

Correccion.

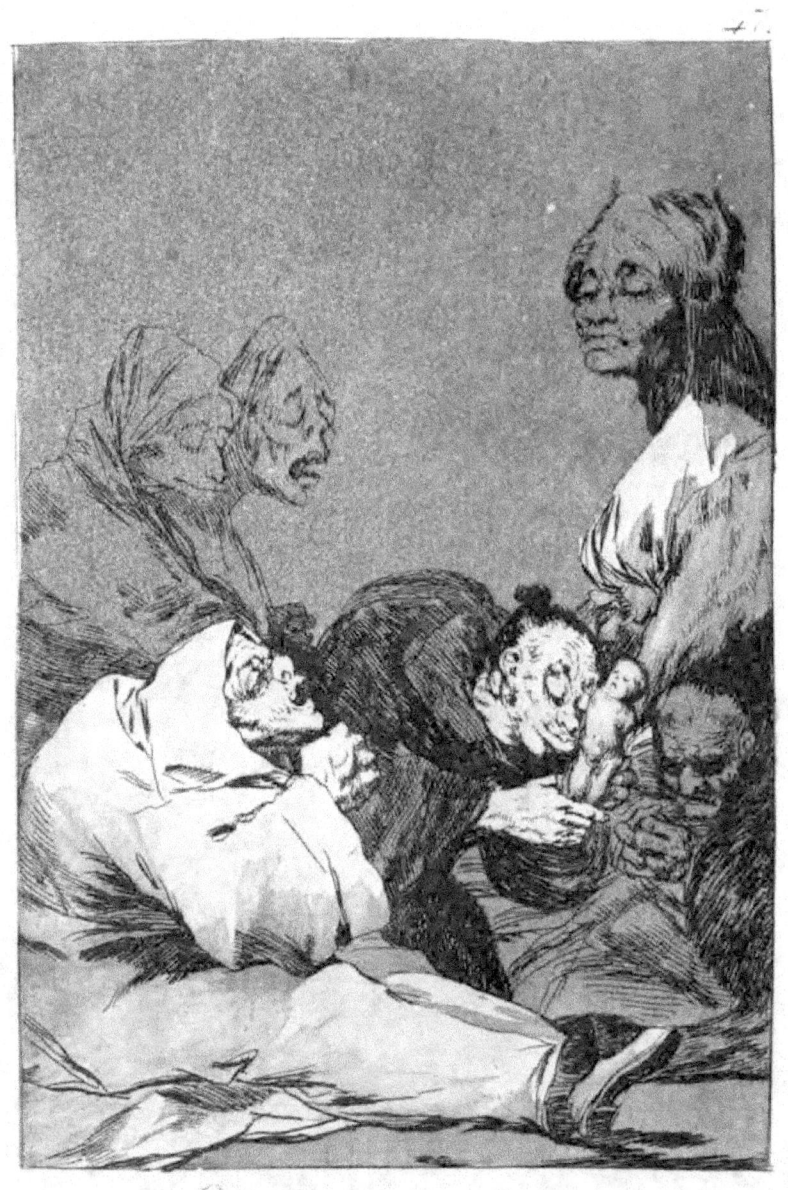

Obsequio á el maestro.

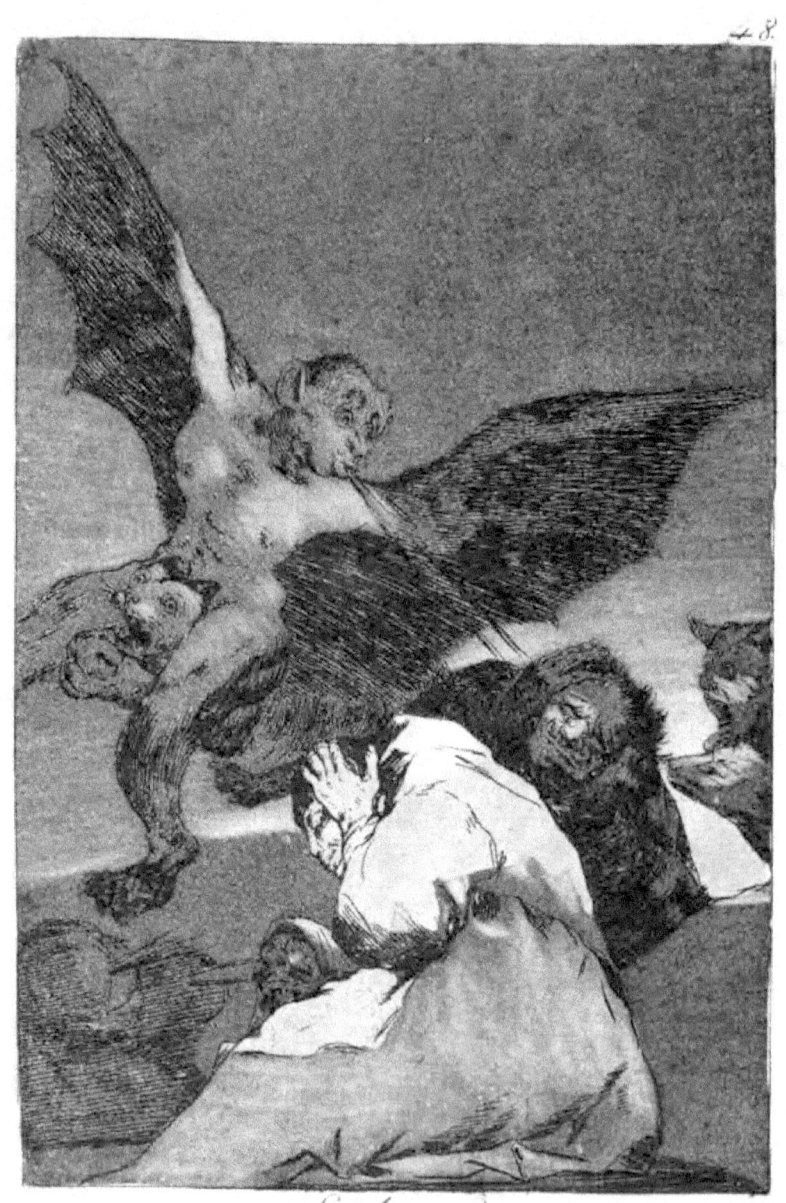

Soplones.

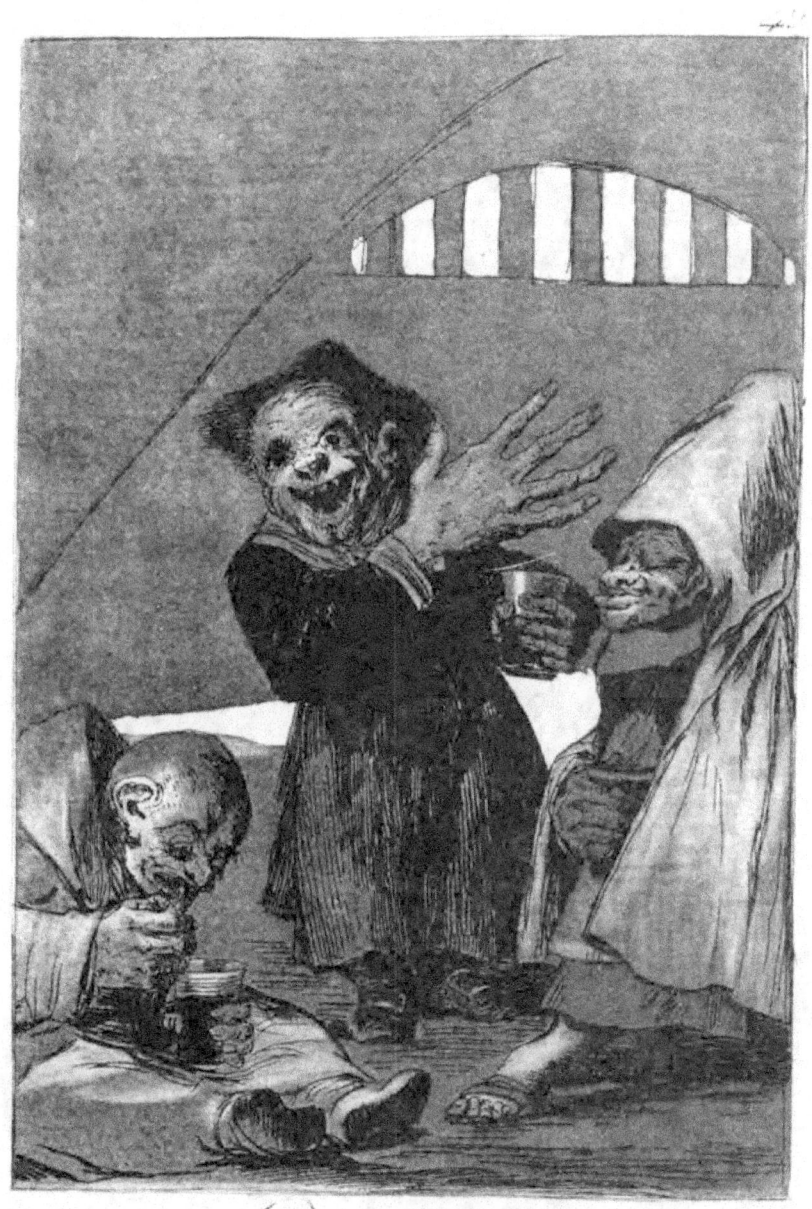

Duendecitos

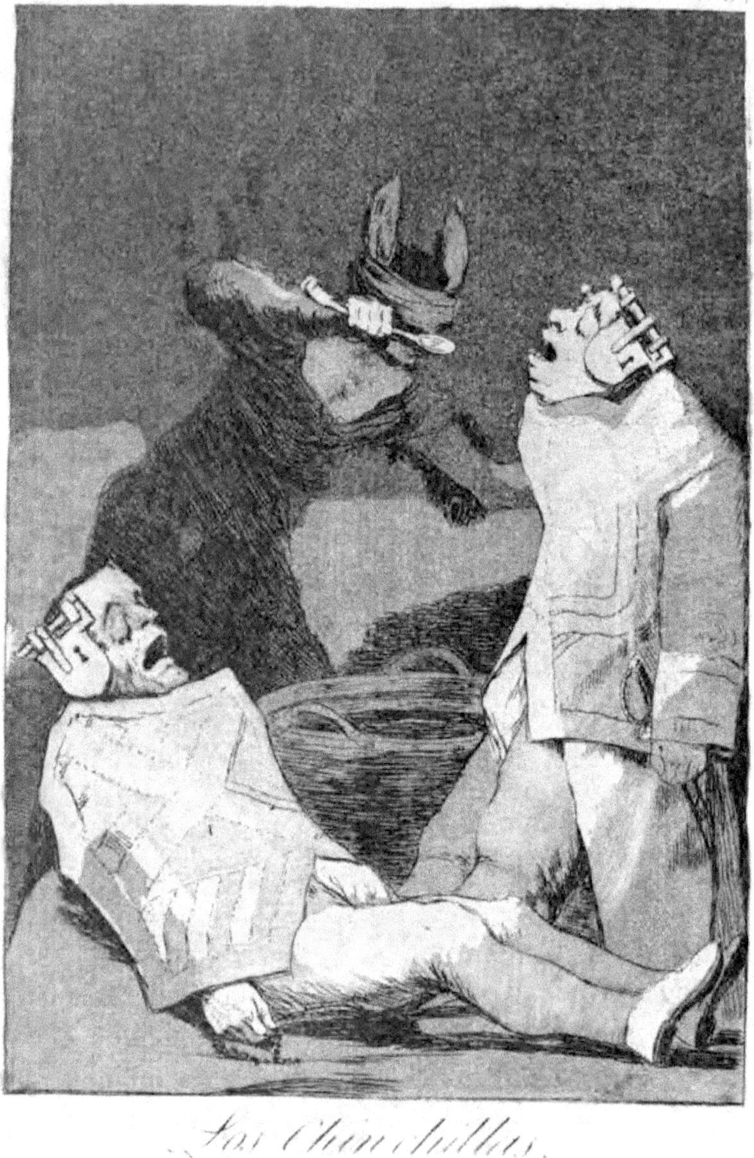

Las Chinchillas.

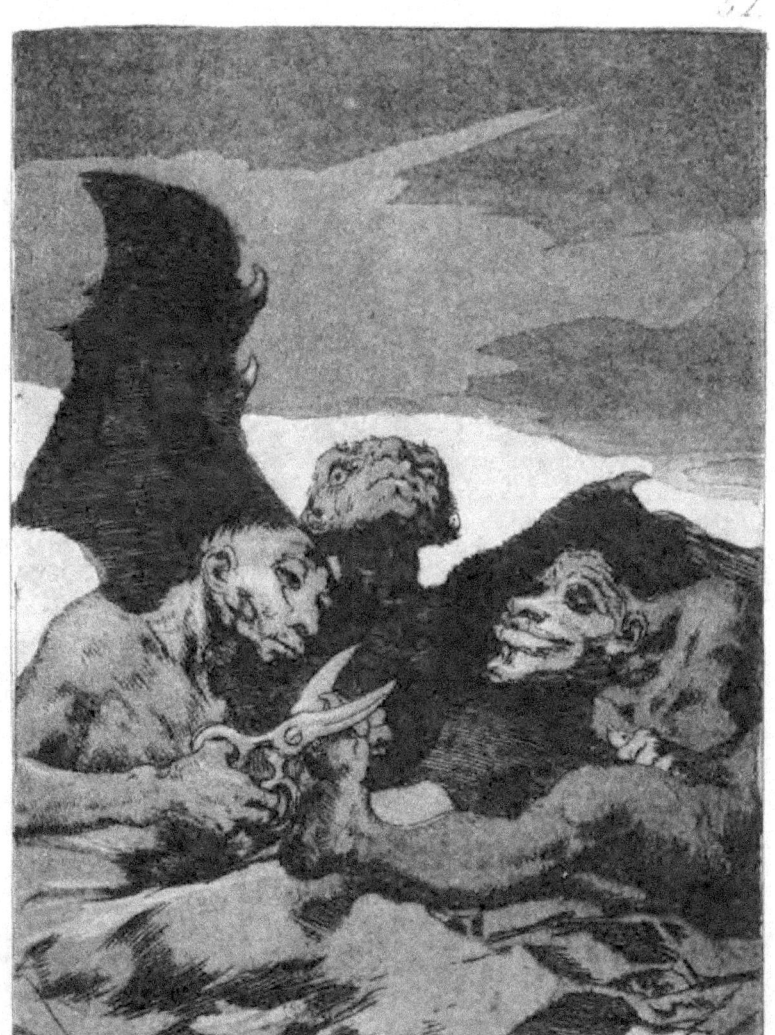

Se repulen.

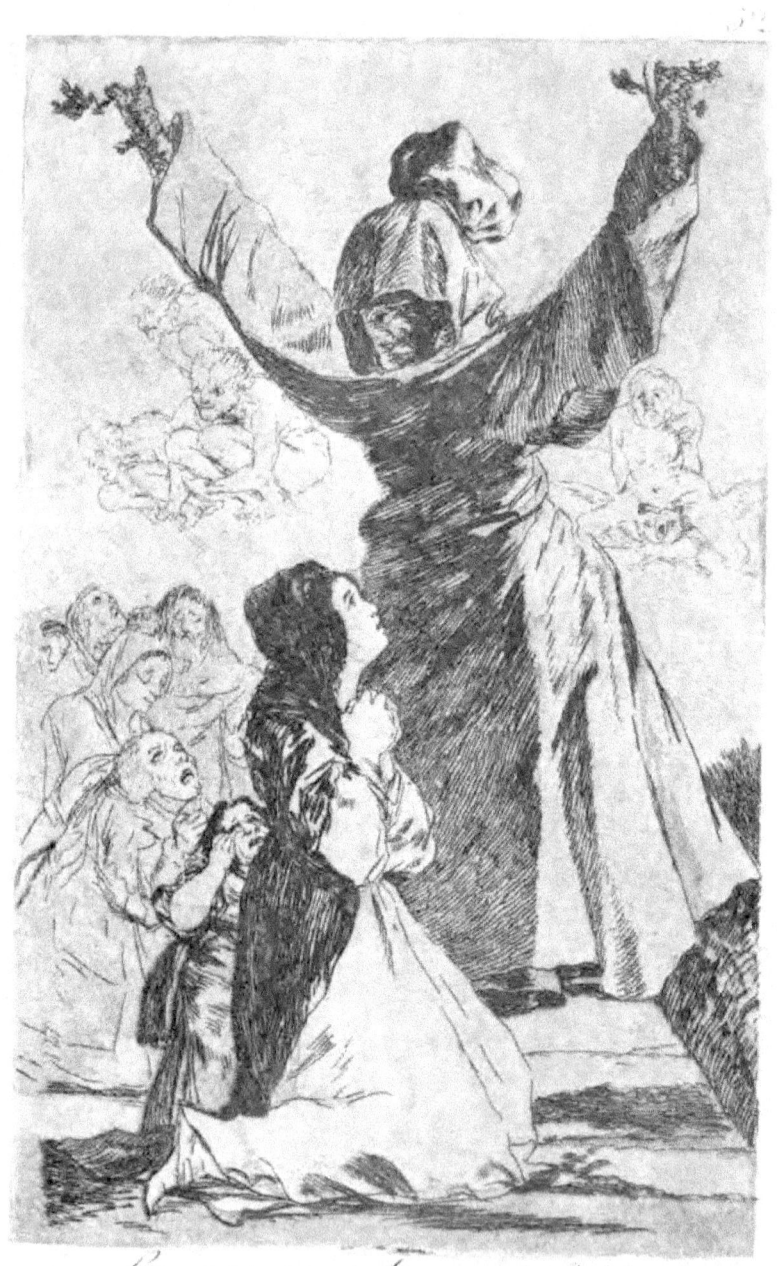

Lo que puede un Sastre!

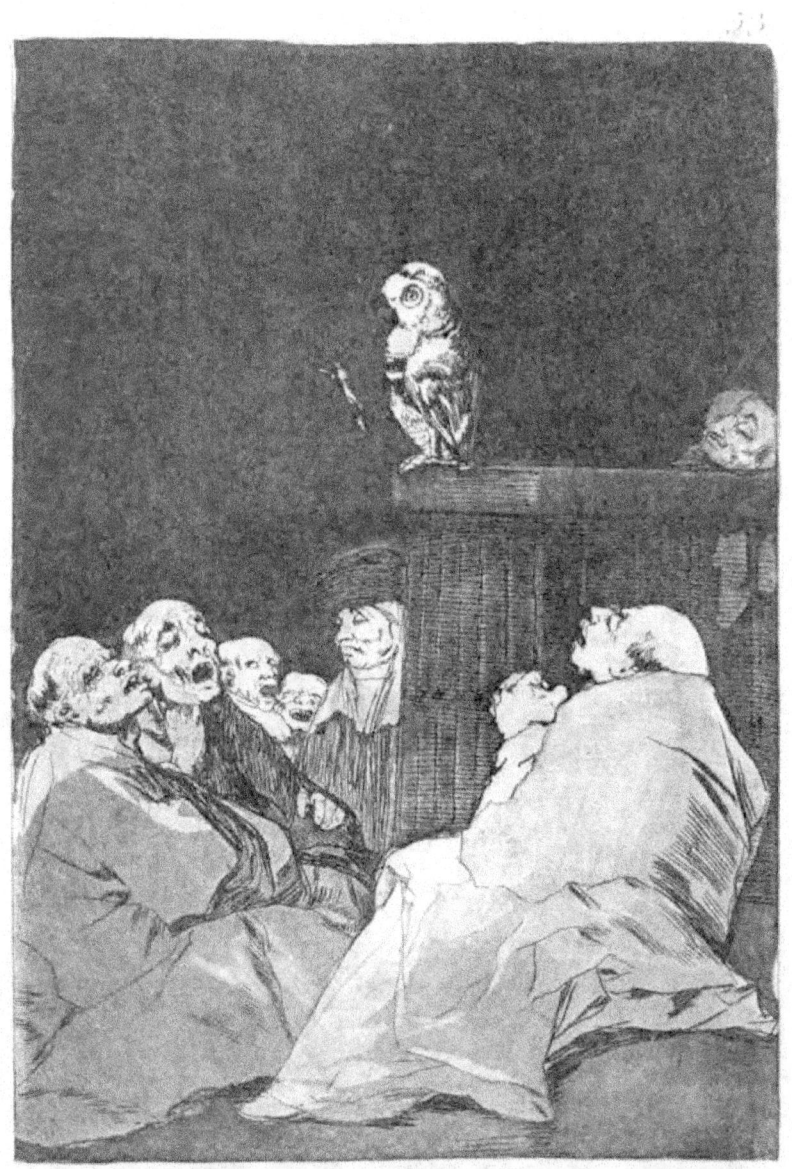

Que pico de Oro!

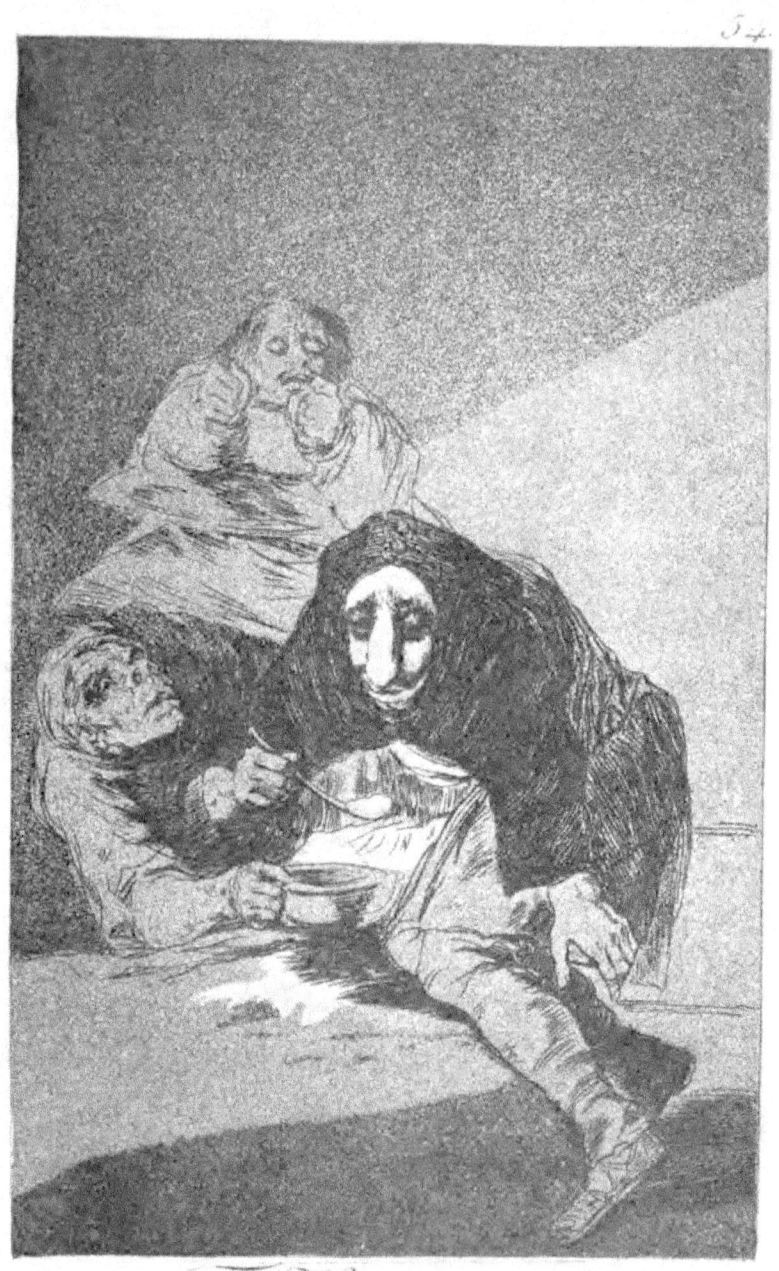

El Vergonzoso.

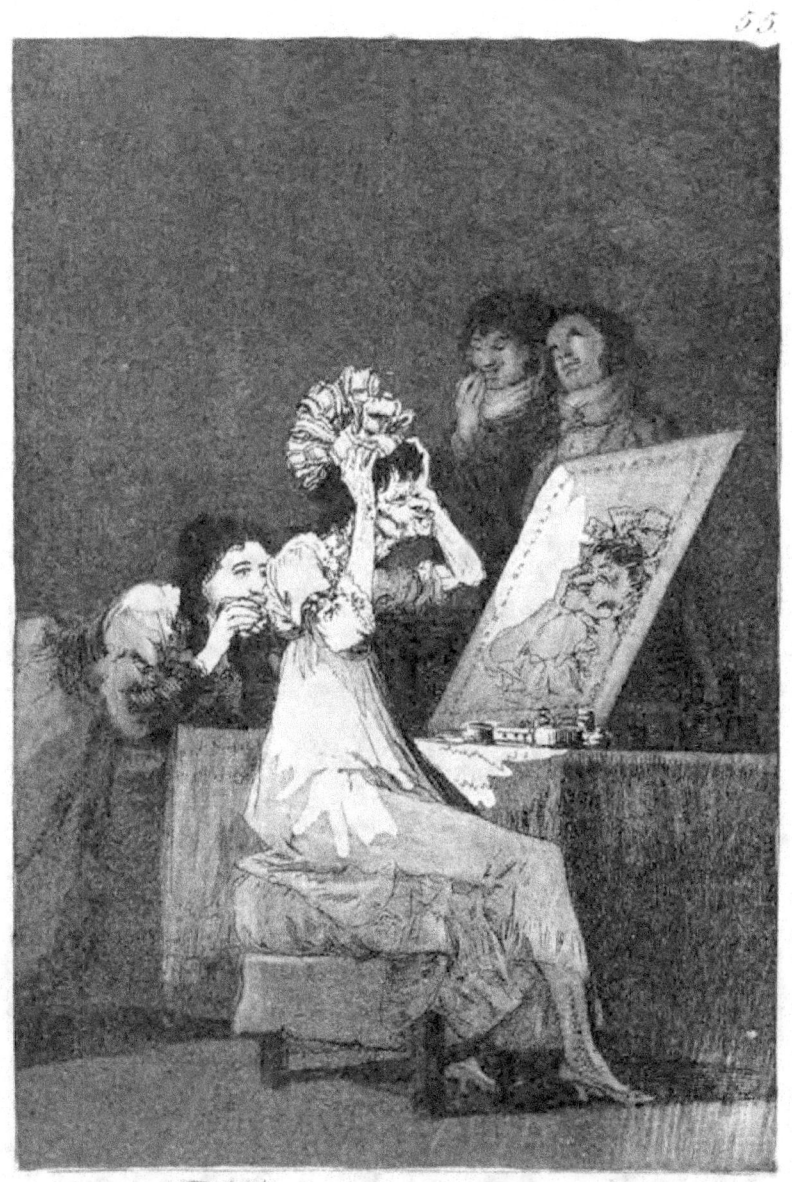

Hasta la muerte

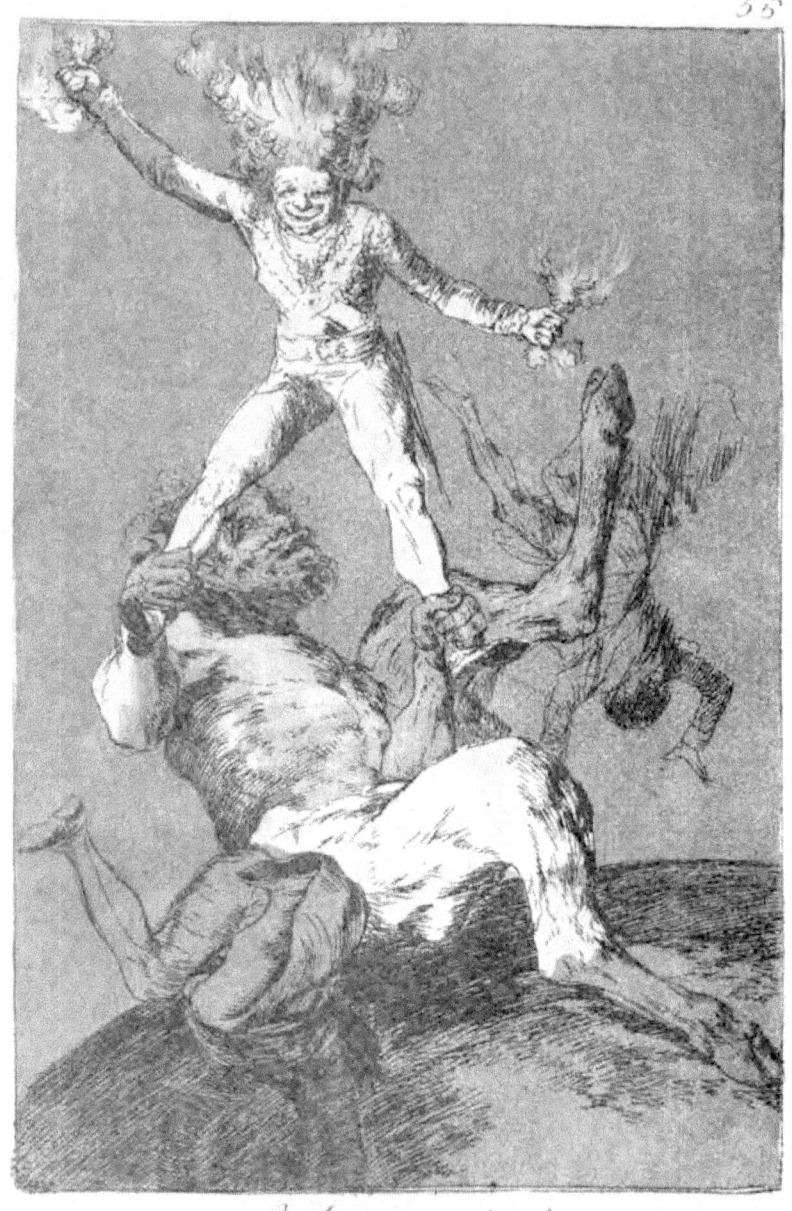

Subir y bajar.

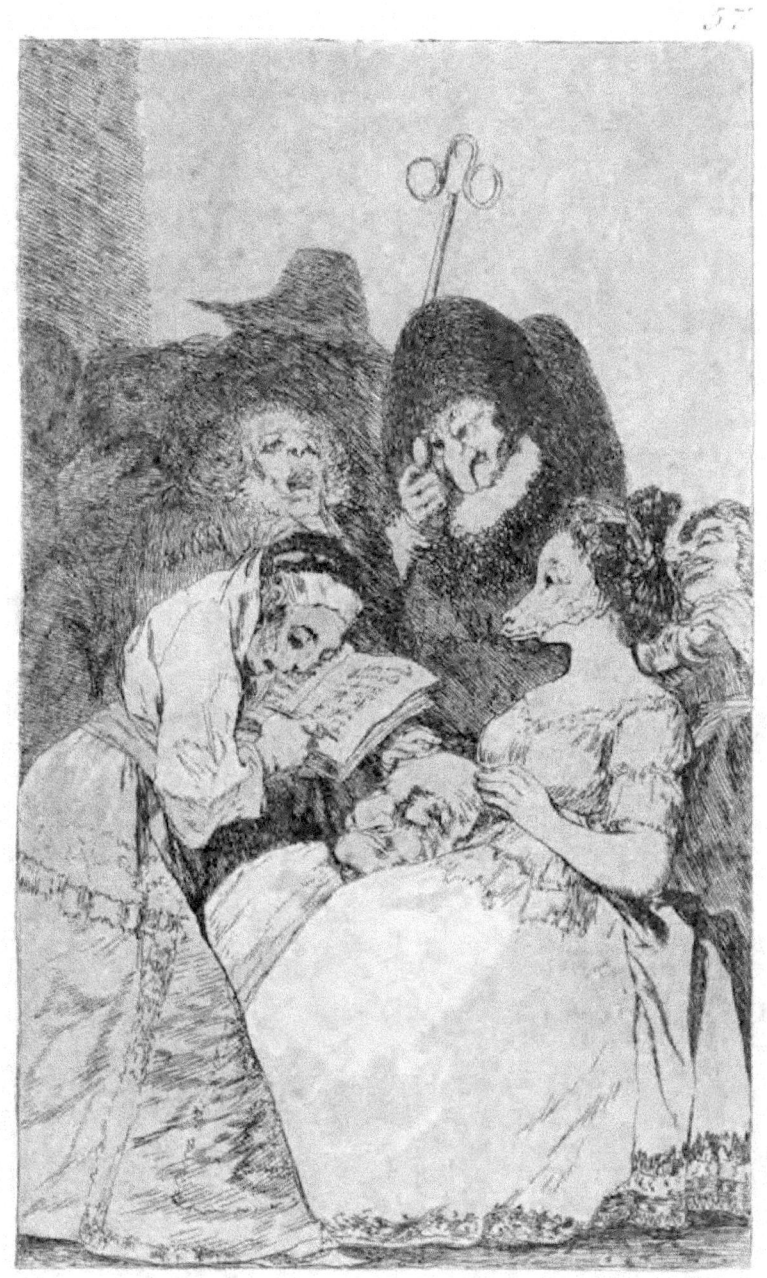

La filiacion

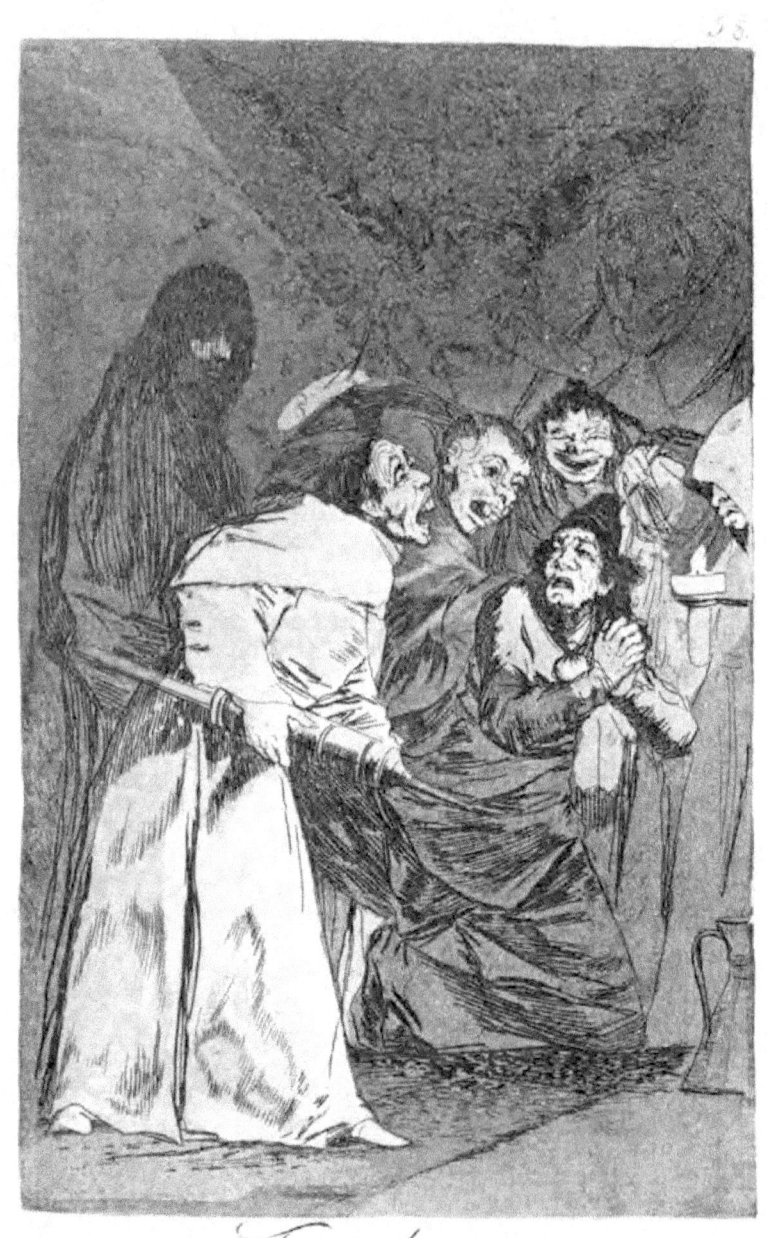
Tragala perro.

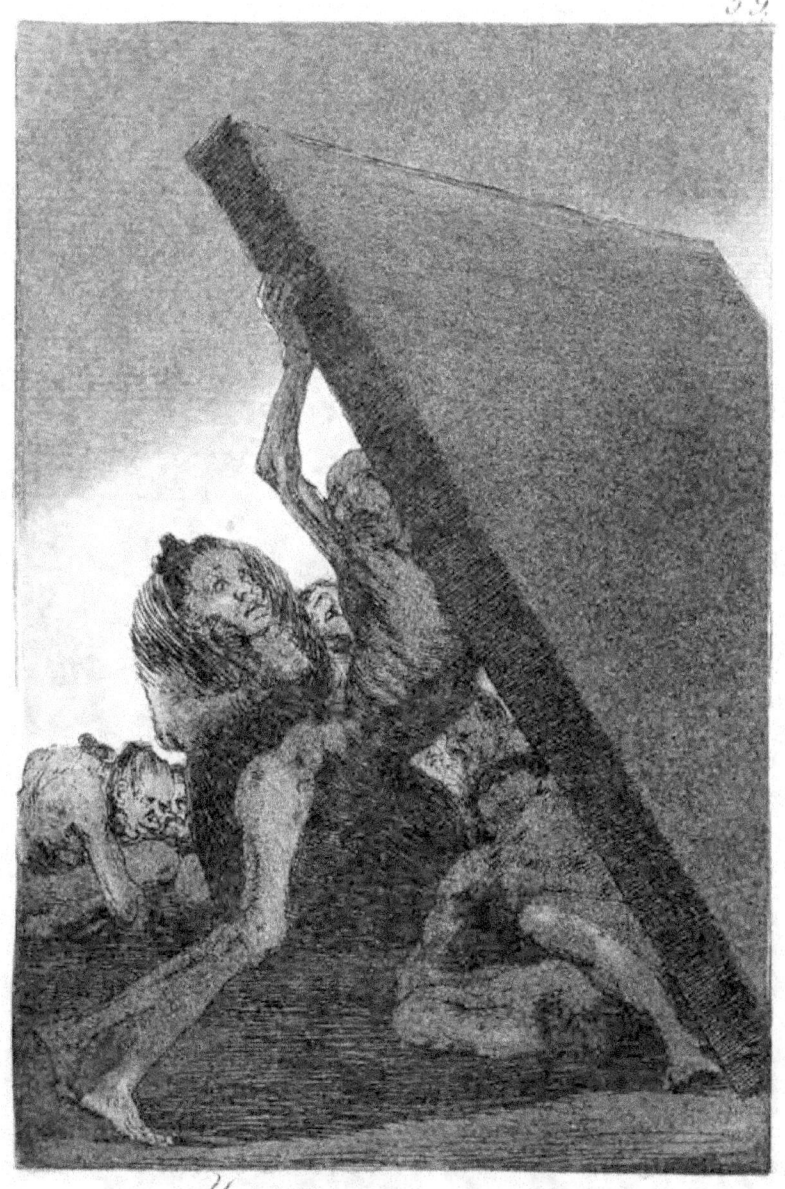

¡Y aun no se van!

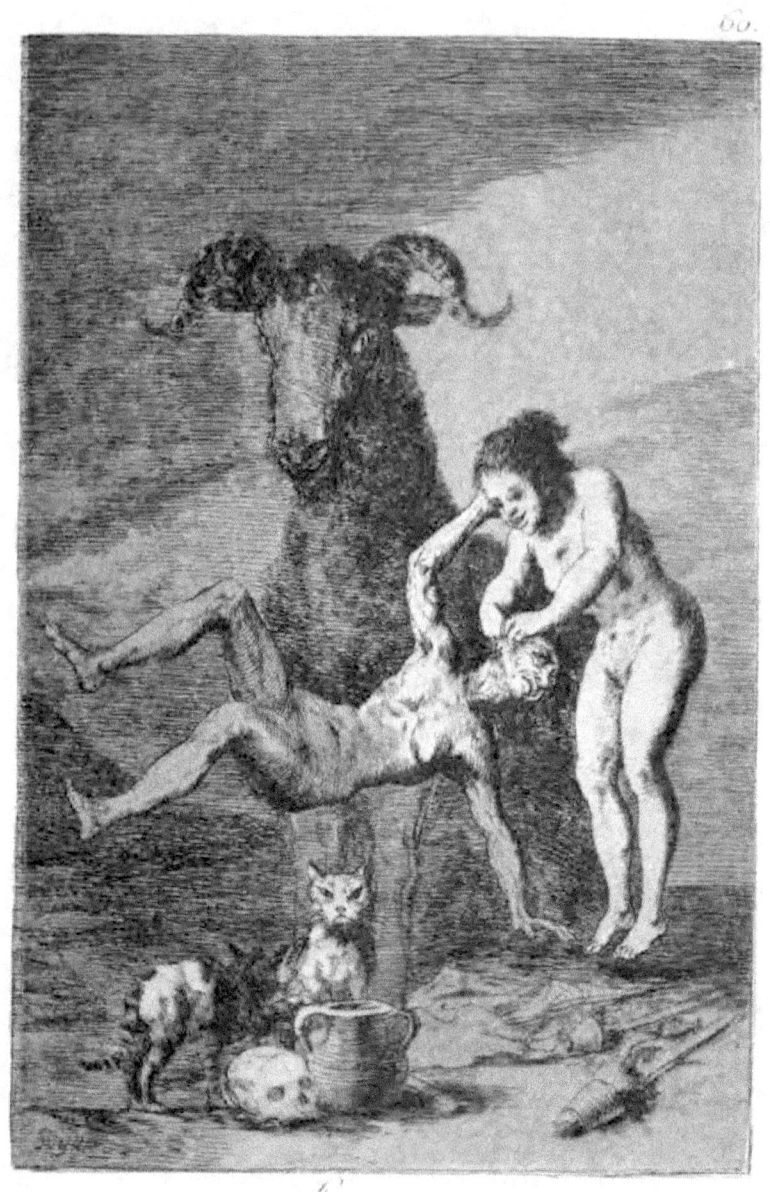

Ensayos.

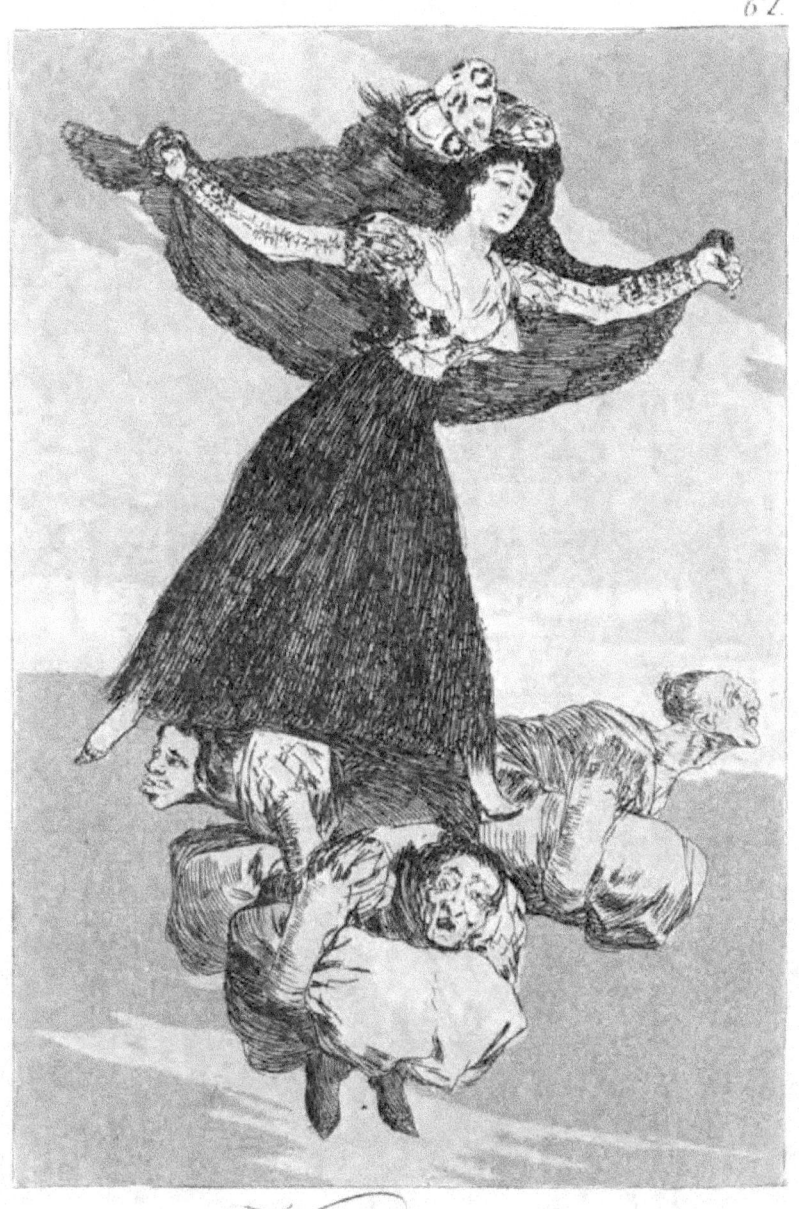

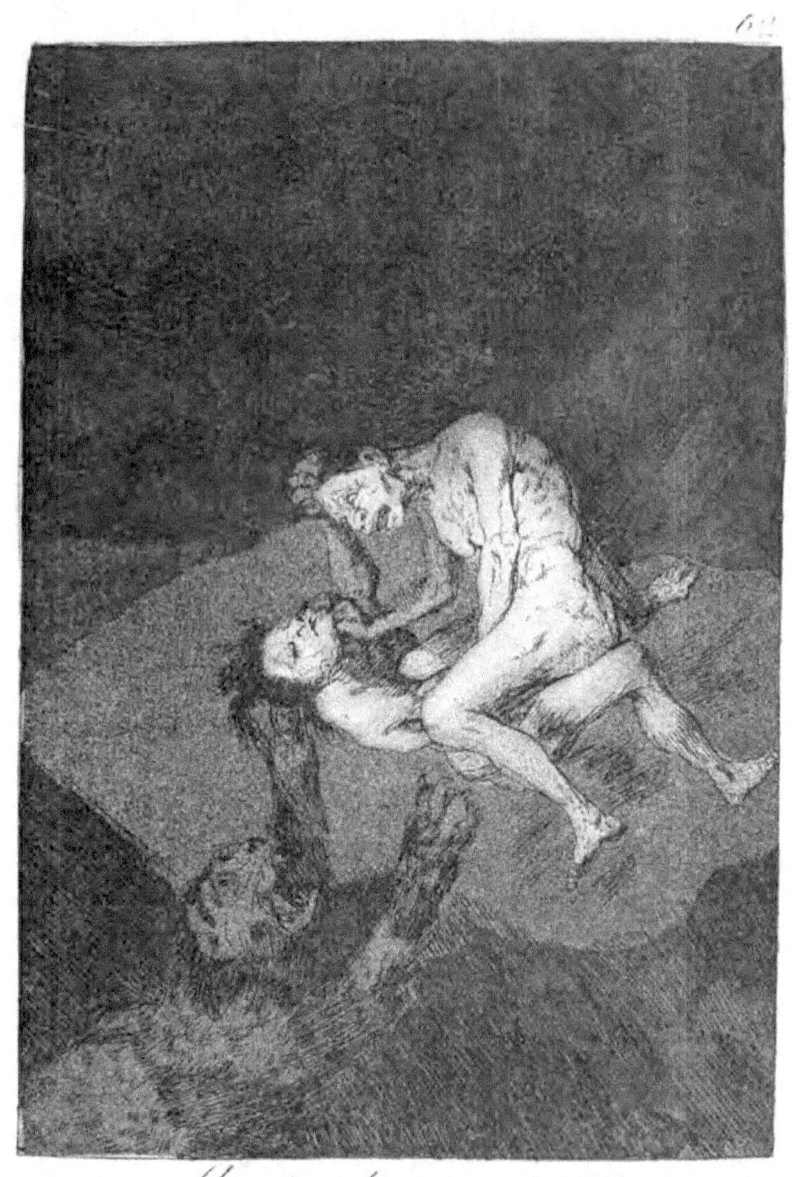

Quien lo creyera!

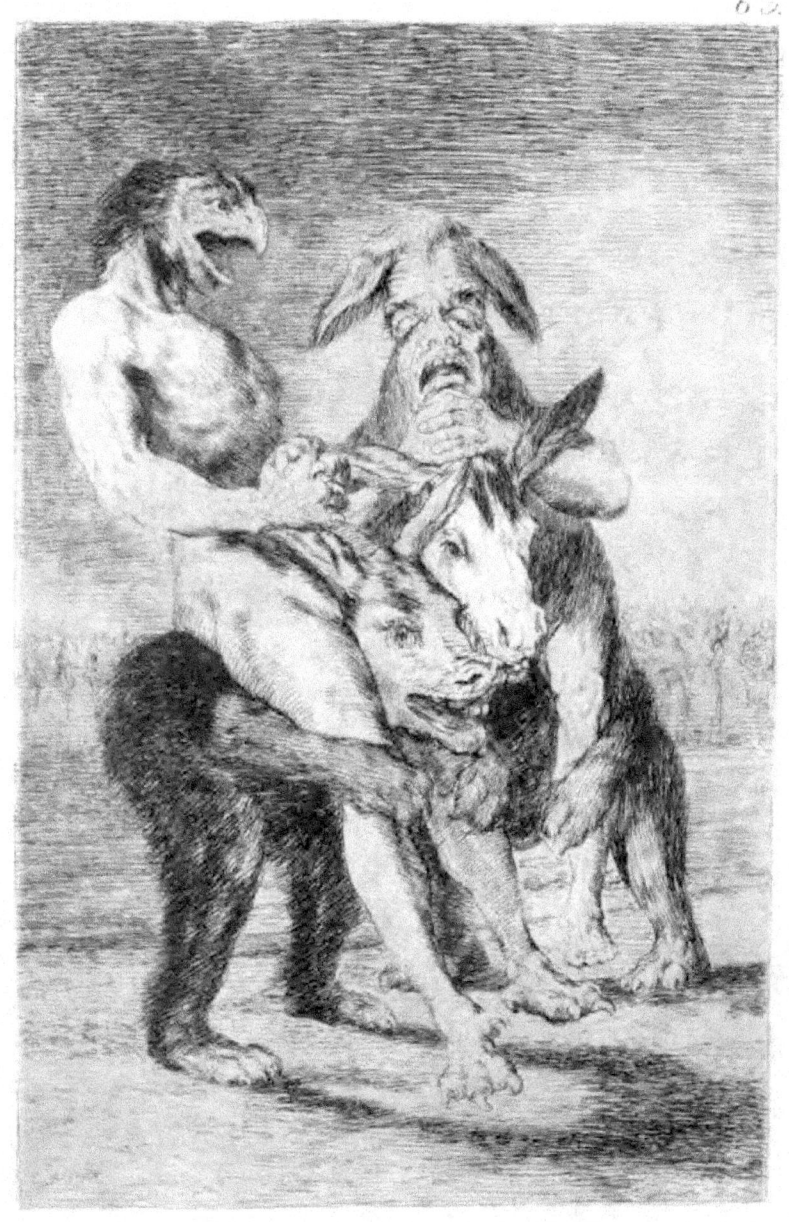

¡Miren que grabes!

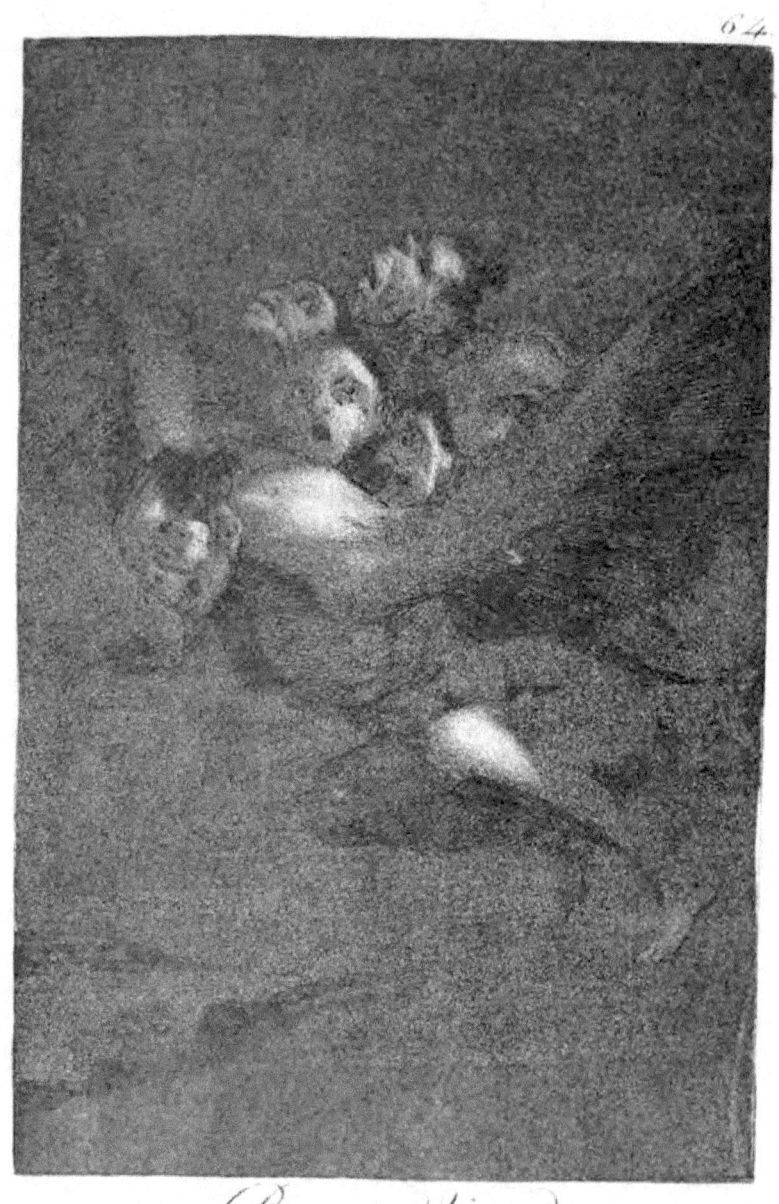

Buen Viage

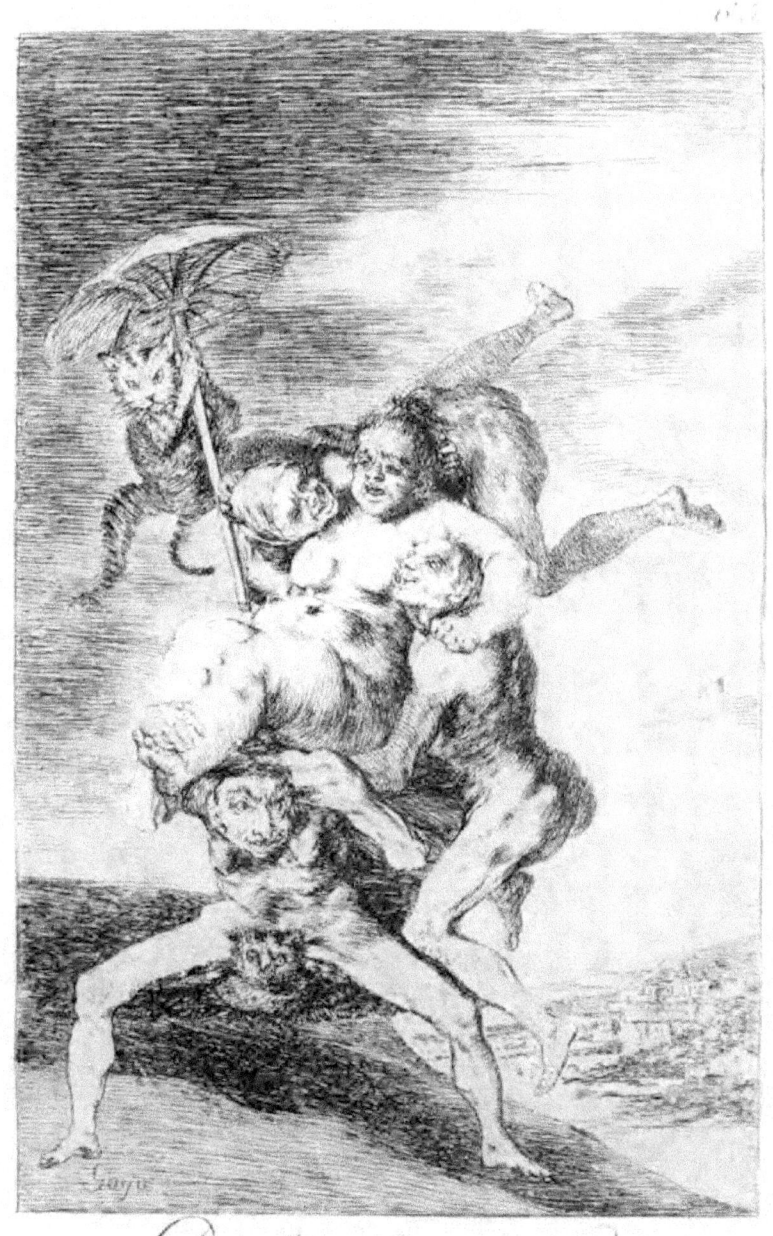

Donde vá mamá?

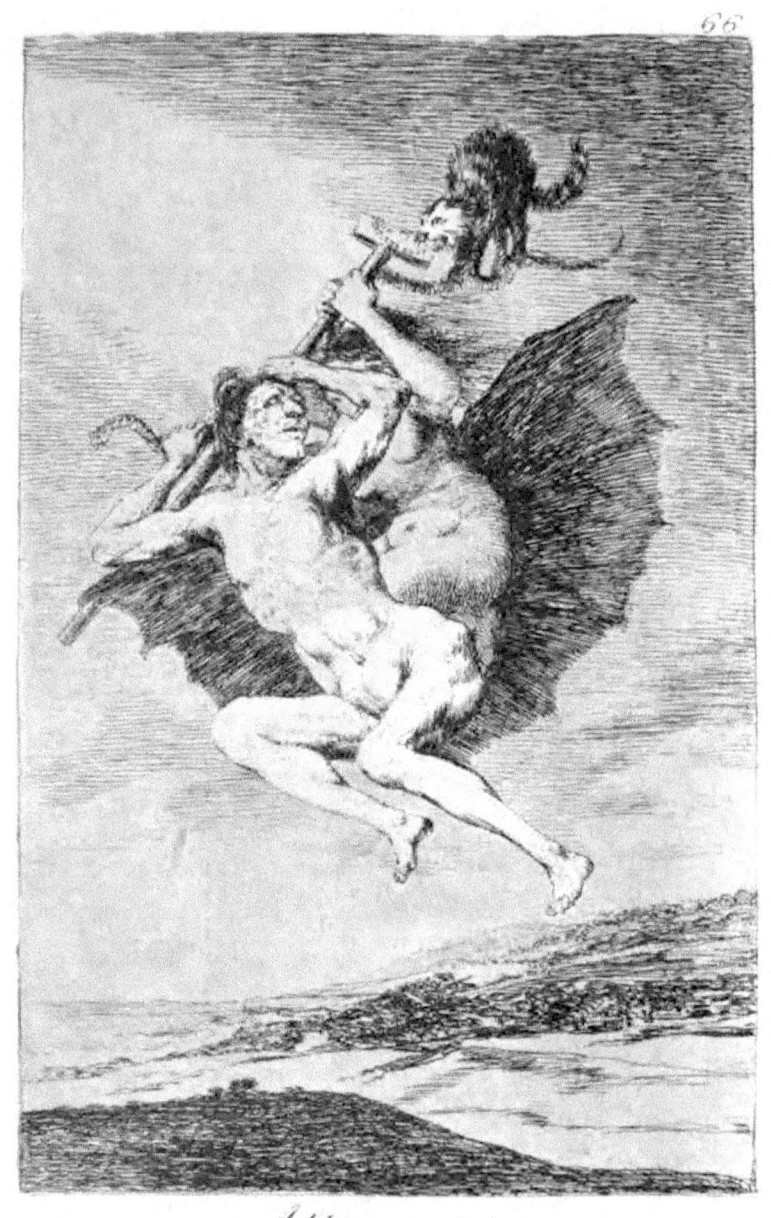

Allá vá eso.

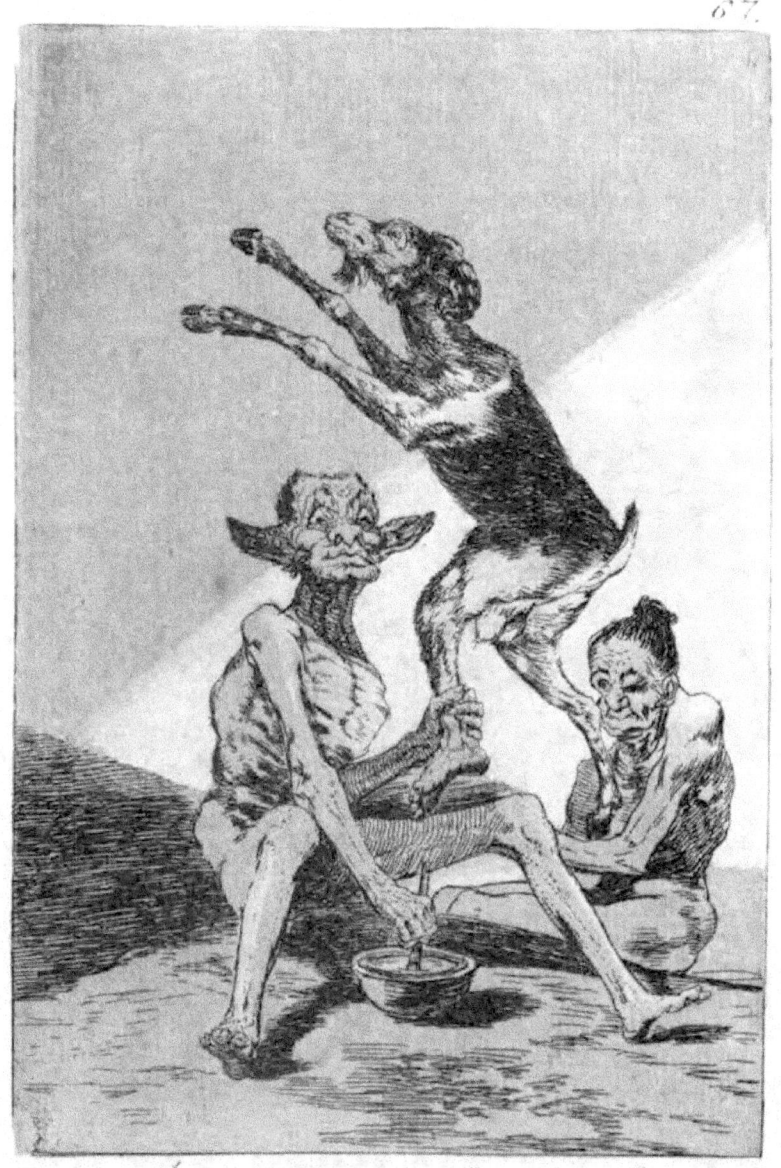

Aguarda que te unten.

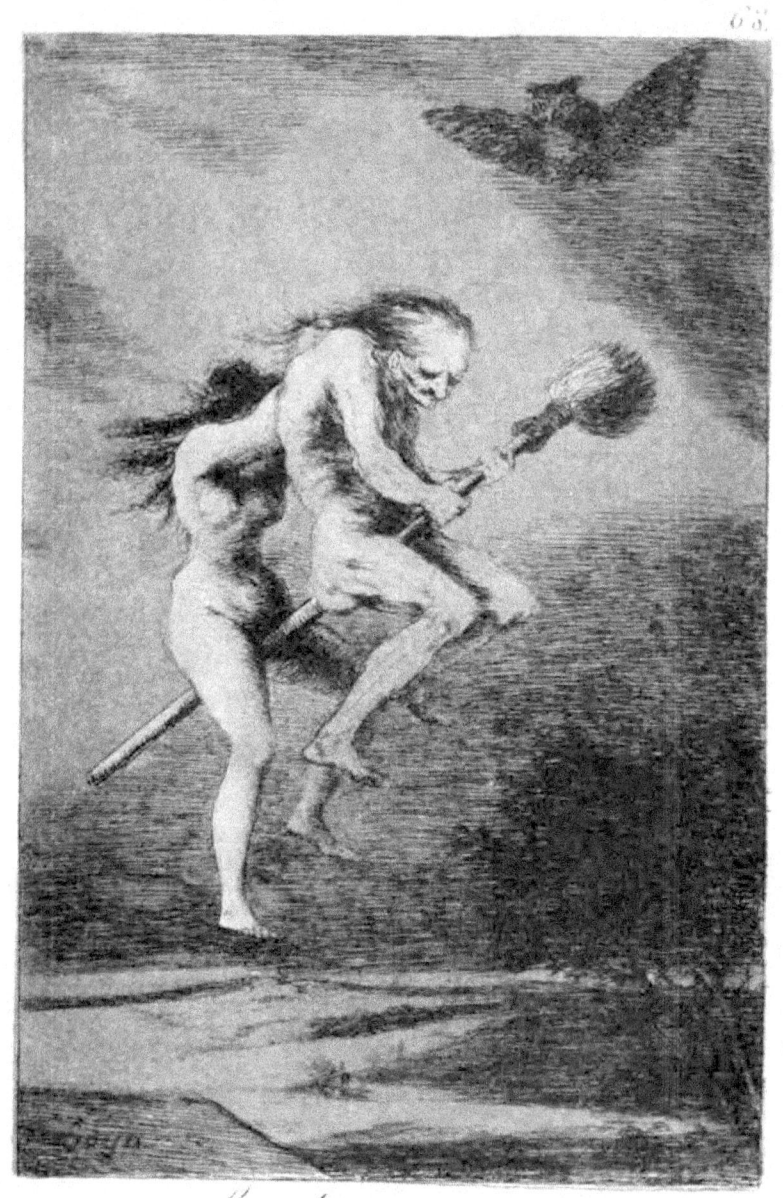

Linda maestra!

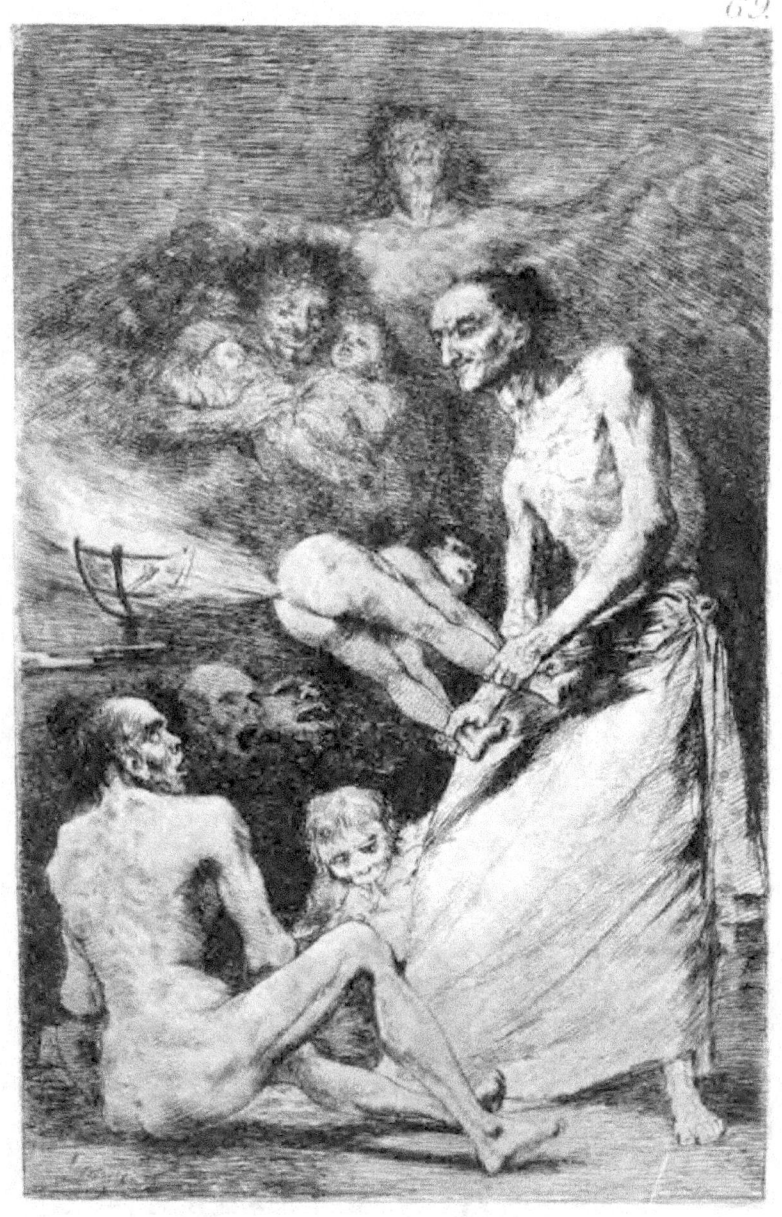

Sopla

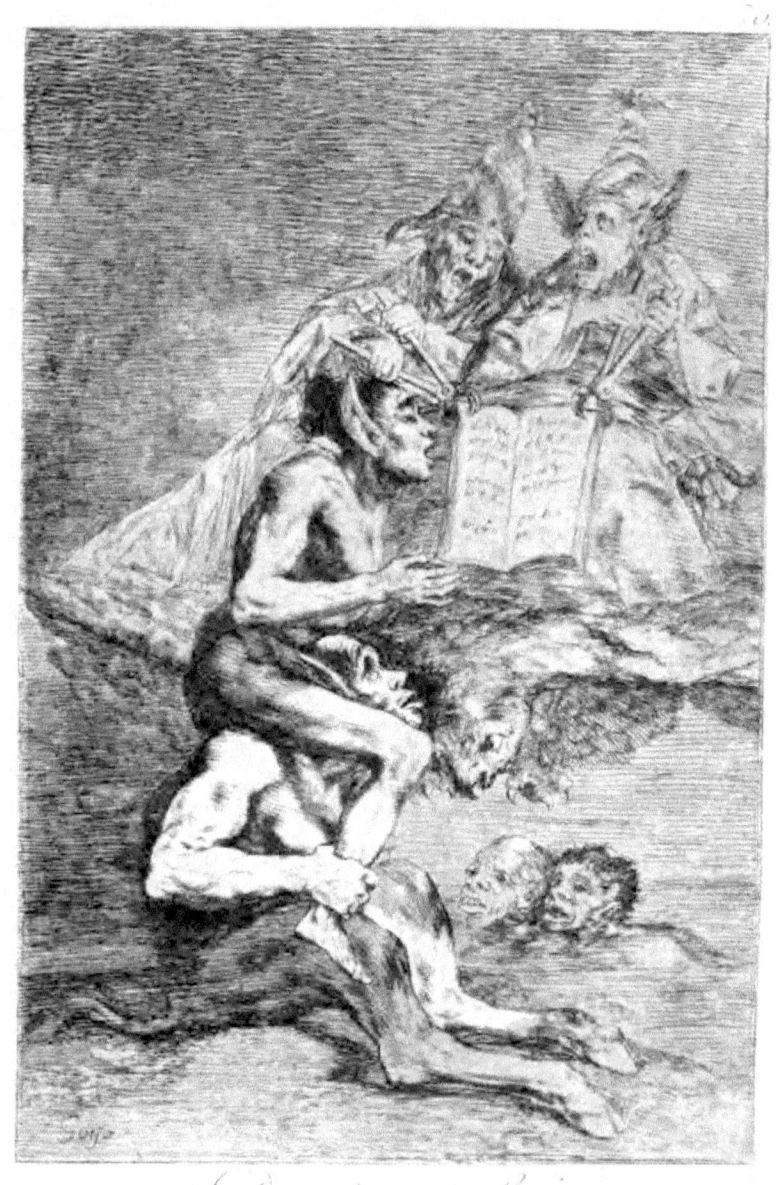

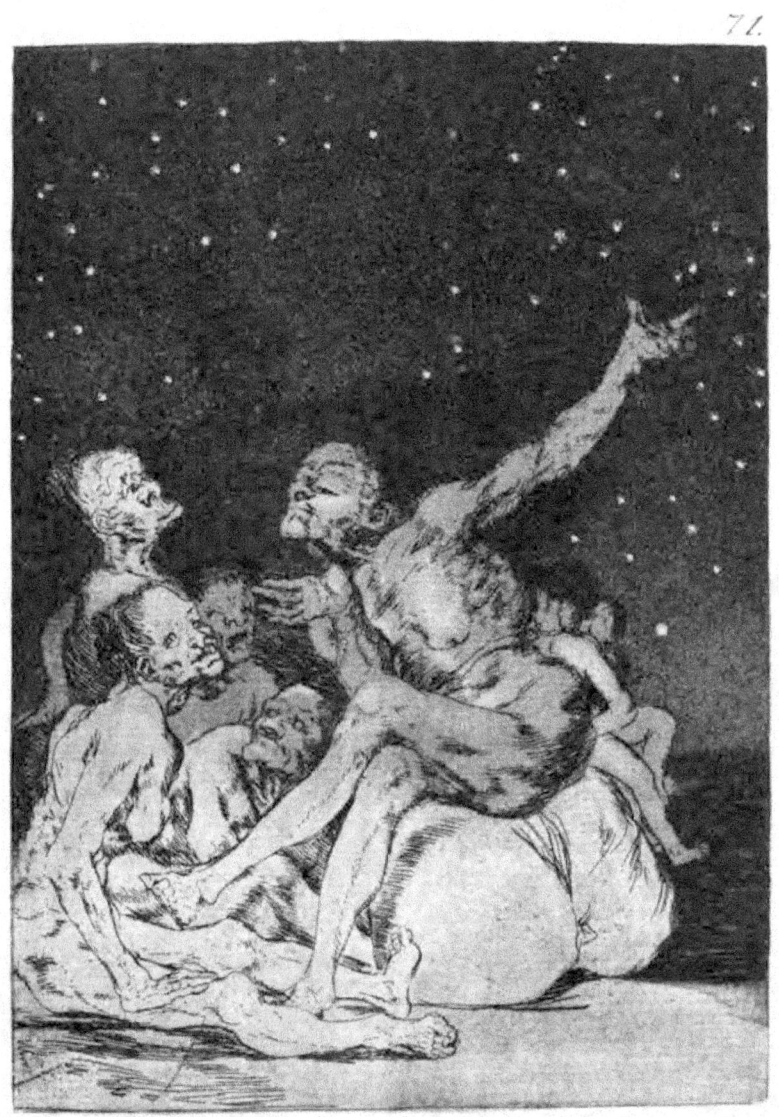

Si amanece; nos Vamos.

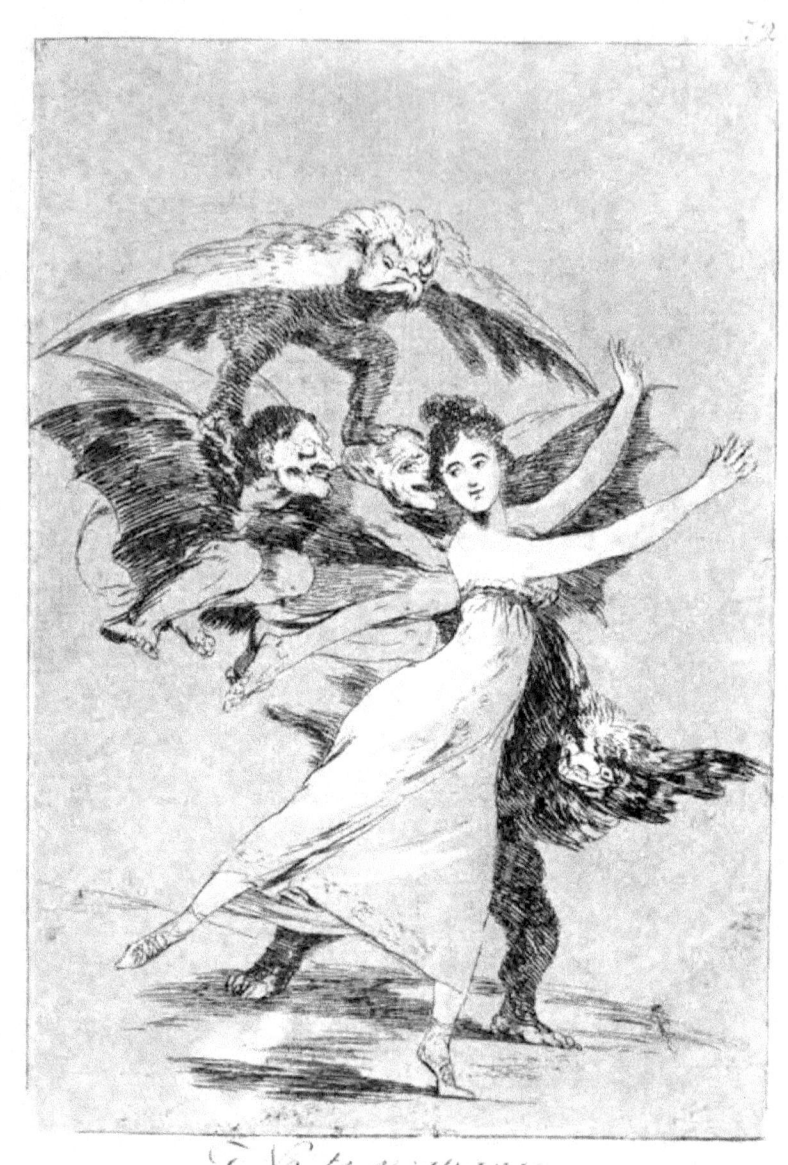

No te escaparás

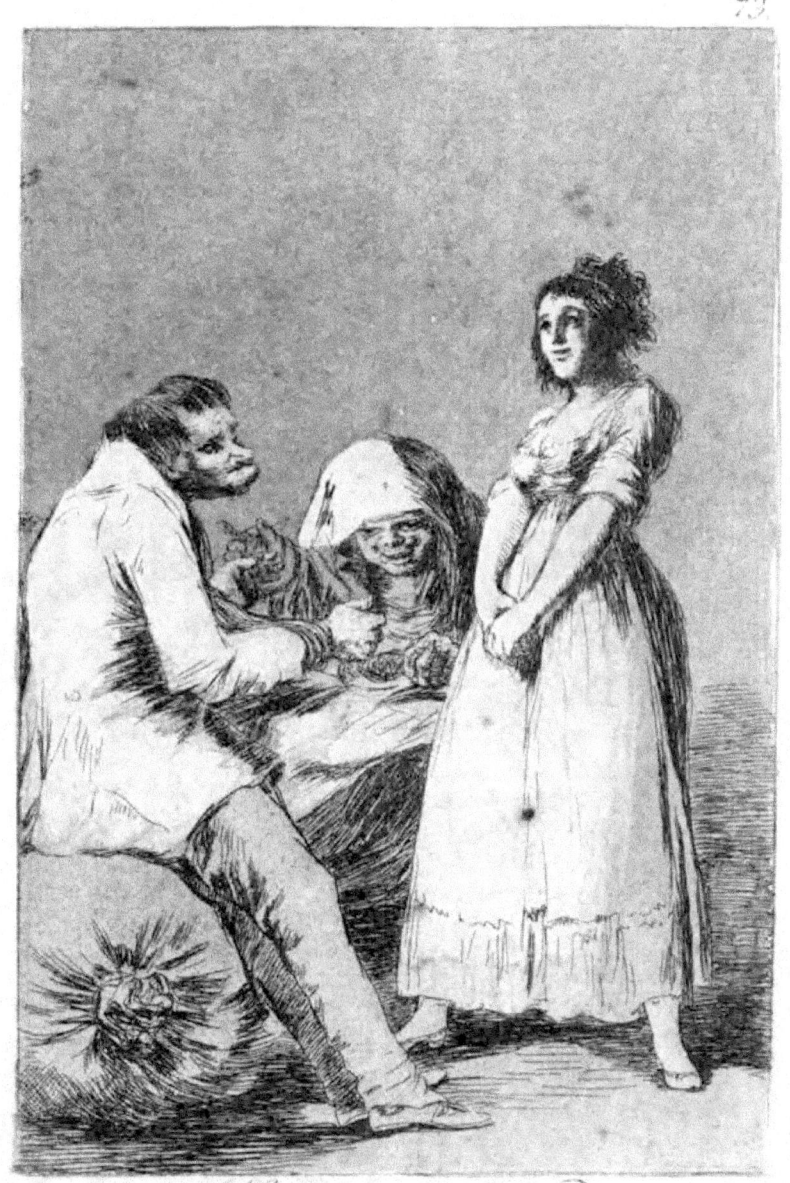

Mejor es holgar.

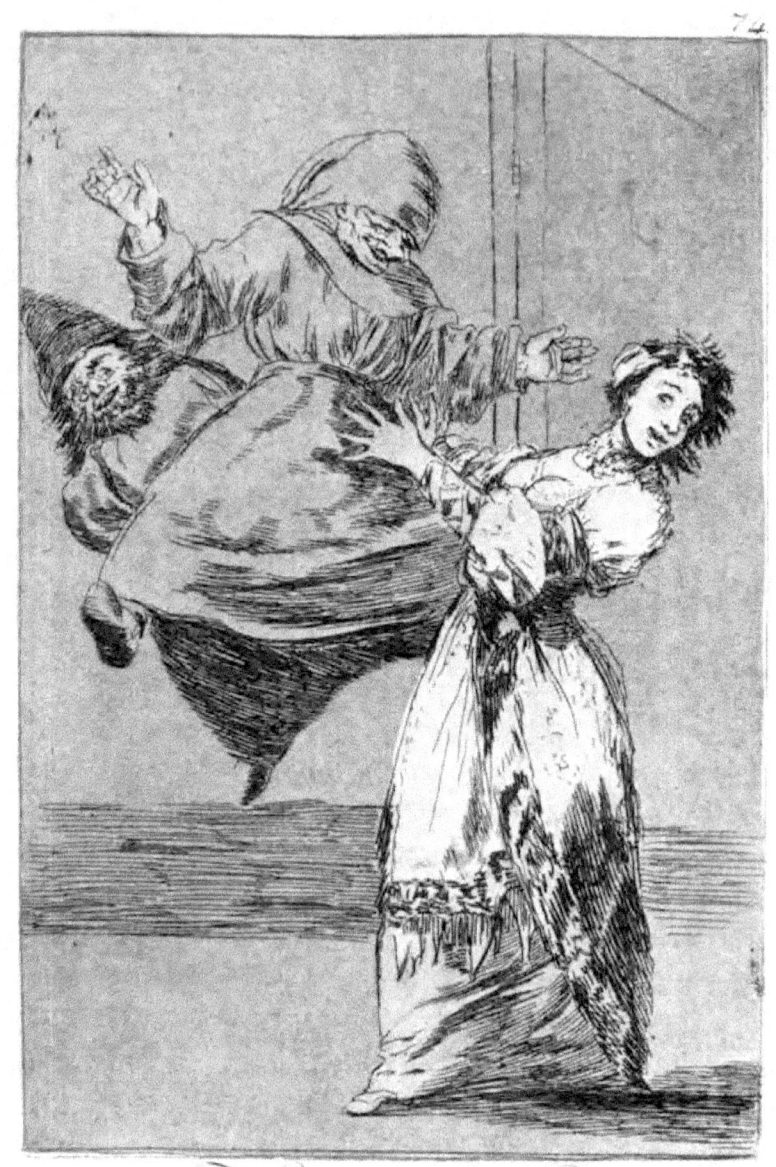

No grites, tonta.

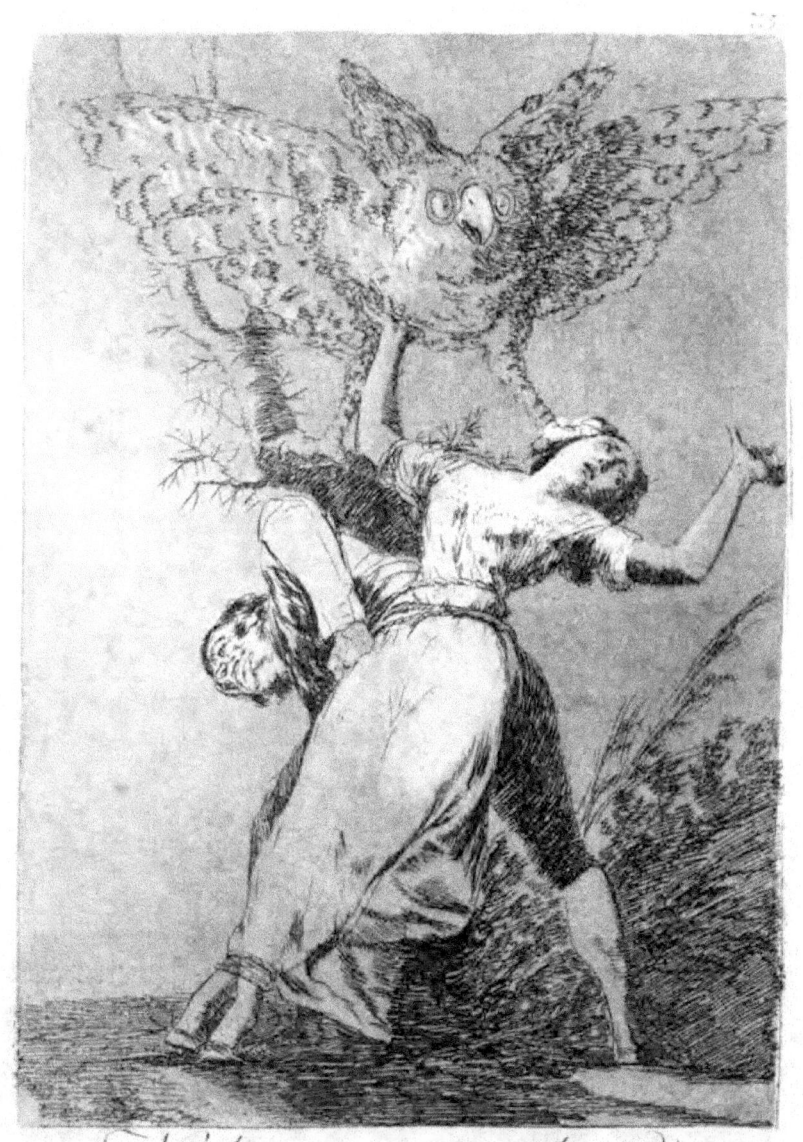

¿No hay quien nos desate?

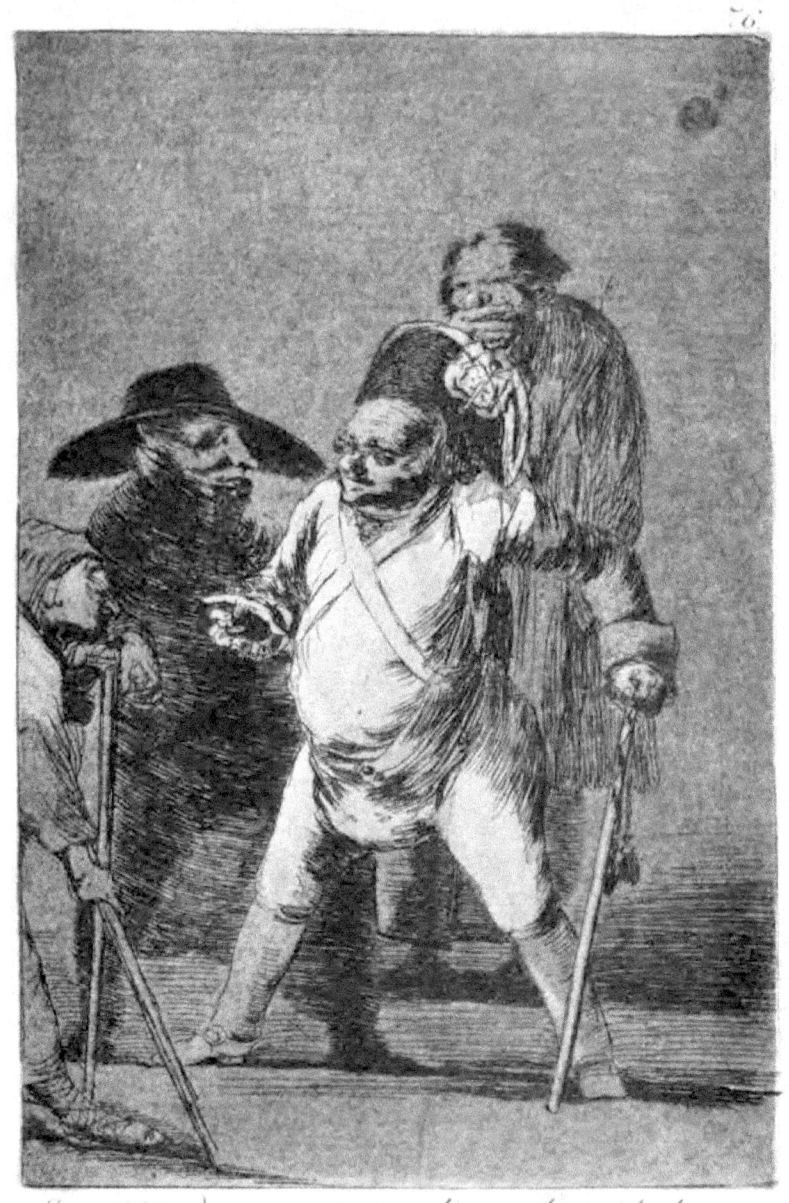

¿Está Vmd. pues, como digo, eh! Cuidado! si no.

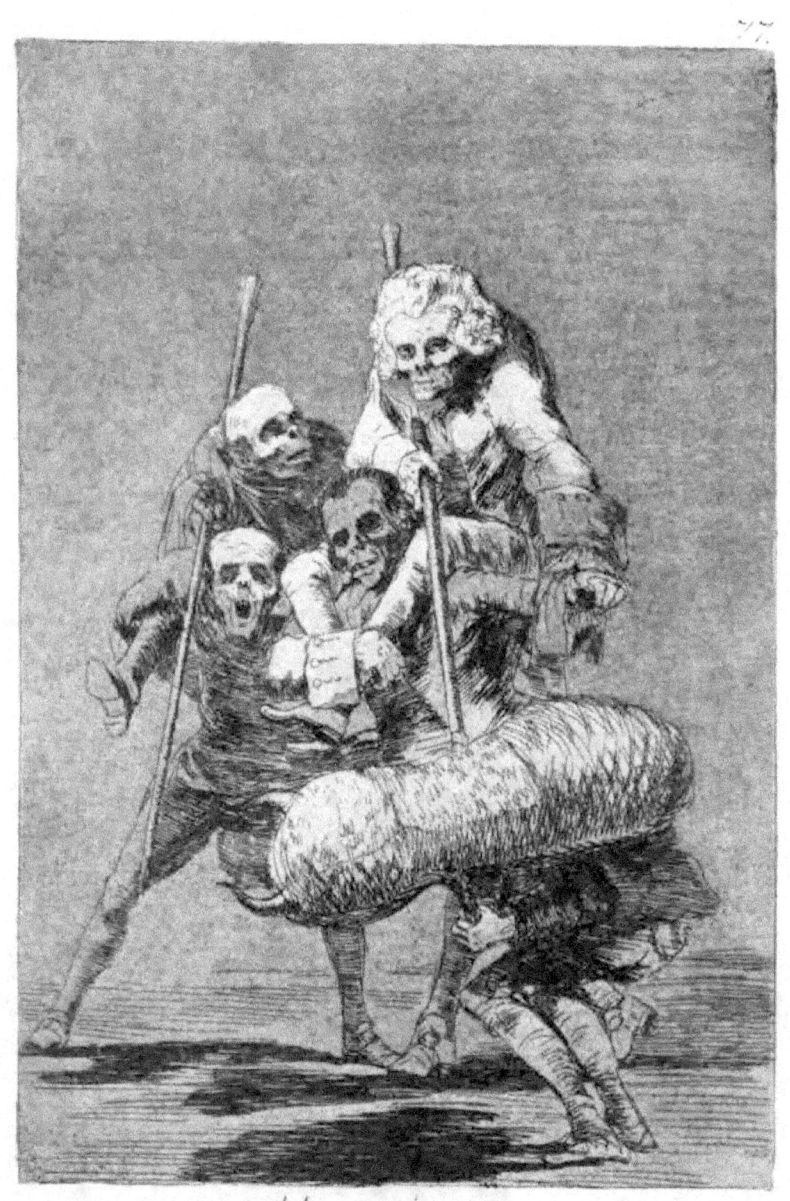

Unos á otros.

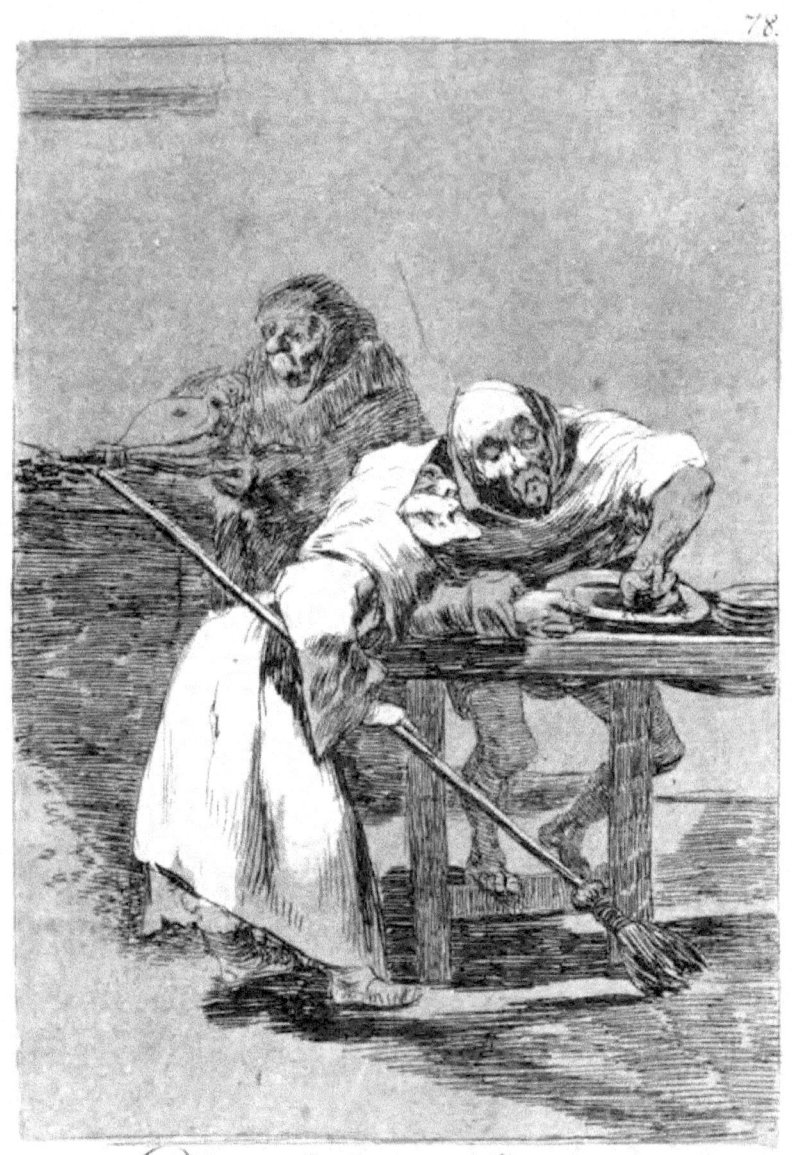

Despacha, que dispiertan.

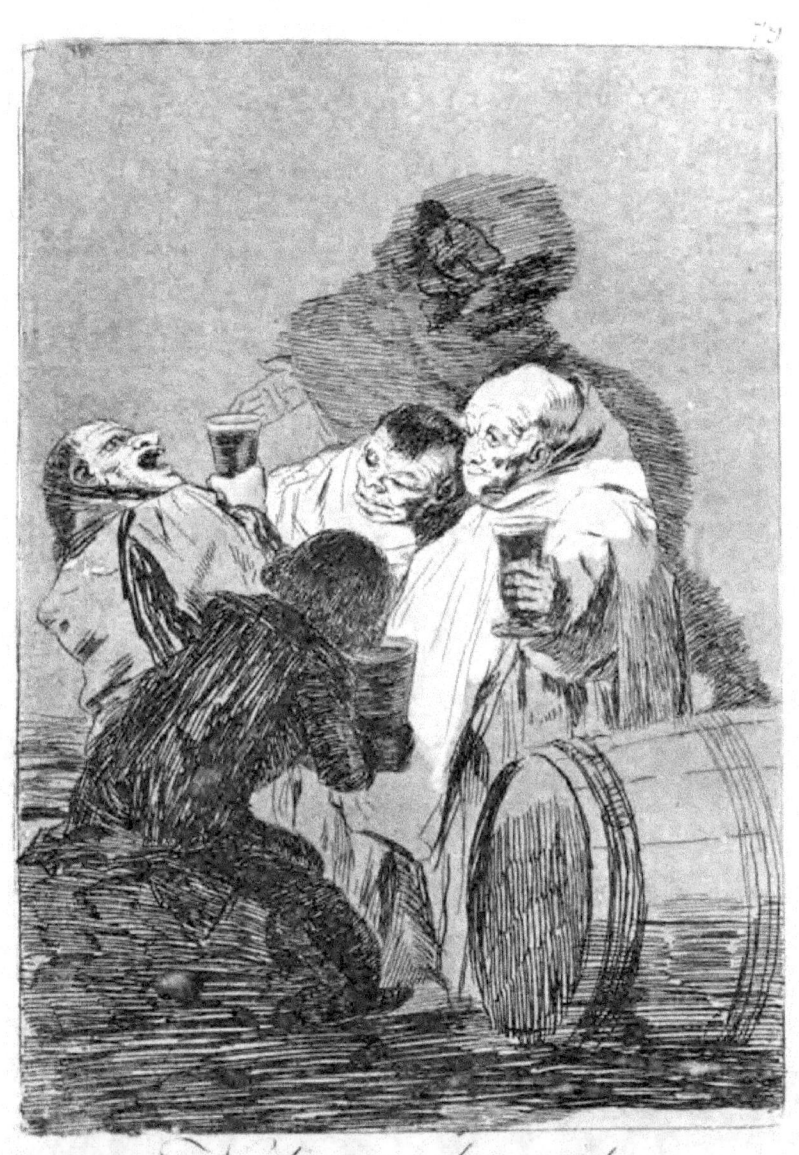

Nadie nos ha visto.

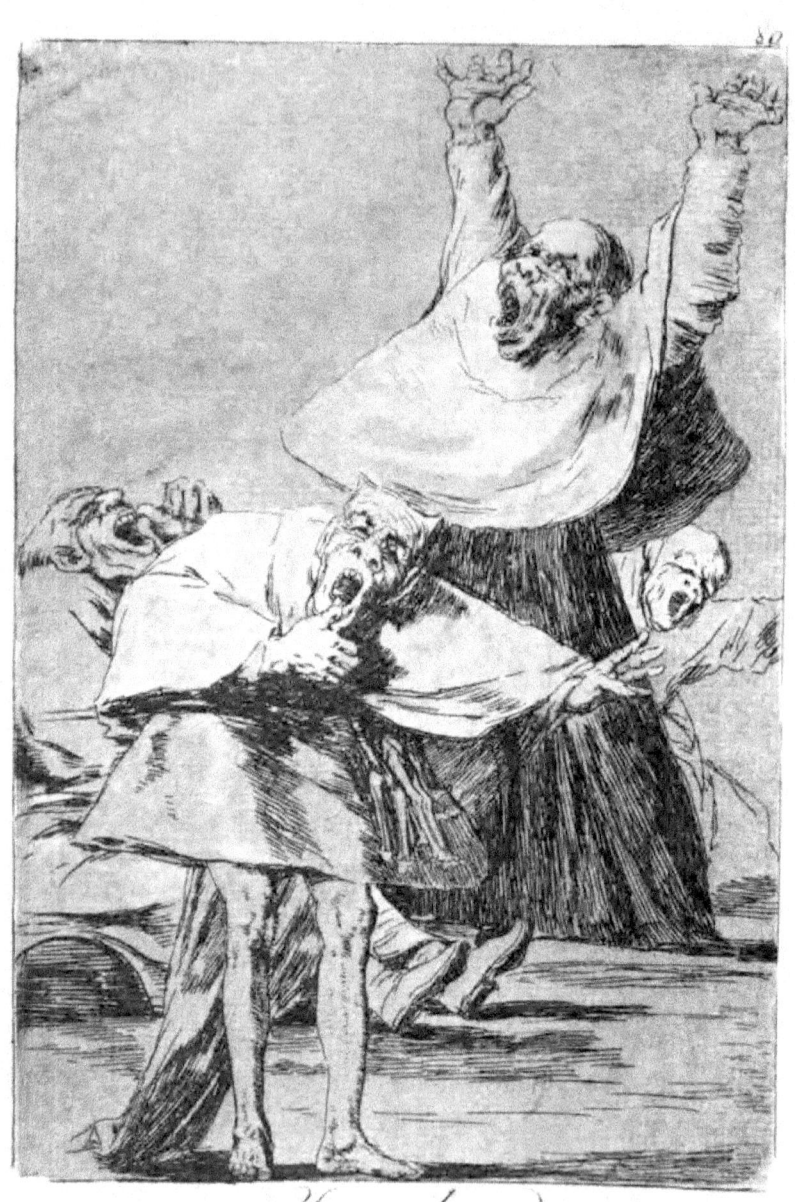

Ya es hora

www.ingramcontent.com/pod-product-compliance
Lightning Source LLC
Chambersburg PA
CBHW071205240526
45470CB00018B/1509